KB215226

정원의 역사

정원의 역사

지상 낙원의 삼천 년

자크 브누아 메샹 Jacques Benoist-Méchin

옮긴이_ 이봉재 감수_ 조경진

차례

서울시립대학교 조경학과 교수

조 경 진

이 책의 원저는 자크 브누아 메샹Jacque Benoist-Méchin의 『인간과 정원 또
는 지상 낙원의 변형된 모습 L'Homme et ses Jardins ou Les Métamorphoses
du Paradis Terrestre』(1975)이다. 저자인 브누아 메샹은 1901년 파리에서 태
어나 1983년에 타계했다. 그는 젊은 시절부터 문필가로서 재능을 인정받았
고, 마르셀 프루스트, 로망 롤랑, 앙드레 지드, 폴 발레리 등의 작가들과 교
분을 쌓았다. 그는 저널리스트로 출발하여 활동하다가, 제2차 세계대전 중
독일군의 포로가 된 다음, 비시 정권의 국무대신과 터키 대사를 지냈다. 이러
한 그의 행적 때문에 전후 체포되어 사형 선고를 받았고, 수감 생활을 하던
중 대사면을 통해 감형 석방되었다. 그 후『독일 군대사』, 『아랍의 봄』, 『알렉
산더 대왕』등 역사, 문화사 등에 관한 저작을 다수 발표했다.

　　메샹은 정원 예술의 애호가였다. 저자는 이 책에서 언급한 유럽의 많은

정원을 방문하였다. 수감 생활을 하면서도 수도원 부지의 한편 귀퉁이 은밀한 곳에 작은 정원을 만들고 손톱 깎기 가위로 나무를 다듬으며 소일했다고 한다. 저자에게 정원을 찾는 일은 즐거움이었고, 정원을 직접 만드는 것은 세상과 소통하며 현실을 초월하는 수단이었다. 이 책은 정원 예술에 관한 역사서들과 다른 색깔을 지닌다. 사실의 전달에 충실한 정원사, 양식사에 입각해 기술된 정원사, 국가별, 혹은 문명별로 정원 예술의 대상을 포괄하는 정원사 등과는 다른 결을 지닌다.

메샹은 이 책이 의도하는 바를 '정원 신화학'이라 명시했다. 여기서 이야기하는 '정원 신화학'은 엄밀한 의미의 학술적 용어는 아니다. 물론 서양의 정원에는 신화적 알레고리가 많이 담겨 있기에 이를 해독하여 정원의 의미를 추적하는 정원 신화학이 가능하겠지만, 저자가 이를 의도하는 건 아니다. 저자는 '정원 신화학'이라는 의미를 조금은 느슨하게 혹은 은유적으로 사용한 것으로 보인다. 그는 자신의 체험과 추억을 바탕으로 정원 예술의 의미와 가치를 살려내고자 하였다. 그러나 이 책은 개인의 추억을 소회하는 에세이에만 머무르지 않는다. 저자는 과거의 정원에 담겨진 수많은 이야기를 전하고 있다. 스토리텔링에 의거한 정원의 역사는 각각의 정원에 생기를 주며 우리의 상상력을 불러일으킨다.

정원의 본질을 제대로 파악하려면 정원의 물리적 형태가 어떠한 모습이고, 누가 어떠한 과정을 통해 정원을 조성했는가를 아는 것만으로는 부족하다. 정원을 생산하고 소비했던 동시대 사람들의 생각을 추적해야 하고, 그 정원들이 어떠한 용도의 공간이었는가를 파악해야 한다. 나아가 각기 다른 정원들이 일상과 문화 속에서 어떠한 가치와 의미를 지니는 가를 해독해야 한다. 그러나 대부분의 정원사는 물리적인 형상의 이해와 정원과 관련된 객관적인 사실에 천착하다 보니 다양한 정원의 의미를 해석하는 데에는 미진한 측면이 있었다. 그러한 의미에서 이 책은 정원의 본질적인 존재 이유를 밝혀주는 핵심에 근접하고 있다. 메샹은 "정원의 창조는 바로 여가에 의해 얻게 되는 최고의 표현"이라고 지적하며, 자신을 표현하고자 하는 욕망이 강할 때 만들어낸 창조적 여가의 산물임을 강조하고 있다. 또한 저자는 정원을 "자연 자체의 요소를 사용하여 행복의 개념을 나타내 보이고자 하는 희망"이라 말하며, 정원을 만드는 행위를 인간의 삶의 근원적인 욕망과 연결시키고 있다.

이러한 행복 개념의 표현은 시대에 따라 혹은 문명에 따라 다양하다. 저자는 중국의 정원은 "외적 구속에서 벗어나게 하고, 상대적인 자유로 이끄는 도피의 장"이라고 갈파한다. 이에 반해 일본의 정원은 정신 내면의 깊숙한 곳을 잠재우지만 절제된 특성을 지닌다고 말하고 있다. 하지만, '공상 세계로의 도약대'로서 '평안을 위한 도피의 장'이라는 점에서 중국 정원과 일본 정원은 일맥상통하는 성격을 지닌다고 파악한다. 한편 페르시아의 정원은 '도피와 꿈의 정원이 아니라, 향수와 욕망의 정원'이었고, 최초의 프랑스 정원은 단순히 식량을 얻는 수단으로서의 정원이었다는 점을 저자는 상기시켜 준다. 저자는 정원은 도피와 꿈, 자유와 환상, 욕망과 감각, 일상생활의 장소라는 다양한 스펙트럼을 펼쳐 보이며 정원 예술의 매력을 설파한다.

이 책의 강점은 정원에 관련된 일화와 이야기를 풍부하게 제공해 준다는 점이다. 이 책은 정원에 관한 소설처럼 흥미로운 에피소드를 전해준다. 특히 프랑스 정원 편은 주목할 만하다. 보르비콩트의 조성 과정과 정원에서 열렸던 화려한 향연, 그리고 정원의 주인이었던 니콜라 푸케가 실각하기까지의 이야기를 저자는 한편의 드라마처럼 재구성하여 생생하게 들려준다. 잠시 본문을 내용을 살펴보자.

"드디어 보가 완성되었다. 천장의 장식과 분수의 배관도 끝났다. 아름다운 꽃이 만발하고 여름이 한창 기승을 부리던 1661년 8월 17일 푸케는 향연을 베풀기로 하고 젊은 왕 루이 14세, 왕의 모후인 안도트리수, 왕의 동생 오를레앙 공 필리프, 그의 아내 헨리에타 그리고 대귀족 여러 명, 즉 롱그빌 공, 보포르 공, 기즈공 등을 초대하기로 했다. 왕비 마리 테레즈는 참석하지 않았다. 당시 그녀는 왕자를 잉태하고 있었기 때문에 풍텐블로에 머물러 있었다. (중략) 오후 3시경 풍텐블로를 출발한 궁정 사람들은 저녁 6시경 보에 도착했다. 날씨는 매우 좋았다. 단정하게 줄지어 선 투명하게 세공된 철제 격자를 빠져나와, 청동 기둥이 줄지어 이어지며 부속 건물과 연결시키고 있는 정원을 통해 정면 계단에 이르렀을 때 초대된 손님들은 탄성을 억제하지 못했다."

마치 소설을 읽는 듯한 착각을 불러일으킬 정도로 이야기는 흥미롭게 전개된다. 연회가 있었던 그날 밤을 묘사한 라 퐁텐의 시를 인용한 대목("보의 땅이란 땅은 모두 왕의 기쁨을 얻기 위해 다투었다. 음악, 물, 빛, 별마저도")은 당시의 보르비콩트에 대한 우리의 상상력을 불러일으킨다. 어느 정원에 관한 책도 보르비콩트의 아름다움과 정원에서의 화려했던 축제를 이토록 선명하게 그려준 책은 없었다.

그라나다의 알람브라 정원에 관하여 설명하는 부분도 인상적이다. 저자는 알람브라를 "명성과 그늘과 선선함이 지배하며, 그 밀도가 어떤 장중미마저 느끼게 하는 아랍의 아크로폴리스"라고 칭한다. 간명하지만 알람브라의 독특한 장소성을 잘 표현하는 비유이다. 저자는 알람브라 정원에 관한 자세한 설명뿐만 아니라 자신의 주관적인 여행 체험을 상세히 소개하고 있다. 동행한 운전기사와의 사적인 대화를 들려주며 독자들을 그들의 여행에 참여시킨다. 저자의 주관적인 시점의 표출로 독자들을 알람브라 정원에 친근하게 다가가게 해 준다. 알람브라에 대한 저자의 감흥을 소회하는 대목을 옮겨보자.

"돌연 나는 스스로에게 찾아 드는 감동의 근원을 알았다. 이 무대 장치인가, 그보다는 밤인가, 또는 음악의 밑바닥에 흐르는 이상한 연상의 힘인가. 아아! 나는 갑자기, 이 노래가 보아브딜의 고민, 그라나다를 떠나지 않으면 안 될 것으로 생각하며 그가 토해내는 깊은 슬픔의 노래임을 깨달았다. 그는 사랑하는 여성이 라이벌의 팔에 매달려 멀리 사라져 가는 모습에 비유하며 이 슬픔을 탄식하고 있었던 것이다. 그 소리는 한 사람의 소리로, 괴로움에 눌려 당장에라도 꺼질 듯한 고독한 노랫소리로 변했다.

"아 그대는 알지 못하리

기다림에 지쳐 버린 나의 괴로움을

나는 기다리겠노라

그대를 빼앗아 가는 자의 팔에 매달려

웃음 떠올리는 그대의 모습 기웃거려 보기 위해"

독자들은 어느 새 아주 오래 전 알람브라를 떠날 수밖에 없었던 보아브
딜 왕의 슬픔에 동참하게 된다. 이 책은 아름다운 정원, 알람브라를 하나의
사실로서 인식하게끔 하는 것이 아니라 하나의 사건으로 체험하게 해주는
매력이 있다.

이 책을 읽다 보면 저자가 정원을 얼마나 사랑하는지 절절하게 느낄 수
있다. 그러기에 저자의 관점에 수긍이 가고 쉽게 빨려 들어간다. 그러나 저
자의 정원에 대한 기술에는 다소 논쟁적인 부분이 존재한다. 저자는 중국인,
일본인, 페르시아인, 아랍인, 토스카나인, 프랑스인, 이렇게 여섯 민족이 정
원예술 분야에서 재능을 보였다고 주장한다. 서구에서 출간된 정원사 책 대
부분이 그러하듯 한국에 관한 부분은 생략되어 있다. 정보와 자료의 부족과
빈곤이라고 이해하도록 하자. 독일과 오스트리아의 정원, 토스카나를 제외
한 여타 이탈리아 지역의 정원, 그라나다를 제외한 스페인과 포르투갈의 정
원, 이외 여러 문명의 정원이 생략된 것은 저자가 대상을 취향과 의도에 맞
게 선별한 것이라 이해할 수 있다. 다만 영국 정원을 정원이라 할 수 없다고
그 존재를 부정한 것은 논쟁의 소지가 있다. 저자는 "영국 정원의 본질, 즉

정원을 예술 작품의 영역에 끌어올리는 일체의 양식을 거절하고, '풍경에 어울리게 해야 한다'는 단호한 욕구는 위대한 정원 예술과 대립한다."고 지적하며, 영국 정원을 정원사에서 삭제해 버렸다. 그러나 영국 정원은 정원사에서 하나의 큰 축을 형성하고 있어 그 존재를 쉽게 부정하기 어렵다. 고전주의적인 정원 예술을 높이 평가하는 저자의 관점을 이해하지만 이와 대비되는 영국의 풍경식 정원의 설명이 필요하리라 생각된다.

저자가 높이 평가하는 햄프턴 코트 등의 정형식 정원은 이탈리아에서 프랑스로, 다시 네덜란드를 거쳐 영국으로 유입되어 한동안 유행하였다. 정형식 정원은 고전주의 미학에 입각하여 비례와 대칭을 정원 조성의 근본 원리로 삼는다. 공간의 축이 강조되고, 통일된 질서가 정원에서 표현된다. 자연은 엄격히 통제되어 나무들은 전정剪定을 통해 가지런한 모양을 취한다. 건축적 질서가 정원에 반영되고, 연못과 같은 공간 구성 요소는 원이나 사각형 등의 기하학적 형태를 지니게 된다. 지역적인 차이는 있지만 이탈리아의 빌라 란테, 프랑스의 베르사유, 네덜란드의 헤트로 등은 이러한 정형식 정원의 대표적인 예이다.

그러나 18세기 초반 샤프츠버리 경, 조지프 애디슨, 알렉산더 포프 등의 문인들은 자연을 통제하고 제어하는 프랑스식 정원의 인공성을 신랄하게 비판하고, 좀더 자유롭고 자연스러운 영국식 정원의 태동이 필요하다고 주창하기 시작하였다. 이에 정원의 직선을 배제하고 곡선을 활용하고 정원의 경계를 시각적으로 트이게 하여 조망을 멀리 있는 구릉까지 확장하는 영국식

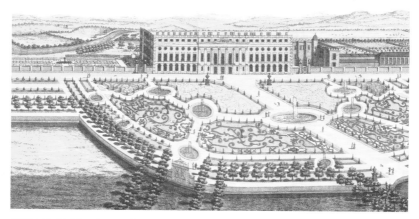

요하세스 킵 〈햄프턴 코트〉 17-18세기 동판화

정원이 유행하게 되었다. 이러한 정원 양식을 자연적 풍경과 정원이 만났다는 의미에서 '자연풍경식 정원'이라 지칭하게 되었다. 완만한 구릉과 자유로운 질서를 존중하는 정원에 점경물로 다양한 양식의 건축물과 조각상이 첨가되었다. 고딕 양식에서 팔라디오 양식, 그리고 중국풍의 탑과 정자에 이르기까지 다양한 양식의 건축물과 그리스·로마 신화 조각상들이 정원의 의미를 부여하였다. 라우샴 정원, 스토우 정원과 캐슬 호워드 정원, 스타우헤드 정원 등이 좋은 예다.

조경가 캐퍼빌리티 브라운은 영국의 자연풍경식 정원을 보다 발전시켰

스타우헤드 정원

다. 그는 1750년대부터 30여 년 동안 활동하면서 영국 전역의 많은 정원을 개조하였다. 브라운은 정원에서 건축물이나 장식물을 배제하고, 구릉과 잔디, 숲과 나무, 자연스러운 연못으로만 정원을 만들고자 하였다. 그는 이전의 전통을 거부하고 순수한 자연의 소재로만 정원을 조성하는 새로운 질서와 감각을 선보였다. 브라운이 설계한 블렌헴 정원의 언덕은 지평선을 형성하며 하늘을 새롭게 바라보게 해준다. 덤불이라 불리는 한데 모아 심어진 나무숲은 풍경의 틀을 만들어 준다. 언덕 위에서 덤불 사이로 새어 나오는 빛과 그림자의 대비효과는 숨막힐 정도로 드라마틱하다. 신화의 이야기를 담고 있는 조각상과 같은 오브제의 힘을 빌지 않고 물과 땅, 즉 자연의 미디움

캐퍼빌리티 브라운이 설계한 세필드 정원

이 전달하는 감흥을 잘 살려냈다는 것이 브라운 조경의 매력일 것이다. 브라운 이후의 영국 정원은 유럽에 유행처럼 번져 나갔다. 19세기의 서구 공원들에서도 이러한 영국의 자연풍경식 정원의 모델이 원형적 이미지로 자리 잡고 있다. 이 책의 저자는 영국 정원은 자연을 지나치게 모방하여 정원 예술로서의 가치를 지니지 못한다고 주장한다. 정원이 잃어버린 천국을 재현하기 위해서는 좀더 정교하고 구축된 아름다움을 담아야 한다고 주장하는 듯보인다. 저자가 이 책에서 칭송하고 있는 정원들은 고전주의적 미학 원리에 의거한 정원들이다. 그러나 그러한 정원들만이 매력적인 정원인가는 미학적논쟁의 문제로 남는다.

캐퍼빌리티 브라운이 설계한 블렌헴 정원

  우리는 창조적 여가가 일상생활의 중요한 화두인 시대에 살고 있다. 정원을 가꾸고, 좋은 정원을 감상하고 즐기는 일은 창조적 여가를 통해 행복한 삶을 영위하는 하나의 방법일 것이다. 이 책은 우리에게 아름다운 정원의 매력에 푹 빠지도록 흥미로운 정원에 관한 풍부한 이야기를 들려준다. 정원 가꾸기와 정원예술에 관심 있는 독자들에게 이 책의 일독을 권한다.

1
정원에 대한 열정을 일깨워 준 그라나다

그라나다에서는 침묵을 지켜야 하나

그라나다에 대해서는 이미 많은 사람들이 이야기를 하였으니 여기서 따로 덧붙여 설명할 필요는 없을 것 같다.

이른 아침부터 해질녘까지 정원을 열심히 거니는 많은 방문객과 피곤에 지쳐 있는 여행객에게 그들이 미처 알지 못하는 것을 말해 줄 수 있을까? 그라나다만큼 여러 사람들에게서 칭송을 많이 받아 왔고, 그토록 많은 전설이 생겨난 장소도 드물 것이다. 샤토브리앙, 워싱턴 어빙, 테오필 고티에, 모리스 바레스, 안젤 가니베, 폴 웨리 등의 인사들이 번갈아 가며 이야기한 것은 그렇다 치더라도 그라나다에는 명성과 그늘과 신선함이 존재한다. 또한 그 세 가지가 가득하여 장중미마저 자아내는 이 '아랍의 아크로폴리스' 앞에서는 도무지 할 말을 잊고 만다.

이미 많은 사람들의 입에 오르내린 사실들에 대해 내가 다시 끼어들고자 함은, 이곳 무어Moor인 왕들의 언덕에서 본 것을 이야기하려는 것은 아

알람브라, 스페인 그라나다

니다. 그라나다가 나에게 일깨워 준 것, 가르쳐 준 것을 사람들에게 알리고 싶은 충동을 참을 수 없었기 때문이다. 무성한 초목과 반짝이는 물, 그리고 유럽에 펼쳐진 동방의 풍경이 이전부터 내 가슴에 숨겨 온 비밀 세계를 일깨웠다. 나는 '알람브라의 정원'을 내 눈으로 확실히 보기까지는 가슴 속 비밀 세계에 대해 입 밖에 내기를 망설여 왔다. 하지만 그것은 현실이 되었다. 그리고 나는 이곳에서 현실이 나의 생각보다 훨씬 멀리 앞서가고 있음을 깨달았다.

나를 일깨운 또 다른 세계

나는 정원에 정열을 쏟았다. 정원은 겉으로 드러난 나의 인생과는 다른 면을 가지고 있다. 가끔씩 정원으로 도피하는 기회가 없었다면 손발이 묶여 있는 것 같은 답답함에서 벗어나지 못했을 것이다. 물을 찾는 목마른 사람과 같은 정원에 대한 강렬한 갈망은 어디서 나오는 것일까? 나무 그늘에서 행복을 느낄 수 있다는 설렘 때문일까? 그렇지 않으면 정원에 발을 들여놓는 순간 느끼는 편안함 때문일까?

정원에 들어가는 사람들의 모습은 보기에도 좋다. 발걸음은 느슨해지고 몸의 움직임은 부드러워지며 호흡도 고르게 된다. 모두가 안락과 편안한 마음의 표현이다. 그들은 정원의 입구에서 모든 근심을 벗어던져 버린다. 마치 험한 일들이 와 닿지 않는 다른 세계에 빠져 드는 것처럼.

나는 아주 예전부터 나의 묘비에 이름 대신 이런 문구를 새기고 싶었다.

군대와

정원과

음악을

세상에서 가장 사랑하는 영혼

여기에 잠들다

이것은 나의 진심이다. 군대와 음악에 결코 뒤지지 않는 정원에 대한 사랑은 내 삶에서 중요한 역할을 하고 있다. 나를 사로잡은 그 매력은 산책하는 사람이 어쩌다 우연히 갖게 되는 그런 일시적 흥미와는 전혀 다르다. 젊었을 때 순식간에 내 마음을 빼앗았던 정원의 깊은 의미를 나는 지금까지 간직하고 있다. 언젠가는 이를 다시 한 번 음미하여 만족할 만한 작품을 쓰고 싶었다. 그러나 앞으로 몇 년을 더 살게 될지 모를 뿐 아니라, 지금 내가 짊어지고 있는 많은 양의 일에 비하여 남은 시간은 얼마 되지 않는다는 생각이 들어 단념하기로 했다. 그런데 그라나다를 방문한 것을 계기로 다시 출발점으로 되돌아왔다. 그래서 나는 이 책에 하다못해 그 핵심만이라도 쓰기로 했다.

여가와 창조의 권한

인간의 근본적인 욕구 중의 하나는 자신의 생각을 표현하는 것이다. 이 욕구는 나이와 더불어 여러 형태를 취하므로 일일이 풀어서 밝히기는 어렵다. 그

사전트 〈알람브라〉 1879 캔버스에 유채 47.94x54.61cm 개인 소장

러나 이 욕구의 표현은 활동에서 생겨나는 것과 여가에서 생겨나는 것의 두 가지로 나눌 수 있다.

'활동'과 '여가'는 그 어느 것도 사회 활동을 하는 사람들에게 없어서는 안 되는, 서로 보완해야 할 영역이다. 입만 열었다 하면 일과 발전밖에 말하지 않는 현대 사회에서는 노동이든 활동이든 그날그날의 노력에 대한 결과밖에 평가하지 않는다. 그러나 이것은 잘못이다. 우리가 여가를 별것 아니라고 생각하는 것은 오늘날 사회가 여가의 진정한 가치를 이해하지 못하여 그 의미가 상실되었기 때문이다.

여가란 흔히 생각하는 것처럼 아무것도 하지 않고 있는 시간을 일컫는

연못 주위에 과실수가 심어진 이집트의 정원. 테베에서 발견된 네바문의 무덤 벽화. 1400 B.C.

말이 아니다. 무위나 태만과는 전혀 다르다. 여가는 뛰어난 창조의 시간이
다. 사람들은 그 시간 동안 이런저런 특정한 일에 속박 받지 않기 때문에 평
상시에 분산되어 있던 힘을 회복한다. 그리하여 모든 것을 새롭게 바로잡아
마음 깊이 간직한 바람을 확실하게 자각한다.

베르길리우스Vergilius는 그의 작품 〈전원시Eclogae〉 제1편에서 신이 그
에게 여가를 주신 것에 감사하여 "신이 우리들에게 여가를 부여해 주셨노라.
그것 없이 시 쓰기는 도저히 불가능했을 것이다."라고 말했다. 그런 면에서
도 〈농경시Georgica〉와 〈아이네이스Aeneis〉는 흔히 볼 수 있는 작품이 아니
다. 그것은 쇠퇴기에 접어든 로마 황제들이 흥에 겨워 추어 대던 광란의 춤

이라든지, 피비린내 나는 음모와 잔인한 폭정보다도 훨씬 우리들 마음에 남는다. 우리가 로마 문명을 뛰어나게 생각하는 것은 바로 이러한 작품들 때문이다.

가장 고귀한 행복의 개념

이 베르길리우스에 대해 말할 수 있는 것은, 고대 시인들 중에서 여가가 베푸는 행복에 대해 가장 합당한 표현을 한 사람이라는 것이다. 카툴루스, 프로페르티우스, 호라티우스, 루크레티우스 등도 이와 똑같은 찬사를 받아야 할 사람들이다. 만약 '오티움otium*' 곧 여가가 없었다면 시도 그림도 음악도 존재하지 않았을 것이다. 산문도 마찬가지이고, 정원도 그랬을 것이다. 여가 상태에서 인간은 자신을 표현하고자 하는 욕망이 가장 강하고 정원은 바로 그런 때에 창조된 것이다.

여가는 인간의 표현 욕구를 무엇보다도 잘 충족시킬 수 있는 상태이며, 정원의 창조는 바로 이 여가에 의해 얻게 되는 최고의 표현이다. 인류가 이 지상에 출현한 이래 온 세계에 나무와 꽃으로 장식한 공간을 끊임없이 만들어 온 이유는 무엇일까? 이 수수께끼를 푸는 열쇠가 있을 것이다.

어떤 문명에서든 위대한 정원 예술은 추상적이지 않으며, 자연 그 자체의 요소를 사용하여 행복의 개념을 나타내 보이고자 하는 희망을 나타낸다.

■■■
*영어의 leisure에 해당하는 라틴어

이집트 사원의 정원에서 이루어지는 장례식 장면. 테베에서 발견된 무덤의 벽화 복원도. 1475 B.C.

'어떤 문명에서든' 이라고 말했지만 사실 모든 문명이 그러한 욕구를 가지고 있던 것은 아니다. 어느 시대에는 아주 빈약한 형태였을 뿐 아니라 때로는 완전히 결여된 때도 있었다.

그리고 정원에 대한 애호를 자연이나 풍광, 또는 꽃에 대한 애호와 혼동해서는 안 된다. 거기에는 커다란 차이가 있으며, 결코 양립할 수 없다.

이집트인

위대한 건축가였던 이집트 사람들은 피라미드를 비롯해 상상을 초월하는 많

다이르알바리 하트셉수트 여왕의 신전. 1450 B.C.

은 신전을 만들었다. 그러나 그들은 정원에 관해서는 이렇다 할 업적을 남겨
놓지 않았다. 마찬가지로 시나 무덤 속의 벽화에도 작은 흔적만을 남겨 놓았
다. 왕들의 계곡 비명碑銘에는 "아몬Amon 신은 하트셉수트Hatchepsout 여왕
에게 테베에 있는 다이르알바리 신전Deir-el-Bahari*에 정원을 만들도록 명했
다. 그래서 여왕은 성스러운 나무, 특히 몰약을 얻을 수 있는 발삼 나무를 가
져오도록 하기 위해 푼트국에 사절단을 파견했다."라고 되어 있을 뿐이다.
다른 비명에는, 람세스 3세가 "아몬 신을 부르기 위해 오백열네 개의 성스러
운 정원을 만들었다."라고 자랑하고 있다. 또한 기원전 1550년경에 만들어진

*하트셉수트 여왕의 장제전

다이르알바리 하트셉수트 여왕의 신전 부조. 노동자들이 몰약 나무를 나르고 있다.

어느 분묘에는 가로수 길이 중요한 구경거리였음을 짐작케 하는 나무 그림
이 남아 있다. 거기에는 아흔 그루의 시가모아, 서른한 그루의 페르세아 나
무, 일백일흔 그루의 나쓰매 야자, 일백스무 그루의 석류, 열여섯 그루의 이
나고 콩 나무, 여덟 그루의 버드나무, 열 그루의 위성류 등이 그려져 있다.
몇 천 년에 걸쳐 전개되어 온 문명치고는 너무 초라하다. 잉어나 성스러운
악어를 기르기 위해 온 힘을 다해 만들었던 사각형의 연못이 단지 돌로만 이
어진 단조로움을 때때로 깨트려 주고 있을 뿐이다. 초록이 전혀 눈에 띄지
않는 것은 어떻게 된 것일까? 건조한 기후 탓인가? 그렇지 않으면 장대한 나
일 강 삼각지라는 녹지의 존재가 정원에 대한 이집트인의 창조력을 모조리

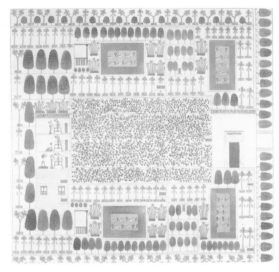

이집트 테베에서 출토된 무덤의 정원 벽화. 1400 B.C.

흡수하고 소진시켜 버렸기 때문인가? 모든 면에서 그토록 훌륭했던 이집트 문명이 정원에 대해서는 달리 독창적인 것을 남기지 않은 이유가 무엇일까?

그리스인과 로마인

한편 그리스인과 로마인은 부지 선정에 관해서 매우 뛰어난 감각을 갖고 있었다. 그들은 도시, 신전, 성역, 광장의 장소를 정하는 데 자신들의 재능을 마음껏 발휘했다. 델포이, 엘레우시스, 다프니, 올림피아, 에피다우로스, 셀

이탈리아 폼페이의 어느 정원에 그려진 벽화. 일루전은 정원 예술의 한 부분을 차지해왔다.

폼페이에서 발굴된 베티의 집(House of Vetti)의 열주로 둘러싸이고 샘이 있는 우아한 정원. 60-70 A.D.

리누스, 렙티스 마그나 등지를 떠올리면 알 수 있다. 그들은 올리브 나무 한 그루, 어두운 동굴, 에게 해의 파도를 부수는 바위곶, 헬리콘 산만 있으면 그 자체만으로도 빛이 번쩍거릴 아폴론의 존재, 피티아 제전의 신탁, 혹은 뮤즈 Muse*가 희롱하는 붉은깃털백합꽃이 만발한 들판을 떠올리기에 충분했다. 그렇기 때문에 특히 그리스풍이거나, 그렇지 않으면 로마풍이라고 할 정원

*시와 음악의 여신

하드리아누스 황제의 별장. 이탈리아 티볼리, 118~138 A.D.

예술은 찾아볼 수가 없다. 크레타의 유명한 크노소스 미궁은 인간의 행복을 표현한 것이 아니라 오히려 삶의 복잡함을 앞에 둔 고민을 표현한 것이고, 티볼리에 있는 하드리아누스Hadrianus 황제의 별장도 조각상을 배치한 전원의 배경에 불과하다. 플리니우스Plinius는 헤스페리데스의 정원세계의 서쪽 벼랑 끝에 있다고 하는, 황금 사과나무가 있는 정원의 아름다움을 찬양했으나 실은 오렌지 숲에 불과했다.

영국의 반정원

자신들의 모든 것에 자부심이 대단한 영국의 정원은, 영국에 이식된 프랑스 풍 정원인 햄프턴 코트, 배드민턴, 햇필드, 윌턴, 채스워스의 정원과 그 밖의 몇 개를 제외하고는 분명히 '반反정원' 아니면 '가짜 정원'이다. 이 단언에 놀란 이는 아서 브라이언트의 글을 보면 납득이 갈 것이다.

"데번셔에 있는 리즈번 경의 영지 맘해드에서는 테라스가 있는 정원을 축조하고 언덕의 중턱에 연못이나 분수를 배치했다. 이와 같이 '자연에 역행하는' 시대착오적인 오류를 범했기 때문에 본래의 아름다운 경관을 회복시키기 위해 막대한 비용과 노력을 투입하여 복구하지 않으면 안 되었다."*

이것은 아주 작은 예에 불과하지만 영국 정원의 특질을 잘 보여 준다. 영국인의 대부분이 주거지 주위에 만들어 놓은 정원은 여러 가지 자연의 배

━ ■
*Arthur Bryant, The age of Elegance, Reprient Society, p.311.

영국 데번셔. 험프리 렙턴의 『풍경식 정원의 이론과 실제』(1816)의 삽화.

경이 될 뿐이고, 이따금 잠깐의 휴식을 위한 공간으로 버드나무 밑의 벤치나 인공 바위를 타고 흘러내리는 여울 등의 점경點景, 정취를 더하기 위한 풍경이 거기에 배치되지만 억지스러워 보인다. 그것이 보는 사람을 즐겁게 하지 못한다거나, 고독하게 산책하는 사람의 몽상에 어울리지 않는다는 것은 아니다. 사회악에 대한 가장 좋은 해독제가 되어 '자연으로 돌아가야 한다'는 아름다운 마음을 가지게 하는 데 어느 정도 효과가 있음은 틀림없다.

그러나 영국 정원의 본질, 즉 정원을 예술 작품의 영역에 끌어올리는 일체의 양식을 거절하고 '풍경에 어울리게 해야 한다'는 단호한 욕구는 위대한 정원 예술과 대립한다. 앞에서도 언급한 바와 같이 "문명은 자연을 모방하는 것이 아니고, 행복의 개념을 표현하기 위해 주어진 재료를 구사하는" 것이기 때문이다.

그러나 모든 문명이 이러한 야심을 가졌던 것은 아니다. 그리고 이것을 갖지 못한 문명은 언제나 무엇인가가 결여되어 있었다. 다만 여섯 민족이 이 분야에서 재능을 보였다.

중국인, 일본인, 페르시아인, 아랍인, 토스카나인, 프랑스인이다. 이들의 문명이 언제나 다른 민족보다 뛰어났던 것은 아니지만, 이들은 우수한 문명을 가졌다는 자부심이 강했다.

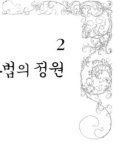

2
원시의 정원, 마법의 정원

무엇이든지 처음부터라고 하니 먼저 원시의 정원에서 시작하자. 원시의 정원은 중국 정원보다 훨씬 전에 이 세상에 나타났지만 특정한 공간이나 시간으로 확정지을 수는 없다. 폴리네시아나 아프리카, 남아메리카, 아시아 각지에 흩어져 있던 이 정원들은 마법과 약藥의 정원이었으며, 행복의 관념은 미미하게 발견될 뿐이다.

　아직 행복을 드러낸다기보다는 불임이나 질병, 고독, 죽음 등 인간을 무겁게 짓누르는 불행을 치유하기 위한 것이었다. 그런 의미에서 원시의 정원은 사람들의 생활에 위로를 주었다.

인간의 운명을 위로함

이러한 정원은 종종 무성한 삼림 속에 불규칙하게 뚫려 있는 몇 개의 작은 길과 같은 형태를 취하고 있다. 각지에 여러 가지 예가 있지만, 우리는 그에 대해 충분한 지식을 갖고 있지 못하다. 병을 치료하고, 상처를 아물게 하고, 악령을 쫓아내는 기술을 익히고 있어 부족원들로부터 숭상을 받던 주술사나 마술사들이 정원을 돌보았던 것 같다. 아이를 못 낳는 여자는 어떤 정해진 달[月]의 채워짐과 기울어짐에 따라 밤에 어떤 길을 걸으면 순식간에 잉태를 했다. 젊은 사람을 위해서는 또 다른 길이 준비되어 있었고, 그들은 아내를 얻기 위한 주문을 외우면서 그곳을 거닐었다. 어쩌면 이 두 개의 길은 서로 연결되어 있었는지도 모른다.

양귀비. 지중해와 중동이 원산지로, 고대 그리스, 로마시대부터 수면, 망각의 꽃으로 불려왔다.

숲을 울리는 북소리

가뭄 때는 비가 내려 농작물이 풍요롭게 열매 맺기를 기원하고, 가축이 병들면 그 병을 치유할 초자연적 힘의 출현을 기원하며 사람들은 숲 속의 빈터에 모여들었다. 정해진 밤 시간에 집회가 열렸고, 신비스런 생식력이 나타나기를 간절히 바라는 노래와 북소리로 숲은 온통 들끓어 올랐다. 마술사들은 효험이 잘 알려진 마취용 풀이나 벨라도나 같은 최음 작용을 하는 약초, 그리고 양귀비나 인도 대마 등을 길러 놓았다가 고통을 덜어 주었고, 최면 상태나 황홀 상태가 지속되기를 바라는 사람들에게 처방도 해주었다. 대부분의 의식은 이렇게 인간과 식물, 가축의 다산과 재생을 목적으로 했다.

그러나 비합리적인 마법 의식을 합리적인 언어로 해명하려고 여러 분야의 학자들이 노력을 했음에도, 이에 대한 묘사는 막연할 뿐이다. 이처럼 원시의 정원을 에워싸고 있는 어렴풋한 빛은 아직도 출렁이는 여명일 수밖에 없다. 현실적으로 밝은 빛이 불끈 솟아오른 것은 중국 정원부터이다.

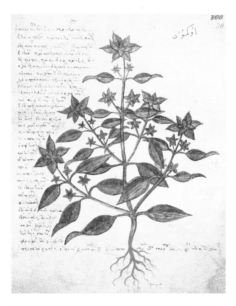

그리스의 의사이자 약물학자인 디오스코리데스(Pedanius Dioscorides)가 쓴 『약물에 대하여』(77 A.D.) 중 바질(Basil) 일러스트

3
중국 정원

중국인은 일찍부터 정원을 가꾸고자 했다. 왕조의 수도가 북쪽 또는 남쪽의 어디냐에 따라 약간의 차이가 있었지만, 정원을 가꾸는 큰 원칙이 변한 적은 없었다. 이는 수세기에 걸쳐 나라의 행정 양식이 거의 같은 경향으로 나타나 서양인들의 눈에는 마치 같은 정부가 계속되고 있는 것처럼 비치기 때문이기도 한데, 이것은 다른 지역에서는 그 예를 볼 수가 없는 일이다.

구속의 그물

중국의 질서와 단결을 유지시키는 역할은 거대한 관리 계급이 맡고 있었다. 말, 글과 문법, 예법, 의식, 계급제, 인사할 때 머리 숙이는 법, 옷의 단추 수, 부챗살의 길이와 수, 관冠을 장식하는 깃털의 색깔, 걸음걸이, 명함 모양, 주전자 크기, 집의 배치 등 헤아리자면 한이 없을 정도로 모든 사물이 엄격한 규칙에 의해 정해졌다. 모든 것들이 사람들을 구속하는 그물이 되어 눈을 부

안개와 산으로 둘러싸인 도시. 중국의 정원은 이러한 자연 경관을 축소해놓은 것이다. 중국 남부의 광시廣西.

릅뜨고 지켜보았기에, 시간이 경과함에 따라 그 중압감은 견디기 어려운 것이 되었다. 많은 중국 작가들이 견디기 어려운 행정의 중압과 발전 없는 관료제를 개탄하곤 했다.

황제 또한 이런 규제에서 벗어날 수 없었다. 그의 생활은 백성들의 생활과는 전혀 다른 동떨어진 틀 속에서 유연하게 영위되었지만, 엄격한 규제에 묶여 있었다. 황제는 분명 지사知事의 가혹한 감독이나 세리稅吏의 상대가 되어 마음고생을 하는 일은 없었다. 그러나 그의 행위는 의례적으로 정해 놓은 규범에 따르지 않으면 안 되었으며, 조금이라도 그것을 고치려는 것은 허용되지 않았다. "만약 불행하게도 그런 일이 생기면, 그 누구도 그 지위에 머물러 있지 못하고, 하늘의 별 또한 그 질서를 보전할 수 없으리라."라고 7세기의 문서는 적고 있다. 이런 이야기도 전해진다. 한漢나라의 어느 황제가 한여름에 '겨울 음악'을 연주하는 부주의를 범했다. 그러자 순식간에 눈보라가 들판에 몰아쳐서 수확이 엉망이 되고, 백성은 기아에 허덕이게 되었다. 결국 나라가 위태로워져 멸망으로 치달았다. 위기를 탈피하기 위해 황제가 거액의 벌금을 지불하고 앞으로는 절대로 성스러운 의궤儀軌의 규칙을 위반하지 않기로 서약했다. 또한 이를 알리기 위해 행렬을 갖추어 한여름의 음악을 연주하면서 나라 안을 순회해야 하는 속죄 행위가 필요했다. 그 후로 이 규칙은 이전보다도 더 엄격하게 지켜졌다.

황제 자신이 죄인이다

확실히 사물의 안정을 보증하기 위함이라고는 하지만, 마치 죄인에게 칼을 씌워 목을 조이는 것 같은 의무의 그물이었다. 거기에서 벗어나려고 하면 아주 미미한 거동마저도 "하늘의 노여움을 샀다."고, 적어도 조정의 장로들은 그렇게 말하고 있다. 이러한 상태는 중국인에게 인도인이나 페르시아인과 같이 감각의 세계를 초월하여 저 건너편으로 도피시켜 주는 종교가 없었기 때문에 유난히 견디기가 어려웠을 것이다. 중국의 사상가 공자와 노자는 신비론자가 아닌 도덕군자였다. 그들의 가르침은 모든 이를 하나의 사회 질서 아래로 모으기 위한 생활의 규범이었다. 어느 쪽을 향한다 해도 중국인이 가는 쪽은 닫혀 있었다.

어떻게 하면 이런 구속에서 빠져나올 수 있을까? 생활양식에 대한 엄격한 규율과 추상적 사고를 하는 소질이 부족한 탓에 족쇄가 채워져 있던 중국인에게 자유를 가져다 준 것은 다름 아닌 정원을 만드는 일이었다. 정원은 도피, 꿈, 자유, 환상의 장소, 전원田園과는 엄격히 구별되는 우주의 단편, 파종도 수확도 여름도 겨울도 없는 특별한 곳, 산책하는 사람들을 차례차례로 이끌어가는 상상할 수 없는 시점의 연속, 인간의 상상력을 북돋아 평범한 세계에서 피안으로 이끌어가기 위한 모든 것이 새로 짜여진 조화 있는 공간이 되지 않으면 안 되었다.

이 가능성에 착안한 중국인은 전심전력을 다하여 정원을 만들기 시작했다. 그러나 크기가 같은 것은 하나도 없었으며, 그 면적은 소유자의 재력에 따라 달랐다. 한 사람 한 사람 모두가 자신의 정원을 가지려 했다. 살아가기 위해서는 어떻게 해서라도 정원을 즐길 필요가 있었기 때문이다.

거대한 정원은 그 지방을 드러낸다

황제들은 거대한 정원을 가지고 있었는데, 특히 주周나라의 몇 사람인가는 마치 어느 지방에 해당할 만한 넓고 큰 정원을 만들었다. 거기에서는 평원을 산으로 바꿨고, 호수나 동굴을 팠고, 먼 곳에서 가져온 많은 수목을 심었고, 사냥을 즐기기 위해 온갖 종류의 짐승을 길렀다. 이 정원들 가운데 어떤 것은 환상적인 분위기를 불러일으키기 위해 나무마다 비단 리본과 보석으로 장식을 했다. 황제의 행렬이 지나가기 직전에 나뭇가지에 금색의 공작새나

중국 당나라 때 시인이며 예술가인 왕유(王維 699-759)가 그린 중국 중서부 산시성(山西省)의 호수, 숲, 언덕으로 이루어진 온화한 정경.

꿩, 토끼, 사슴 등을 매달아 황제가 화살을 쏘면 사냥감이 하늘에서 떨어져 내려오는 것처럼 꾸미기도 했다고 당시의 기록은 전한다.

기원전 8세기 이후에, 귀족들도 황제를 흉내 내기 시작했다. 후에 주나라를 정복하는 진秦의 시황제는 기원전 255년경에 둘레가 12 킬로미터 정도나 되는 정원을 만들어 거기에 삼천 그루의 나무를 심었고, 그의 영광을 과시하기 위해 자신이 파괴한 제후의 건물과 같은 수의 전각을 세웠다. 한 무제(기원전 140~87년)의 정원 또한 넓었다. 바위산이나 호수, 낭떠러지, 연못, 형태가 다른 언덕 삼백 곳이 유유하게 제자리에 들어앉아 있을 정도로 광대한 것이었다.

이 정원은 중국을, 아니 정확히 말해서 우주를 축소시켜 놓은 모습이었다. 거기에는 선조에 대한 추억을 영원히 남겨 놓기 위한 사원 외에 성스러운 산과 동천洞天이 있었다. 동천이란 말하자면 '돔dome'이 갈라지면서 그곳으로 하늘의 별을 보는 동굴과 같은 것이다. 어두운 반구형半球形의 동굴

8세기 왕유의 그림을 16세기에 복제한 것. 전경을 즐길 수 있도록 발코니가 설치된 정자 등 당시의 정원의 모습을 잘 알 수 있다.

안에서 바라보는 것이므로 별은 유난히 아름답게 빛나 보였다. 모든 바위에 올록볼록하게 요철을 만들고 폭포로 분위기를 갖추어 놓았으며, 일찍이 본 일이 없는 기묘한 형체의 돌을 구해서 조각가의 끌로 다듬어 놓았다. 한쪽으로는 도자기를 만드는 건물이 있었고, 그 추녀에는 산들바람에 흔들리는 은으로 만든 풍경風磬이 드리워져 있었다. 공중에서 그것이 너무나 달콤한 소리를 내고 있었기에 사람들은 소리가 음인지, 그렇지 않으면 향인지 분간하지 못할 정도였다. 또한 하천에 걸려 있는 다리는 독특한 아치형의 본체와 물에 비치는 그림자가 완전한 원형을 그려내도록 꾸며져 있었다. 더구나 완벽한 고요함의 효과를 자아내기 위해 하천의 수면에 물결이 절대 일지 않도록 했고, 항상 고른 수위를 유지하기 위해 아주 정밀하게 수량 조절을 하지 않으면 안 되었다. 언뜻 보기에 단순 소박하게 비쳐졌지만, 실은 정교한 계산의 결과였다.

이러한 정원은 무엇에서 생겨났을까? 그것은 중국의 그림[繪]이 글[書]

에서 태어난 것과 같이, 중국의 그림에서 태어난 것이다. 그것은 처음에는 단순했으나, 이윽고 시간과 더불어 놀랄 정도로 복잡해졌다.

상반되는 것들의 상호보완성

정원의 목적은 역시 그것을 바라보는 사람에게 도피와 자유의 기쁨을 주는 데 있었으나, 그 구성은 매우 엄밀한 규범에 근거를 두고 있었다. 곧게 뻗은 길, 정사각형의 화단 등 일반적으로 말해서 대칭형은 모두 엄격하게 배척당했다. 중국인은 대칭형에 참을 수 없는 혐오감을 느꼈다. 그래서 대부분의 정원은 강한 대조를 이루는 경치가 연속되어 한눈으로는 전체를 바라다볼 수 없고, 색다른 경치가 차례차례 나타나도록 하여, 방문하는 사람을 놀라게 하는 형태로 설계되었다.

　　중국의 정원이 반드시 지켜야 할 많은 규범 가운데 "허虛와 실實의 경계를 넘는다"라는 것이 있다. 피에르 리크만은 이것을 『부세육기浮世六記』의 브뤼셀판 해설에서 "중국에서는 '실'과 '허'라는 두 개의 개념이 철학상 극히 밀접한 연관을 가지고 있기 때문"이라고 설명한다.* 이 문제에 대해 누구보다도 상세하게 알고 있는 사람의 하나인 청淸나라의 심복(沈復, 1763년생)은 그의 자전적 성격의 작품 『부세육기』에서 다음과 같이 말하고 있다.

---

*P. Ryckmans, Six récits au fil inconstant des jours, traduit du chinois, Éditions F. Larcier, Bruxelles, 1966.

기창원(奇暢園) 1506-20 中國 江蘇省 無錫市

　　"만일 원정園亭, 누각, 별채, 회랑回廊, 축산석축山石의 배치, 꽃과 나무 가꾸기 등을 경영하고자 한다면 역시 대大 중에서 소小를 보고 소 중에서 대를 보며, 허 중에 실이 있고 실 중에 허가 있다는 것을 알아야 한다. 숨었는가 싶으면 나타나고, 얕게 보여도 깊게 해야 한다. 다만 주회곡절(周廻曲折, 주변만 빙빙 겉돌며 구부러지고 꺾이는 것)에 머물러서는 안 된다."

　　"그렇다고 해서 광대한 땅에 많은 돌을 줄 세워 놓고, 쓸데없이 돈을 쓰라는 것은 아니다. 땅을 파고, 흙을 쌓아 올려서 작은 언덕을 만들고, 곳곳에 돌이나 풀, 꽃을 배치하고, 매화나무로 생나무울타리를 엮어 세우고, 담에는 담쟁이 덩굴이 휘감아 올라가게 하면, 멀쩡한 평지인데도 산의 경치가 조성된다."

"대 중에서 소를 보여 주기 위해, 예컨대 넓어서 정리가 잘 되지 않는 곳에는 번지기 쉬운 대[竹]를 심고, 무성해지기 쉬운 매화나무를 잘 조합하여 심어 이것을 덮어 주면 좋다. 또 소 중에서 대를 보여 주기 위해서는, 예컨대 좁은 정원의 담에 적당히 요철을 만들어 풀을 장식한 뒤 담쟁이덩굴 등이 뻗어 올라가게 하고, 그 사이사이에 커다란 돌을 끼워 거기에 비명碑銘을 새겨 넣으면 좋다. 이렇게 해 놓은 다음 창문을 열고 석벽石壁을 마주 대하고 있노라면, 아득한 절벽이 하늘 높이 솟아오르는 듯 느낌이 절로 일어난다."

그럼 허 중에 실을 보이기 위해서는 어떻게 하면 좋을까.

"흡사 산은 궁극에까지 다 와 버렸고 하천은 갈 데까지 가 버린, 막다른 생각이 드는 곳에서, 문득 한 굽이를 꺾어 돌면 갑자기 풍경이 확 전개되도록 계획하는 것도 한 방법이고, 또 부엌문같이 생긴 조그만 문을 열면 생각지 않게 안뜰[中庭]로 통할 수 있게 해 놓는 것도 그 방법의 하나이다. 또 실 중에 허가 있기 위해서는, 예컨대 정원의 막다른 곳에 문을 내어 거기에 대나무나 돌을 곁들여 놓으면 좋다. 그렇게 해 놓으면 자못 뭔가가 그곳에 있는 것 같은 생각이 들 뿐 아니라, 또 낮은 난간을 담 위에 둘러놓으면 흡사 사방을 둘러볼 수 있는 노대露臺 같은 외관을 갖추게 된다."*

■■■

*Chen Fou, Récits d'une vie fugitive (Mémoires d'un lettré pauvre), publié par Jacques Reclus et P. Demiéville, Paris, Gallimard, 1967. Collection de l'Unesco, pp.3 sq.

원근의 왜곡, 눈속임을 위한 그림, 쥘부채가 단번에 활짝 펴지기도 하고 단번에 싹 접어지는 것과 같이 전개되는 경치, 이런 것들을 생각해 내는 데 중국인들은 드물게 보이는 묘기를 발휘했다. 그 결과 그들의 꿈의 정원은 언뜻환상의 정원이라고도 말할 수 있게 되었다. 그러나 누구도 현실과 꿈의 정원사이에 경계를 설정하지는 않았을 것이다. 목적지 없이 제멋대로 뻗어 있는작은 길이라든가 하천의 흐름, 연못 위에 대수롭지 않게 걸쳐 놓은 다리, 하늘과 땅 사이에 걸어 놓은 작은 정자, 폭포 소리가 울려 퍼지게 하고 눈이 핑돌게 하는 아찔한 절벽, 구름을 꿰뚫고 찌르는 칼날 같은 봉우리, 이런 것들을 통하여 정원은 사람들의 마음 속에 주술 같은 것을 던져 주었다. 그것은면밀하면서 한편으로는 야성적이어서 전체적으로 웅대함을 지니면서도 부분적으로는 섬세한 효과를 발휘했다. 이러한 중국의 정원은 현자나 문인들에게 때때로 이 세상의 아름다움을 절절히 맛볼 수 있게 해 주었고, 또 삶의공허함 속에서도 깊은 생각에 잠기게 해 주어 그곳을 즐겨 찾아볼 수 있게했다. 그러한 은퇴 생활을 일 년 이상 보냈던 심복은 그 모습을 이렇게 말하고 있다.

"나는 그 집(심복의 친구인 노반방魯半舫의 집)의 소상루蕭爽樓에서 일 년반가량 머문 적이 있었다. 친구들은 내가 궁핍하다는 것을 알고 있었으므로, 내가 부담해야 할 돈을 잘 조절해 주어서 하루하루를 마음껏 즐겼던 것이다. … 이 사람들은 모두가 소상루의 그윽하고 아담한 정취를 사랑하여 화구를가지고 놀러 왔기 때문에, 나는 그들에게서 그림을 배웠다. … 이렇게 온종

예원(豫園) 1577 中國 上海市

일 시화詩畵를 이야기하면서 보냈다. 소상루에서는 네 가지 일이 금지되어 있었다. 관리의 이동 이야기, 관아나 시국 이야기, 팔고문(八股文, 과거 시험에 사용되는 문체) 이야기, 도박이었다. (중국의 정원이 사람들을 위로부터 짓누르는 관료주의의 중압감을 잊어버리게 하기 위한 도피처였음을 알 수 있다.) 그에 반해 기뻤던 것은, 그곳의 삶은 네 가지 상태였는데 바로 강개호상(慷慨豪爽, 불의를 한탄하는, 호탕하며 시원시원한 삶), 풍류온자(風流蘊藉, 세속을 떠나 멋스럽게

창랑정(滄浪亭) 1044 中國 江蘇省 蘇州市

도량이 넓은 삶), 낙척불기(落拓不羈, 불우한 환경에 처해도 구속받지 않는 삶), 징
정함묵(澄靜緘默, 맑고 고요함 속에 말이 없는 삶)이었다."*

　　중국의 정원이 얼마만큼 유례없는 것이었는가를 알기 위해서는, 그 모
습을 느낄 수 있는 이름들, 그러니까 사람들 입에 오르내리고 있는 명칭들
몇 가지를 들어 보는 것만으로 충분하다. 유란문幽蘭門, 단교斷橋, 대비각大
悲閣, 화운동천火雲洞天, 서석고동瑞石古洞, 소정실小靜室, 정감사淨鑑寺, 조
양대朝陽臺, 승개루勝槪樓, 해당사海幢寺, 수락동水樂洞, 향설해香雪海 등등.

*Chen Fou, op. cit. pp.69-70.

이런 식으로 예를 들자면 일일이 불러 대기에 벅찰 정도다. 그런데 이러한 이미지를 무엇보다도 잘 전해 주는 것은 역시 심복의 글이다. 먼저 그 한 구절을 인용해 보자.

"운芸은 시집온 지 아직 반 년밖에 되지 않아서인지 의외로 이웃에 있는 창랑정滄浪亭에 가 본 적이 아직 없었다. … 해질 무렵 황혼 때, 나는 운(심복은 열일곱 살에 결혼했다)과 나이 어린 내 누이동생을 데리고 … 돌다리를 건너 문으로 들어가 동쪽으로 돌아서 꼬불꼬불한 작은 길을 따라 갔다. 그랬더니 돌을 쌓아 만든 산이 있었고, 울창하게 들어선 나무들이 푸르게 빛나고 있었다. 창랑정은 그 축조된 산의 꼭대기에 있었다. 돌층계를 올라 정자에 이르러 사방을 둘러보니 아득히 저 멀리 수십 리까지 바라볼 수가 있었고, 붉게 타오르는 석양을 배경으로 사방은 밥을 짓는 연기가 아련히 피어오르고 있었다."

"저쪽 벼랑은 근산림近山林이라고 해서 황제 행차 때 연회가 열리던 곳이지만, 정의서원正誼書院은 아직 문을 열지 않았다. 가지고 온 모전毛氈*을 정자 안에 깔고 빙 둘러앉으니 차 시중을 드는 번인番人이 차를 내왔다. 이윽고 나뭇가지 사이로 밝은 달이 불쑥 솟아올랐고, 바람은 산들산들 옷소매를 스쳤으며, 가슴 속에 일고 있는 잔잔한 물결을 달 그림자가 씻어 주니, 이 세상 근심 걱정이 말끔히 씻겨 내려간 것 같았다."

존재의 흔적이 사라져버리는 작은 정원

또 다른 예를 인용해 보자.

"평산당平山堂은 양주 고을에서 삼사십 리(약 십이~십오 킬로미터) 거리에 있으나 길로 따지면 팔구십 리(약 삼십일~삼십오 킬로미터)는 될 것이다. 이 정원은 완전한 인공이지만, 현실에 있기 힘든 기발한 발상을 극에 달하게 해 놓았고 거기에 자연 그대로의 모습을 여기저기 이어 놓았으니, 낭원요지閬苑瑤池, 경루옥우瓊樓玉宇라 한들 이보다 더한 곳은 없으리라는 생각이 들었다."

▪▪▪
*짐승의 털로 만든 깔개

"그 절묘함은, 십여 개의 정자가 합하여 하나로 되고 산마저도 나란히 줄을 이어 기세가 일관해 있다는 점에 있다. 이것이 무엇보다 모양새를 갖추기 어려웠던 이유는 마을을 나와 그 정경 안으로 들어가기까지의 십 리 길이 성곽과 맞닿아 있다는 데에 있다. 도대체 성벽이란 아득히 멀리 겹쳐 보이는 산들과 어울려 점철되어 있을 때만이 그림이 되는 것이다. 그렇기 때문에 정원의 숲이 이런 곳에 만들어져 있다는 것은 원래대로라면 참으로 웃기는 일이 아닐 수 없다. 하지만 이곳에서는 작은 정자가 있나 보다 생각하면 견청대見晴臺가 있고, 벽이 있겠다 싶으면 돌이 있으며, 대나무가 있을 것이라고 생각하면 나무가 있었다. 이런 형편이어서 그 보이는 듯 숨는 듯하는 양상이 보는 사람의 눈에 조금도 무리를 주지 않는다. 이것은 가슴 안에 많은 언덕과 골짜기를 잔뜩 쌓아 두고 있는 설계가가 아니고서는 감히 기획할 수 없는 일인 것이다."

"성벽이 끝나면 최초로 홍원虹園이 나타난다. 꺾어서 북으로 향하면 홍교虹橋라고 부르는 돌다리가 있다. 처음부터 원園의 이름을 다리에 연유하여 붙인 것인지, 아니면 다리 이름을 원에 연유하여 붙인 것인지 … 배를 저어 이곳을 통과하면 장제춘류(長堤春柳, 오吳씨 별장의 아칭)라는 곳이다. 이 경치는 성벽에 직접 이어지지 않고 이곳에 펼쳐져 있다는 데에서 그 배치의 절묘함을 다시 한 번 절감할 수 있다."

"다시 꺾어 들어서 서쪽으로 향하면 흙을 쌓아 만든 무덤이 있는데, 소금산小金山이라 했다. 이처럼 경치의 단락段落이 있기 때문에 기세가 꽉 조여 오는 느낌을 받는다. 확실히 품위 없는 속필俗筆을 사용해서는 감히 그 아름다움을 표현할 길이 없다."

망사원(網師園) 淸代 中國 江蘇省 蘇州市

　"여기를 지나면 승개루勝槪樓다. 해마다 조정 경기를 하는 곳이고, 강폭이 제법 넓다. 남북으로는 연화교蓮花橋라는 다리가 걸려 있다. 다리로는 사방에서 길이 모여들고 다리 위에는 다섯 개의 작은 정자가 서 있어서 양주 사람들은 이곳을 사반일과四盤一煥鍋라고 부르고 있다. 그러나 이것은 아무리 머리를 쥐어짜도 어떻게 해야 할지 모르는 상태에서, 좋은 지혜가 떠오르지 않은 가운데 나온 방안이라 그다지 마음에 와 닿지 않는다."

　"다리의 남쪽에는 연심사蓮心寺가 있다. 절의 경내에는 라마교의 흰 탑이 우뚝 솟아올랐고, 금색의 보주宝珠와 구슬 장식은 높다란 구름 띠에 걸려 있다. 전각홍장殿角紅牆은 송백松柏과 어울려 서로 빛나고 있으며, 때때로

풍경 소리가 들려 온다. 이것이야말로 천하의 원정園亭에서 일찍이 보지 못했던 절경이 아니고 무엇이랴."

　"다리를 건너면 삼층의 높은 누각이 보인다. 화동비첨(畵棟飛檐, 그림 같은 마룻대와 들보 그리고 나는 듯한 추녀)은 현란하여 오색으로 아로새겨져 있고, 난간은 태호太湖의 흰 돌을 다듬어 둘러놓았는데, 그 이름도 오운다처五雲多處라 한다. 이를 비유하자면 문장에서 가장 힘주어 강조하는 부분이라고나 할까."

해녕의 정원

1784년 봄, 심복은 해녕海寧의 유명한 정원 몇 군데를 방문했다. 그는 그의 회상록에 이를 자세하게 써서 남겨 놓았고, 그 덕분에 우리들은 18세기 후반의 정원 모습을 머릿속에 그려 볼 수 있게 되었다.

"연우루煙雨樓는 경호鏡湖 안에 있고, 호숫가를 따라 푸른 색깔의 버드나무가 빙 둘러 있다. 아쉬운 것은 대나무가 몇 그루 없다는 점이다. 그러나 멀리까지 잘 보이는 테라스가 있고, 연안에 매어져 있는 무수한 고기잡이배들은 밤하늘에 깨알처럼 빛나는 별과 같고, 넓고 고요한 호수에는 잔잔한 물결이 일고 있으니, 달밤의 운치는 또 얼마나 아름다울까 하는 생각이 절로 드는 경치였다."

"나는 진陳씨의 안란원安爛園에도 머물렀다. 그곳의 넓이는 일백 묘畝*에 이르며, 누각의 추녀는 겹쳐 있고, 좁다란 회랑 또한 그와 같다. 연못은 한없이 넓고, 다리는 여섯 군데나 굽어지게 만들었으며, 정원은 전면에 기생초를 빈틈없이 심어 인공의 흔적을 말끔히 가리고 있다. 천 그루나 되는 고목은 모두 하늘을 찌를 듯한 기세요, 새가 울고 꽃이 지는 풍정風情은 흡사 깊은 산에 들어와 있는 것 같다. 인공을 천연으로 돌아가게 하는 곳으로 말하면, 평지에 돌을 다듬어 만든 원정 가운데 여기가 유일할 것이다."

"남문을 나오면 바로 넓은 바다다. 하루 두 차례 있는 조수 간만은 은으로 된 매우 높은 제방이 바다를 가르고 지나가는 것처럼 보이게 한다. 바다

*1묘는 약 60헥타르다.

에 떠 있는 배는 조수로 인하여 수위가 높아지자 노를 돌려 이쪽으로 마주 보았다."

"제방 위에는 탑원塔院이 있다. 중추절 밤에 아버지와 더불어 여기에서 조수를 바라본 적이 있다. 제방을 따라서 동쪽으로 삼십 리 정도를 가면 첨산尖山이라는 이름의 산봉우리 하나가 불쑥 튀어나와 바다 가운데로 쑥 들어가 있다. 그 꼭대기에는 누각이 하나 있고, 해활천공海闊天空이라는 글이 쓰인 액자가 걸려 있다. 바다는 여기에서부터 끝없이 멀리 뻗어 있어서 땅은 보이지 않고 다만 성난 물결만이 하늘에 맞닿아 보일 뿐이다."

"그로부터 수일 후(이것은 심복이 공직을 버리고 상인이 되어 사촌 누이동생의 남편인 수봉秀峯과 광동廣東으로 건너간 무렵의 일이다) 수봉과 함께 해주사海珠寺에 머물렀다. 이 절은 물 가운데에 있고 사방은 마치 성처럼 벽으로 둘러싸여 있다. 어느 쪽이라 할 것 없이 수면에서 다섯 자尺 정도의 높이에 구덩이를 파고, 거기에 해적을 막기 위한 대포를 설치해 놓았다. 조수 간만에 따라 포문이 물에 잠길 듯하다가 떴다가 하여 포대도 높아졌다 낮아졌다 하는 것처럼 보이는데, 그 까닭을 도저히 잘 설명할 수가 없다."

"중추절의 이틀 후,(이것은 심복이 광동의 상인 생활에서 발을 빼고 다시 공직에 근무한 다음, 서화점書畵店을 열고 있을 때 일어난 일이다) 오운객吳雲客, 모억향毛憶香, 왕성란王聖爛들에게 이끌려 그들과 함께 서산西山의 소정실小靜室이라는 곳에서 밤을 보내게 되었다… 어딘가 높고 전망이 좋은 곳에 올라 달구경을 하면서 밤을 보내자고 말하자, 죽일竹逸이 나서서 '그렇다면 방학정放鶴亭에 오르는 것이 좋겠다'고 말했다. '성란, 자네는 거문고를 가지고 왔군. 아직 들어 보지 못했으니, 그곳에 가서 타 보면 어때' 하고 운객이 말했

졸정원(拙政園) 1506-21 中國 江蘇省 蘇州市

다. … 물푸레나무 꽃의 향기가 그윽한 가운데 계속 이어지는 오래된 숲길, 희고 깨끗한 달빛이 흐르는 하늘, 세상은 온통 적막하고 소리도 없다. 성란이 매화삼롱梅花三弄을 타고 있으니 신선이 되어 하늘을 날아오르는 기분이 된다. 억향도 흥이 나자 소매에서 쇠피리를 끄집어내어 불기 시작한다. 운객은 오늘밤 석호石湖에 달돋이 구경 온 손님들 그 누구도 우리들의 즐거움에 미치지 못할 것이라고 이야기한다."

"우리 소주蘇州에서는 매년 8월 18일 밤, 석호의 행춘교行春橋 밑에서 다리 틈새로 달을 보는 풍습이 있다. 이 행사는 대단한 성황을 이루는데, 뱃놀이는 몹시 붐비고 노랫소리가 밤새껏 이어진다. 명목은 달구경이지만 실

은 술을 마시고 기생을 끼고 돌며 떠들어 대는 북새통이다."

"고의원高義園은 범문정공范文正公*의 분묘이며 백운정사白雲精舍가 그 곁에 있다. 어떤 정자는 절벽에 면하여 있고, 위에는 담쟁이덩굴이 치렁치렁 걸려 있으며, 그 밑에는 맑고 차가워 보이는 푸른 물이 가득히 고여 출렁거리고 있다. 넓디넓은 그 못 안에는 금붕어가 노닐고 있는데, 그 이름이 발우천鉢盂泉이라 한다."

---

*범중엄(范仲淹, 989~1052)을 말한다. 중국 북송 때의 정치가, 학자이다.

무은암의 승려

심복은 이 여행길에 친구와 함께 무은암無隱庵을 방문했다. 그는 그 모습을 이와 같이 이야기하고 있다.

　"산문山門이 굳게 잠겨 있었다. 잠시 동안 문을 두드렸으나 대답이 없었다. 그러다 갑자기 소리가 나더니 한쪽 문이 열리며 너덜거리는 승복을 몸에 걸친 젊은 사람이 나타났다. … 문이 열리자마자 번쩍 눈에 들어오는 것은 부처의 모습이었다. 금빛은 나무 그늘에 비치고, 정원 계단이나 초석에 낀 이끼는 수를 놓은 듯하다. 배례拜禮를 위한 전각 뒤쪽은 돌계단이 벽처럼 가파르고, 돌난간이 거기에 매달려 있다. 돌계단을 따라 서쪽으로 향하면 높이가 두 자밖에 되지 않는 만두 모양의 돌이 있고, 그 밑으로는 가는대나무[笹] 울타리를 쳐 놓았다. 다시 서쪽으로 돌아 북으로 꺾은 다음, 기울어진 행랑[斜廊]에서 돌계단을 올라가면 세 칸짜리 객당客堂이 있는데, 커다란 바위에 바짝 붙여 만들어 놓았다. 바위 밑에는 초승달 모양의 작은 못이 있고, 말할 수 없이 맑은 그 샘물 가운데에 물풀이 흐느적거리고 있다."

　"지친 성란은 못 언저리에 걸터앉아 한숨을 돌렸고, 나도 따라 앉았다. 찬합을 열고 한잔하려고 하는 찰나, 돌연 '삼백(三白, 심복의 자字), 빨리 오세요. 여기가 그렇게 뛰어날 수가 없다고요' 하는 억향의 목소리가 나뭇가지 사이로 들려 왔다."

　"위를 쳐다보았으나 사람의 그림자는 보이질 않는다. 성란과 내가 소리 나는 쪽을 향해 동쪽 행랑에서 작은 문을 빠져 나와 북쪽으로 접어들자 사다리처럼 가파른 수십 단의 돌계단이 있고 대나무 숲 사이에 보일 듯 말 듯 누각이 숨어 있다. 한쪽에 있는 계단을 올라 누각 위에 오르니, 사방은 모두 창으로 막혀 있는데 액자에 비운각飛雲閣이라 씌어 있다. 사방의 산들은 성벽과도 같이 줄줄이 우리를 에워싸고 있는데 서남쪽만은 열려 있고, 거기를 통해 아득히 보이는 물길이 하늘을 적시고 있는가 하면, 어렴풋한 가운데 돛단배가 그림처럼 떠 있으니, 이것이야말로 태호太湖로다. 창에 기대어 밑을 굽어보니 바람이 대나무 가지를 움직여 흡사 보리 이삭 파도가 출렁이는 것 같다."

"억향은 '어때'라고 묻고 나는 '이것은 절묘한 경치'라고 답한다. 그러자 돌연 '억향, 빨리 와요. 이쪽이 훨씬 근사하다고요'라는 운객의 소리가 누각의 서쪽에서 날아왔다."

심복은 소주 출신인데, 그곳에는 검지劍池, 탑영교塔影橋, 천경운千頃雲, 야방빈野芳浜*, 사자림獅子林, 그 밖에 옛날 오吳왕이 미녀 서시西施를 가두어 놓았던 왕궁 유적으로 유명한 영엄산靈嚴山이 있다.

"영엄산은 옛날 오왕이 서시를 가두었던 관왜궁館娃宮의 옛터이고, 서시동西施洞, 향섭랑響屧廊, 채향경采香徑 등 여러 명승지가 있다. … 등위산鄧尉山은 원묘元墓라고도 하는데, 서쪽은 태호太湖를 등에 업고, 동쪽은 금봉金峯과 마주 보고 있다. 그래서 붉은 낭떠러지, 푸른 누각 등 그림같이 아름다운 경치가 펼쳐진다. 그 지방 사람들이 매화 재배를 생업으로 하고 있기 때문에 꽃이 피는 철에는 수십 리에 걸쳐 흰 꽃으로 덮여 있으며, 그 모습이 마치 눈이 쌓인 것 같다 하여 향설해香雪海라 이름 붙였다. 산의 왼쪽에는 오

*심복이 장난삼아 붙인 이름으로 원래는 야방빈冶坊浜

예원(豫園) 1577 中國 上海市

래된 측백나무 네 그루가 있는데, 이름하여 '청淸' '기奇' '고古' '괴怪' 라고
들 한다. 청은 한 그루가 반듯하게 서서 푸른 우산처럼 무성하고, 기는 땅에
엎드려서 갈 지之자 형태로 세 군데가 굽어 있다. 고는 정수리가 대머리처럼
벗겨지고 중앙부가 평평하며 잎이 지고 없어, 마치 손바닥을 펼친 듯하다.
괴는 전체가 소용돌이 형상을 하고, 가지와 줄기도 같은 형상이다. 한나라
이전 시대의 것이라고 전해진다."

향설해

1805년 봄, 심복은 선조의 묘에 참배하는 친구들 몇 사람과 함께 여행했다.

"여정에 따라 우선 영엄산으로 갔고, 호산교虎山橋와 비가하費家河를 거쳐 향설해에 들어가 매화 구경을 했다. … 때맞추어 꽃이 만발해서 내 자신이 내뿜는 숨결에서도 매화 향기가 나는 것 같았다."

같은 해 가을, 심복은 중경重慶에 부임하여 대관정大觀亭과 성 밖에 있는 왕씨의 정원을 방문했다. 이 정원은 동서로는 길고 남북으로는 짧다. 이것은 북쪽이 곧바로 성벽에 맞닿아 있고, 남쪽은 호수에 임해 있기 때문이다.

"이와 같이 땅의 위치가 한정되어 있어 배치가 매우 어려웠기 때문에, 설계자가 솜씨를 발휘하여 '중대첩관重臺疊館'의 법을 채택했다. '중대重臺'라고 하는 것은 옥상에 노대露臺를 만들어 정원으로 하고, 그 위에 돌을 쌓고 꽃을 심어 정원을 거니는 사람들이 발밑에 건물이 있다는 것을 느끼지 못하게 하는 것이다. 생각컨대 위에 돌을 쌓을 때는 밑을 실實로 하고, 위를 정원으로 할 때는 밑을 허虛로 한다. 그러므로 꽃이나 나무는 더욱더 땅기운[地氣]을 얻어 성장하게 된다. '첩관疊館'이라고 하는 것은 누 위에 헌(軒, 청廳이나 당堂 등에 비해 부차적인, 개방적 건물)을 만들고, 헌 위에 다시 평대平臺를 만들어 상하 네 개의 층을 기교 있게 서로 겹치고 뒤섞이게 하며, 거기에 작은 못을 만들어 물이 새지 않게 함으로써 어디까지가 허이고 어디까지가 실인가를 살피고 엿보지 않게끔 하는 방법이다. … 다행히 정면 남쪽에 있는 호수에 면해 있으므로 경치를 차단하는 것도 아니고, 원한다면 멀리 바라보는 것도 자유로워 평지에 있는 정원보다 훨씬 뛰어나다. 참으로 인공의 기묘하고도 절묘한 솜씨다."

"무창武昌의 황학루黃鶴樓는… 삼층으로 화동비첨畵棟飛檐이니, 성벽에 밀착되어 깎아지른 듯 우뚝하고, 앞은 한강漢江에 임해 있어 한양漢陽의 청천각晴川閣과 마주 본다. 나는 탁당琢堂과 함께 내리는 눈을 벗 삼아 여기에 올랐다. 하늘에는 눈꽃송이가 바람에 날려 춤을 추는데, 저 멀리 바라보이는 것은 은산옥수銀山玉樹라, 마치 몸이 흔들리는 집에 있는 듯하다. 큰 강을 오가는 작은 배가 이리저리로 흔들리는 모습은 바람에 뒹구는 마른 나뭇잎과 같으니, 명리名利에 젖은 속된 마음인들 이 지경에 이르면 어찌 당장 식어 버리지 않으리."

변함없는 봄

중국의 정원이 절정기에 있었을 무렵의 이러한 서술을 대하고 있노라면, 조망의 변화가 참으로 풍부했음을 알 수 있고, 그곳을 찾은 사람의 상상 또한 얼마나 자유분방했는지 엿볼 수 있다. 이론가는 정원이 빚어 내는 정취에 따라서 '활活' '외畏' '경驚' '위偉'의 네 종류로 정원을 분류했다. 이를 보면 당시의 정원은 무척 다양했던 것 같다. 산이나 하천의 지류, 바다의 일부까지도 받아들였는가 하면, 한편으로는 조심스럽게 남몰래 운영되는 정원도 있었다. 특히 금원(禁苑, 일반인의 출입을 통제하는 정원)에서는 끊임없는 손질이 필요했으므로, 정원사를 많이 채용하여 정원이 단조롭지 않으면서도 시

유원(留園) 明~淸代 中國 江蘇省 蘇州市

류에 휩쓸리지 않도록 부단한 변화를 꾀했다. 황제나 궁정의 지체 높은 사람들은 상춘常春의 한복판에 와 있는 것 같이 하기 위해 가을바람에 나부끼는 낙엽 대신 부드러운 초록의 비단 잎을 가지에 매다는 일꾼도 두었다. 넓고 좁음에 관계없이 모든 정원은 현실의 속박에서 정신을 해방시켜 주는 꿈과 도피의 장이었다. 이러한 공통 원리에 따라 모든 정원은 서로서로 그 모습이 닮아 있다.

앞에서도 말한 바와 같이 정원을 조성할 때에는 그 방법에 있어서 어떤 곳이든 매우 엄격한 규범을 따랐다. 돌과 물, 식물의 균형, 색채의 조화, 형태의 대비, 그리고 멋대로 자라지 않도록 계속 자르고 깎고 다듬어 수려해진

수목 등이 전부 치밀한 계산으로 만들어졌다.

　그러나 기묘했던 것은 정원의 크기에 대해 소유자는 전혀 중요하게 여기지 않았다는 점이다. 중국인은 크기에 따라 아름다움을 가늠하지 않았다. 그 때문에 면적이 몇 십만 평에 이르는 정원이 있었는가 하면 아주 작은 정원도 존재했다. 물 쟁반이나 화분에 넣기도 하고, 손바닥에 올려놓아도 될 만한 아주 작은 정원을 만들기도 했다.

절대 치수는 없다

무수한 소인국의 정원, 상자 정원(상자 안에 만든 모형 정원)을 만들어 유럽인들을 어리둥절케 한 그 정신의 본질을 어떻게 해석해야 할까. 이는 생각을 잘 드러내지 않고, 유한한 세계 안에서 생각하려는 특질, 중국인의 상상력의 근본을 이루고 있는 특질을 그 바탕으로 한다. 말하자면 그 특질은 아주 작은 것, 즉 하루살이의 날개, 조약돌의 요철, 조粟의 솜털, 꽃잎 등에 주의를 집중시키는 능력이고, 그들은 거기에서 커다란 사물이 갖추고 있는 것과 똑같은, 강렬한 주술적인 힘이 존재함을 발견하였다.

　　결국 중국인에게 절대적 크기는 존재하지 않는다. 물건의 크기 자체는 특별히 내세울 만큼 중요한 것이 아니고, 오히려 보는 기준을 어디에 두느냐가 문제가 된다. 원자 구조와 태양계의 구조가 매우 유사한 점이 있다는 현대 물리학자의 말을 듣는다면 중국인은 '이제야 우리 뜻을 알았나' 하면서 웃을 것이다. 그것은 그들에게 그다지 놀라운 일이 아니기 때문이다.

비밀 정원에 관하여

아득히 먼 수 세기 전부터 허虛 중의 실實, 대大 중의 소小를 보는 것에 익숙해 온 중국인에게 대우주와 소우주는 바로 동일한 하나였다. 그들에게는 무한대도 무한소도 서로가 닮은 것이어서 상호간에 서로 통하는 존재였다. 그래서 한편에서 다른 한편으로 이행하는 데 아무런 무리가 없는 것이다. 심복은 이 정신 작용에 대하여 다음과 같이 말한다.

"생각해 보면 어린 시절 나는 태양을 향해 눈을 똑바로 뜰 수 있었다. 또 미세한 것들을 식별하는 데 익숙하여 그런 것을 발견하면 반드시 그 모양이나 형체를 확인한 다음 그 실제의 모습을 떠나 생각하는 취미가 있었다. 여름이면 모기가 우레처럼 앵앵 울며 떠돌아다닌다. 나는 그것을 무리를 이루어 하늘을 날고 있는 학들의 춤과 비교했다. 그런 기분으로 바라보고 있으면 확실히 수천, 수백의 학 같다는 생각에 빠져든다. 고개를 쳐들어 그것을 바라보곤 했던 덕분에 목덜미 뼈는 매우 튼튼해졌다. 또 모기를 모기장 안에 가두어 놓고 서서히 연기를 불어넣으면 연기에 휩싸인 모기가 윙윙거리며 우는데, 그 소리를 청운백학靑雲白鶴의 취미를 발동해서 듣고 있으면, 참으로 학이 구름 속에서 울고 있는 것 같은 생각이 들어 매우 유쾌했다."

"또 토담의 요철 부분이나 잡초가 무성한 화단에서 몸을 웅크리고 화단의 높이만큼 허리를 굽혀 숨을 죽이고 정신을 집중한 다음, 풀밭이 숲이고, 개미가 짐승이고, 흙이나 자갈이 높게 쌓인 곳이 언덕이고, 움푹 들어간 곳이 계곡이라는 식으로 상상하고서, 영혼을 쉬게 하면서 황홀해 했다."

"숨을 죽이고 정신을 집중한 다음… 영혼을 쉬게 하면서 황홀해 했다." 이것은 가히 최면이라 할 수 있다. 먹의 얼룩, 표의문자, 수정옥水晶玉 등의 미세한 것에 주의를 집중함으로써 사람은 현실 세계에서 떨어져 나와, 크기에 얽매이지 않고 상대적 비례 관계만이 문제가 되는 세계로 미끄러져 들어가는 것이다. 그래서 이 비례 관계야말로 단 하나의 조건, 말하자면 자연 속에 존재하는 형태 그대로 재현함으로써 사람에게 주술을 걸게 되는 것이다.

의식의 확장

심복은 말한다.

"작은 화분 속에 꽃과 돌을 배치해서 만든 분경盆景은, 작은 것은 마치 한 폭의 그림과 같이, 큰 것은 무한한 대자연인 듯, 그렇게 만들어야 한다. 그렇게 해 놓고, 차 한 잔과 더불어 마음이 빠져 들게 하는 것이야말로 그윽한 서재의 즐거움에 잘 어울린다."

이 상자 정원이 효과적인 것이 되려면, 자연 경치 그대로의 축소여야 한다. 그렇게 하면 지름이 20~30센티미터밖에 안 되는 것이라 해도 그곳에 살아 있는 나무를 간직할 수 있고, 또 높이 수십 센티미터 안에서 몇백 년의 햇수를 헤아릴 수 있게 된다. 이러한 정원은 상상도 못할 만큼 가지각색의 재료로 만들 수 있기 때문에 무척이나 다양한 형태를 취할 수 있다. 이 상자 정원 전문가가 권하는 몇 가지 방법을 들여다보자.

"언제였던가, 수선水仙을 만들었을 때, 영벽석靈璧石이 없어서 돌과 많이 닮은 석탄 덩어리로 대체한 적이 있었다. 산동山東 배추의 속대는 희기가 옥과 같아, 이것을 큰 것, 작은 것 할 것 없이 대여섯 포기를 집어 자갈을 넣은 장방형의 화분에 심고, 돌 대신에 석탄을 넣으니 백과 흑이 또렷이 대조를 이루어 그 느낌이 그만이었다. 이런 그윽한 취미를 갖는 길은 무수히 많아서, 그야말로 헤아리려면 한도 끝도 없다."

"예컨대 석창포石菖蒲 종자를 차가운 미음과 함께 입에 머금고 목탄 위에 뿜어 어둡고 습한 곳에 놓아두면, 호리호리한 창포 싹이 돋아 오른다." 이 아주 작은 풍경은 인간의 입에서 태어난 것이다. 겨울날, 유리창 안쪽에 우

분경(盆景)

리의 입김이 만들어 낸 성에처럼….

"또는 오래된 연蓮의 열매 양 끝을 가볍게 문질러서 이것을 계란 껍질 안에 넣어 닭으로 하여금 따뜻하게 품게 하고, 병아리가 부화할 때쯤 이것을 꺼낸다. 한편 오래된 제비집에서 떼어 낸 흙에 천문동(天門冬, 백합과의 다년초)을 10분의 2쯤 넣고 이것을 빻아서 충분히 섞은 다음 작은 그릇에 담는다. 앞서의 연꽃 열매를 여기에 넣어 죽지 않게 물을 주고 아침해에 쬐면, 이윽고 술잔만한 작고 아담한 꽃이 핀다. 잎사귀도 찻잔 정도의 크기로 축소되어 그 날씬한 풍정이 몹시 아름답다." 이 작은 정원은 그야말로 암탉에 의해 부화된 것이다. 정녕 세련과 수완의 극치라고 할 만하지 않은가. 만물귀일萬物歸一의 원리를 이토록 명확한 방법으로 응용한 상자 정원 예술이 차원이 완전히 다른, 무한하기 이를 데 없는 명상을 하는 데에 뒷받침이 되어 주고 있으니… 이와 같은 것이 어디에 또 있단 말인가.

지혜로움을 향하여

앞서 우리는 심복이 몇몇 친구들과 소상루에 잠깐 머물렀을 때의 모습을 보았다. 그는 그곳에서의 생활에 대해 "그림을 배웠다. … 온종일 시와 그림을 이야기하며 지냈다. … 여름날 긴긴 해가 지루할 때는 대구(對句, 어격語格이나 뜻이 상대되는 둘 이상의 구를 대조적으로 내어 놓아 표현하는 수사적 기교)의 운좌(運座, 시를 지어 잘된 것을 뽑는 모임)를 열었다."고 쓰고 있다. 이는 세속적인 은둔이라 할 수 있는데, 현자보다는 시인이나 문인의 은둔이다. 하지만 현자는 명상 기술을 발전시키는 능력이 그들보다 뛰어났으며, 중국인이 정원에 부여한 역할을 가장 잘 정의한 사람들 또한 현자들이다.

　　한 중국인은 정원을, '사회구조에서 비롯된 가혹하기 짝이 없는 외적 구속에서 벗어나게 하고, 상대적인 자유로 이끄는 도피의 장'이라고 했다. 또 어떤 이는 여기에서 한 발 더 앞으로 나아가 '영혼이 절대 자유에 도달하는 것을 막는 내적 구속에서 벗어나는 수단'이라고 말했다. 중국 정원의 열쇠를

쥐고 있는 이는 이러한 현자들이고, 따라서 정원에 담긴 정신세계는 바로 이들에게 물어보아야 할 일이다.

이들에 따르면 정원에 들어간다는 것은 단순히 환경을 바꾸는 일 정도로 끝나서는 안 되는 것이었다. 정신적으로 천박한 풍습을 타파하고, 갇혀 있는 개성이 그 껍질을 깰 정도로 강한 경악과 다른 세상에 있는 느낌, 혹은 충격을 주는 것이어야 했다. 그 작용은 사람들의 의식을 넓히고 세계와의 관련성을 근본적으로 바꾸어서 마침내 전혀 새로운 우주를 붙잡게 하는 '큰 지혜' 의 경지로 다다르게 하는 것이다.

금덩이와도 같은 거대한 세계를 보아라

이러한 변모를 겪은 인간은 새로이 해탈한 존재가 된다. 껍질을 깨고 뛰쳐나온 사람의 눈동자는 사물의 본질을 꿰뚫어 본다. 그런 현자 가운데 한 사람은 그 경지를 이렇게 이야기했다.

"정신적 자유를 얻은 사람은 풀 한 포기에서 궁전을 볼 수 있다. 그러나 그것이 결여되어 있는 사람에게는 그 한 포기의 풀도 궁전을 감추기에 충분하다."

이러한 지향을 어떻게 정의하면 좋을까. 그것은 언어의 테두리를 초월한 것이기 때문에 매우 어려운 문제에 속한다. 그것은 지知에 지배당하는 우리들 사고의 영역 밖에 있다. 그것은 변증법적인 것도 아니고 합리적이지도 않으며, 또 논리적인 것도 아니고, 하물며 추상적·형이상학적인 것도 아니

원명원(圓明園) 1736-95 中國 北京 근교

다. 역사를 통해서 중국인은 이런 종류의 사고에 유달리 저항적이었다. 이러한 지향은 현실에 단단히 뿌리를 내린 하나의 체험, 하나의 내적인 빛으로 감지할 수밖에 없으며, 그 나아가는 방향이 마침내는 천지 만물로까지 넓어져 간다.

　　"정원의 풀꽃을 바라보며 최상의 '지智'에 도달할 수 있는 사람은 행복하다."라고 13세기의 어느 문헌은 적고 있다. "인간에게 그 이상의 지복은 없다. 그때 정원은 모든 나라, 모든 바다, 모든 육지, 태양을 비추는 빛의 중심이 되고, 그것이 환희의 최고조에 이를 때 거대한 금덩이와도 같은 우주, 바다를 이룬 우유와도 같이 하얀 줄기를 그리는 대하大河가 우리 앞에 나타나게 된다."

이 이미지의 어디에라도 주석을 빼곡이 달 수 있으리라. 그러나 우리가 말해야 할 모든 것이 하나의 환희가 되어 폭발하는 이 문장 안에 이 이상 무엇을 더 보태겠는가.

중국 정원의 제국주의

국가에 제국주의가 있는 것처럼 중국에는 '정원의 제국주의'가 있었다. 정원의 제국주의는 '아직 무지 속에 잠겨 있는 사람들에게 지복으로 이르는 길을 밝히기 위해' 이 천상의 나라 국경을 넘어 다른 나라들, 특히 한국과 일본으로 퍼졌다.

4
일본의 정원

일본인도 훌륭한 정원을 꾸밀 줄 아는 사람들이었다. 일본 정원은 중국 정원에서 깊은 영향을 받았으며, 이윽고 국가의 중요한 문화 유산 가운데 하나가 되었다. 일본인들은 중국에서 기본 원리를 받아들였다. 말하자면 대칭을 엄격히 배척하고, 정원을 한눈에 바라보는 시점을 피하고 상상 외의 경치가 차례차례 펼쳐지게 하며, 대에서 소를 보여 주고, 또 소에서 대를 보이려는 경향(여기에서 극소의 정원인 분재나 분경盆景이 태어난다. 중국인과 마찬가지로 일본인에게도 절대적 크기의 관념은 존재하지 않았다)을 띠며, 신도神道의 궁극적인 목표인 정신적 해방의 힘을 정원이 갖추어야 한다는 희망이다.

한국과 중국 정원의 유행

중국 정원이 일본에 이식된 것은 6세기 이래 일본인 여행객들과 중국 · 한국의 예술가, 학자, 기술자 등이 여러모로 접촉해 온 결과다. 식물과 돌로 정원의 진가를 높이고자 하는 취미가 이 나라에 들어오게 된 것은 바로 이 사람들에 의해서였다.

문화 유입이 직접적인 원인일지라도 일본인들은 자신네 정원에 독자적인 성격을 빚어 넣었다. 우리의 마음을 유달리 끄는, 솔직함과 간소함을 바탕으로 하는 일본 정원의 고유미는, 때로는 난잡한 취미가 다소 깃들여 있는 중국 정원의 대담한 양식에서 벗어나 독자적인 경지에 이르렀음을 보여 준다.

이러한 결과가 나온 데는 몇 가지 요인이 있었으므로 정원 그 자체를 살펴보기 전에 먼저 그 요인들을 검토해 둘 필요가 있을 것 같다. 중국과 일본의 정원은 많은 점에서 서로 매우 비슷하지만 다른 한편으로는 현저하게, 근본적인 점에서 서로 다르기 때문이다.

중국과 일본 정원의 규모 차이

우선 이 두 나라의 크기와 자연을 들 수 있다. 한쪽은 평야, 고원, 초원, 산지, 사막을 포함하여 950만 제곱킬로미터에 이르는 아주 큰 대륙이다. 이에 비해 다른 한쪽은 습곡褶曲이 많은 작은 섬들로 연결되어 있고, 화산이 많으며, 태풍과 지진의 침범이 잦은 섬나라다. 이러한 차이는 그대로 그들의 정원 조성에 반영되었다.

땅이 남아도는 중국에서는 어느 한 지역 전체를 정원으로 하기 쉬웠고, 그 안에 강뿐 아니라 호수, 숲, 산 등도 포함시킬 수 있었다. 그러나 일본에

창덕궁 비원 1590

서는 정원을 만들 땅이 적었기 때문에 면적도 좁고(10헥타르에서 수 제곱미터 사이), 항상 파괴의 위협에 노출되어 있었다. 따라서 경치보다는 농축된 손길 이 필요했으며, 늘 닥칠 위험에 대비해야만 하는 등 비통한 느낌마저 있었 다. 중국의 정원이 거칠기는 하지만 호의적인 자연에 대한 승리라면, 일본 정원은 자신을 적대하는 요소에 대한 승리이자, 죽음과 과감하게 싸우는 하 나의 생명이었다.

중국인과 일본인의 기질 차이

또한 중국인과 일본인의 기질에서 볼 수 있는 근본적 차이에 주목하지 않으면 안 된다. 중국인은 대체로 실리적·회의적이며, 무심하다 할 만큼 태평스럽다. 생활에 마음을 빼앗긴 나머지 그 이외의 것은 알려고 하지 않으며, 창조적이기는 하지만 극단적 관료주의의 중압감에 짓눌려 있다. 이에 비해 일본인은 난폭한 무사였으며, 민감하고 충동적이었다. 항상 방심함이 없이 신경을 곤두세웠고, 가부의 회답을 할 경우, 때에 따라서는 상대를 죽이거나 스스로 목숨을 버린다는 사생결단의 자세여서 생사를 그다지 대단하게 여기지 않았다. 그러나 '미美'에 대해서만은 온갖 정열을 기울였고, 자신의 명예가 걸려 있다고 판단될 때는 고집불통이 되었다. 그들은 화산의 그늘에서 살았던 것만이 아니라, 내전과 부족간의 싸움이 되풀이되는 유혈의 한복판에서 살았다. 그들은 두 개의 칼을 지니고 다녔다. 하나는 긴 것으로 적에 맞서기 위한 것이며, 또 하나는 짧은 것으로 경우에 따라서는 자신의 삶을 끝내기 위한 것이었다. 긴 촉각觸角이 달린 갑옷과 투구는 몸을 단단히 감싸고 있어 마치 성을 잔뜩 내고 있는 갑충류를 연상케 한다. 이런 상황에서 지배층의 주된 관심은 예법이나 의식의 순서, 격정을 진정케 하는 미적인 감각, 규율의 형식을 취하는 예의범절, 군주에 대한 충의忠義, 아픔을 아픔으로 여기지 않는 인내심 등을 교육하여 공격성을 억제하는 데 있었다. 중국 정원의 목적이 인간을 모든 구속에서 해방시키는 데 있었다면, 일본 정원은 인간을 구속하는 데 그 목적을 두고 있었다.

다이도쿠지(大德寺) 1319 교토, 16세기에 재건되었다

자신을 길들여 흥분을 가라앉히다

니토베 이나조新渡戸稲造는 『부시도武士道』에서 이렇게 말하고 있다. "고통을 참는 일본인들의 금욕과 죽음에 대한 무관심을 두고 일본인들이 다른 나라 사람들처럼 신경이 민감하지 않기 때문이라고 말하는 사람이 있다. 물론 그런 견해도 가능할 것이다. 그러나 나더러 이야기하라고 한다면, "일본인은 매우 격앙되기 쉽고, 극단적으로 예민하며, 그래서 끊임없이 억제하고 열정을 억눌러야 할 필요성을 스스로 잘 알고 있다."고 말하겠다.*

*Cf. Inazo Nitobé, Le Bushido, Paris, 1927, p.159.

"일본 무사는 '미'를 구하기 위한 노력에 더해서 최소한의 움직임으로 그것을 얻으려는 우아함을 이상으로 삼았다. 이는 사람들에게 끊임없이 스스로 억제할 것을 요구했다. 그리고 사소한 것을 배려하게 했고, 신중함 끝에 최선을 다하게 하는 놀라울 만큼 완만한 행동으로 유도했다. 이런 것들은 칼집에서 칼을 간단히 빼는 이 나라에서 위험성이 내포된 급한 성질을 억제하는 데 기여했다. 이러한 의례는 무사들에게 가벼우면서도 매듭이 촘촘한, 섬세한 그물을 씌워 그들의 포악성과 사나운 격정을 억제했다. 그렇게 함으로써 적어도 그들에게 반성할 기회를 주었던 것이다."

이것은 『부시도』를 프랑스 어로 옮긴 앙드레 벨소르의 지적이다. 한편 의례만 가지고는 아직 확실치 않다고 생각했기 때문에, 도처에, 예컨대 가면이나 호화로운 의상에 이르기까지 몸에 꽉 끼지 않고 넉넉한 품이 되게 했다. 사람을 덮어 주고 감싸 주는 의상은 정말이지 너무나 헐렁한 것이어서, 몸이 그 안에 숨어 버릴 정도였다.

"늘어뜨린 소매는 우선 격한 움직임을 어렵게 했다. '하카마[袴]'는 너무 크고 길어서 그것을 입고 걸으면 마치 무릎으로 끄는 것 같아, 덤벼들기도 도망치기도 불가능했다. 이런 의상은 사람들의 무장을 해제하게 만들고, 옷 스치는 소리가 자신과 상대방 사이에 서로를 해칠 수 없는 방호벽이 되었다."*

말하자면 일본인의 마음을 끊임없이 위협하고 있던 것은, 지나친 관료주의에서 초래된 숨막히는 멍에가 아니라, 바로 무질서였던 것이다.

---

*Inazo Nitobé, op. cit., Preface d'André Bellessort, pp.12-13.

종교적 차이

마지막으로 중국과 일본의 문화를 결정적으로 나누어 놓은 종교의 내용에 대해 생각해 보자. 중국의 전통 사상은 불변의 사회 구조 안에 개인을 끼워 넣은 유교의 교의教義에 종합되어 있다. 그러나 일본에서는, 여러 사상을 통하여 종교적 갈망이 드러난다. 그 가운데 하나로 극히 소수파에 국한된 기독교가 있고, 불교가 있으며, 또 하나는 원시적 애니미즘인 일본 고유의 신도다. 특히 신도는 두 파로 나눌 수 있다. 하나는 하늘과 땅을 포함하는 형체 없는 무한 절대신을 숭상하는 보편신도普遍神道이고, 또 하나는 천황을 국운의 화신으로 간주하여 현인신現人神으로 숭상하는 국가신도國家神道인데, 이는 국교라고도 할 수 있다.

일본 최초의 정원

일본 정원의 기원이 어디까지 거슬러 올라가야 하는지는 확실치 않다. 이것에 대하여 오늘날까지 남아 있는 가장 오래된 문헌은 8세기의 『니혼쇼키日本書紀』이며, 이것은 일본 제2의 연대기다.

　　이 문헌에 따르면, 1세기에 재위한 게이코景行 천황은 '구쿠리노미야泳の宮'의 정원이 매우 마음에 들어 그 궁의 연못에 잉어가 가득 차게 했다고 한다. 조금 뒤에 나타나는 고분시대*에는 예부터 불교 세계의 중심이 되어 온 수미산須彌山을 표현한 돌산 주위에 정원을 꾸몄다. 이 상징적인 산은

긴가쿠지(金閣寺) 1473 교토

600~700년경에 열심히 만들어진 모양이다. 612년에 재위했던 스이코推古 천황도 궁의 남쪽에 수미산과 구레하시呉橋가 있는 정원을 꾸몄던 것으로 알려져 있다. 또 655년부터 661년까지 재위한 여제女帝 사이메이齊明 천황도 이소노카미石上의 연못가에 수미산을 만들었다고 한다.

한편 『니혼쇼키』에는 유명한 소가노 우마코蘇我馬子가 7세기에 "정원에 못을 파서 섬을 만들었다."는 기록이 남아 있다. 사람들은 우마코를 '섬의 대신大臣'이라고 불렀으며, 역사에 그 이름을 남겼다. 이를 통해 볼 때 그 정원

*古墳時代: 250~552년

의 경치가 당시 사람들의 마음을 감동시켰음을 알 수 있다.

　아무리 간단한 것이라 해도 이러한 기록들은 흥미진진하다. 여기서 우리는 초기 일본 정원은 항상 같은 형식으로 운영되었고, 돌로 쌓은 산과 못, 다리, 섬 등이 그 필수적인 구성 요소였음을 알 수 있다. 그러나 유감스럽게도 모두 파괴되어 그 이상의 것은 모른다.

　일본 정원이 더 확실한 이미지를 얻게 된 것은 7세기 말엽이 다 되어서다. 그런데 이상한 일이지만 그때는 이미 일본 정원은 모습을 감추고, 대륙에서 들어온 중국의 정원 양식이 그 자리를 차지하고 있었다. 중국식 정원은 옛날 일본 정원 본래의 모습을 누르고, 독자적 재능을 명확히 해 오던 형식을 뒤로 밀어내 버렸다. 하지만 본래의 모습이 완전히 파괴되어 사라진 것은 아니고, 점차 외국의 영향을 흡수하여 새로운 모습으로 다시 등장한다. 그렇기 때문에 일본 정원의 역사를 간략하게 더듬어 보는 사람은 감동적인 광경을 보게 된다. 즉 처음에는 중국 정원의 비옥한 토양을 통해 온 것이어서 조심성이 있었으나, 그 다음에는 좀더 확신에 차게 되었고, 마지막에는 개가를 올려 일본 고유의 정원이 다시 출현하게 된 것이다. 이것은 만일 이 두 민족이 행복이라는 것에 대해 같은 생각을 가지고 있었다면 도저히 이루어질 수 없었을 해방의 과정이었다.

천공과 유사한

일본에서 중국풍의 정원이 축조된 것은 8세기로 거슬러 올라간다. 정원은,

침전조寢殿造라는 이름의 유래가 된 본채로서의 침전寢殿과, 본채의 밖으로 난 건널복도[渡廊]를 통해 이 본채와 연결되는 두 개의 대옥(對屋, 본채인 침전의 동서 양쪽에서 마주보고 있는 별채), 즉 귀족관貴族館 주위에 만들어졌다. 이 건물들과 정원은 "서방정토西方淨土인 아미타여래阿彌陀如來의 천상관天上館을 인간의 척도로 재현한 중국의 정원을 본뜬"* 것이다.

건물의 남쪽에는 나무로 둘러싸인 빈터가 있고, 그 중앙에 일정하지 않은 형태의 못이 있다. 못의 중앙에는 작은 섬이 있고, 휘어진 다리로 못의 가장자리와 연결되어 있다. 때때로 이 못에 여울의 발원지[瀧口] 구조를 보여주기 위해 끊임없이 물을 주입했는데, 그 물의 양이 일정해서 소용돌이치는 정도의 느낌은 없었다. 그러나 못의 물이 쉬지 않고 신진대사가 될 만큼의 속도는 있었다. 대부분의 일본 정원이 비탈진 곳에 조성되어 있는 것은 이 때문이다. 조원가**는 또 정원의 방위에 무게를 두고 있다. 남쪽이 여름의 방위이기 때문에 못의 물은 건물 남쪽에 있어야 했고, 여울 발원지는 청룡靑龍, 말하자면 모든 청정한 것이 방문하는 동쪽에, 또 낙구樂口는 백호白虎, 말하자면 모든 부정不淨이 흘러가는 서쪽에 설치했다. 정원은 돌 하나, 나무 하나에 이르기까지 각각 상징적인 의미가 내포되었고 거기에는 음양의 원리가 귀중하게 다루어지고 있었다. 연못은 '내해內海'를 상징하며, 그것을 관통하는 흐름은 '만물을 순화하여 재생시키는 생명의 흐름'이었다.***

■■

*Pierre et Suzanne Rambach, Le Livre secret des Jardins japonais, p.10.
**造園家, 정원을 설계하고 만드는 사람
***오늘날, 침전조의 정원 모습을 추억할 만한 좋은 예는 11세기 우지(宇治)의 평등원봉황당(平等院鳳凰堂) 정원이다.

다이가쿠지(大覺寺) 9세기 교토

나뭇잎더미에 세공한 보석

일본의 정원을 연대순으로 정리하는 것은 불가능하다. 왜냐하면 대부분이 파괴되었거나 재건되었고, 황폐했다가는 다시 회생했으며, 때로는 지진을 피해 처음과는 다른 장소로 옮겨지기도 했기 때문이다. 이에 따라 서로 다른 양식이 겹치거나 함께 존재하여 전개되기도 했다. 그런 과정에서 일본 정원의 수는 상당히 늘어났다. 교토京都 시내만 해도 중요한 곳이 마흔 곳 이상이며, 전국적으로는 이래저래 천여 곳이 넘는다. 물론 이것은 개인의 작은 정원을 포함하지 않은 것으로, 궁정이나 사원, 지체 높은 사람들의 저택이나

삼보인(醍醐寺 三宝院) 16세기 후시미

이름난 다실茶室에 부설된 정원의 숫자다.

그러나 이 정원들은 언뜻 보기만 해도 금세 알 수 있는 한 가지 공통점이 있다. 말하자면 그 모두가 훌륭한 미美의 향기를 내뿜고 있다는 것이다. 중국의 정원과는 대조적으로 일본의 정원은 결코 넓지는 않지만, 세부적으로 하나하나에 대한 배려가 참으로 잘 되어 있다. 무엇하나 소홀하게 다루어지지 않았다. 돌도, 관목도, 토지의 경사도, 이끼의 폭에서부터 낙엽이 지는 주변 환경에 이르기까지 모두 최고의 효과를 내도록 계산되었다. 이렇듯 일본의 정원은 조원가의 작품이기보다는 초록빛을 뭉쳐서 그것으로 빚어 만든 보석이요, 예술적인 변모를 이룩한 자연의 한 자락으로 보이기까지 한다.

고다이지(高台寺) 1605 교토

일본의 조원가들 모두에게 영감을 준 아름다움에 대한 열정은 도대체 무엇에서 비롯된 것일까. 다른 나라의 요소를 뿌리째 제거한 것은 어떤 심미 안적인 교육을 받았기 때문일까.

갖가지 의문들이 답을 얻지 못한 채 남겨졌고, 그 때문에 오랫동안 '미' 가 일본인의 사색에서 중요한 역할을 수행하고 있다는 것이 알려지지 않았 다.

일본인에게 '미'는 단순한 눈의 즐거움이나 정신의 기쁨만은 아니었다. 그것은 심리적 기능과 사회적 기능을 각기 수행하면서 또한 그것들이 하나 로 합해져 있던 무엇이었다. 공손한 예법이나 의식, 헐렁헐렁한 귀족의 의

상, 무표정한 가면 등과 같이, 그것은 열정을 억제하고 정신을 안정시켜 '칼집에서 칼이 빠져나오는 것을 막아 주는' 것이었다. 그 평온함은 본능을 규율하여 사람들로 하여금 스스로를 완전하게 제어할 수 있게 했다. 그것이야말로 일본인이 마음으로부터 바라는 이상의 경지고, 만일 그것이 아니었다면 그들은 스스로 넘쳐나는 생명력에 짓눌렸을 것이 틀림없다.

정도의 차이가 있기는 하나 이러한 사고는 의식적으로 지속되어 왔다. 최근에 와서 시작된 것이 아니다. 시심詩心을 갖춘 예능인이었던 제아미(世阿彌, 1367~1443)가 이미 그 진수를 명확하게 풀어 내고 있다. "무릇 예능이란 여러 사람의 마음을 누그러뜨려서 위아래에 대한 감각을 불어넣고, 무병장수의 토대가 되며, 수명연장을 가능하게 하는 비법이 되리니."*

'무병장수의 토대' '수명연장의 비법.' 일본인이 정원에서 진정으로 구하고자 한 것은 중국인이 정원에서 기대한 것보다도 훨씬 더 속 깊은 것이었다. 이들 두 민족이 정원을 통해 얻고자 하는 것은 결코 동일하지 않았다. 중국인들에게는 널찍한 정원을 통해 사회적 구속을 잊고 커다란 지혜에 도달하는 것이 중요했으나, 일본인들에게는, 이에 덧붙여 국민성의 본원까지 깊이 파고들어가, 자기를 희생하기까지 하는 열정을 억제함으로써 정신 내면의 깊숙한 곳에 있는 광풍을 잠재우는 것이 중요했던 것이다.

*Zéami, La tradition secrète du No (1418).

정원은 성찰과 연구의 오브제

일본인이 정원을 만들고 가꾸기를 얼마나 중요하게 여기는지는 중세부터 오늘에 이르기까지 일본에서 간행된 엄청나게 많은 원예서가 말해 주고 있다. 다른 나라 가운데 이 정도 권수를 자랑하는 곳은 프랑스 정도일 것이다. 그 가운데 가장 오래된 것은 12세기 말에 쓰인 『사쿠테이키作庭記』이며, 프랑스에서는 최근에 피에르 람벡과 쉬잔 람벡에 의해 처음으로 소개되었다.* 이 책은 당시의 정원 가꾸는 모습에 나타나는 흥미로운 점을 많이 알게 해 주는 실마리가 될 뿐 아니라, 정원이 성찰과 연구의 대상이었다는 사실도 말해 주고 있다. 그런 의미에서 『사쿠테이키』는 조원造園에 관한 가장 오래된 논고임과 동시에, 처음으로 쓰인 '정원의 신화학神話學'이기도 하다.

"정원이란 무엇인가." 저자는 이 질문으로 시작한다. "그것은 사람들이 대오大悟, 즉 꿈의 저쪽에 있는 실재를 알 수 있게 하는 경지를 얻기 위한 하나의 수단이다." 밀교로 영감을 얻은 저자는 이렇게 답했다. 그러나 그는 정원으로 만들어진 현재의 모습은 자연이 부여해 준 그대로의 것과 전혀 다르다는 것을 강조한다. "다가오는 곳곳의 풍정風情을 돌아보며, 타고난 그대로의 산수山水를 마음에 떠올리고, 그곳들이 과연 지난날의 자연 그대로의 모습일까 하는 생각에 문득 발을 멈추게 된다."

---

*토모야 마스다(增田友也)의 구어체 번역에 기초한 프랑스어 번역본이 1973년에 출간된 바 있다(Albert Skira, Geneve, 1773). 현재 『작정기』는 사본의 형태로 전해져 오고 있다. 작자를 정확히 알 수는 없지만, 일반적으로 평등원봉황당을 건립한 후지와라 요리미치(藤原通)의 아들 다치바나 요시츠나(橘俊綱, 1027~1095)가 이 서적의 원형을 썼다고 알려져 있다.

긴가쿠지(金閣寺) 1473 교토

　　출발점은 연분이다. 즉 정원으로 만들 장소의 선정이다. 이 선택은 어렵다. 정원으로 하기에 형편이 좋은 곳과, 반대로 아주 나쁜 곳이 있기 때문이다. 귀착점은 '풍정風情'이지 정원 그 자체가 아니다. 즉 '그것을 바라보는 사람의 마음에 이는 감동'이다. 정원을 '인간이 창조한 작은 우주'라고 한 하야카와 마사오早川正夫의 말에서도 이를 알 수 있다. 인위적인 간섭을 눈에 띄지 않게 억제하면서 정원과 자연의 연대감이 절대 파괴되지 않게 일을 추진하기란 매우 어렵다. 거기에 조금이라도 인위적 노고의 흔적이 보여서는 안 된다. 이런 까닭으로 인해 『사쿠테이키』의 저자가 근본 원리로 내세우는 것은 다음과 같다.

"못을 파서 돌을 세우려는 곳에는 먼저 그 지형을 선택하게 된 까닭에 알맞게 그 형태에 맞추어서 못의 형태를 파고 섬을 만들며…."

"훌륭한 솜씨로 닦아 놓은 옛 업적을 모범으로 삼고, 정원 주인의 의도에 유념하면서 나의 풍정을 머리로 짜내어 조성해야 할 것이다."

폭포의 중요성

이렇게 해서 큰 줄기는 공상과 영감에 내맡기게 된다. 그러나 조원가가 하고 싶은 대로 그 영감을 구사했다 해도, 무질서와 즉흥으로 치닫는 것은 용서되지 않았다. 그 때문에 정원 예술은 매우 엄격한 규제 밑에 놓이게 되었다. 다음은 그 몇 가지의 사례다.

정원의 중앙에 못이 있고, 그곳으로 물이 흘러 들어가고 또 그곳에서 흘러나오는 작은 개울이 없으면 안 된다. 이 개울은 "하늘과 땅에 걸려 있는 다리"라고 비유되는 폭포에서 흘러나오고 있다. 그러므로 이 폭포는 정원의 원점原點다운 위치를 차지하고 있지 않으면 안 된다. 이 폭포에서 발원하여 동에서 서로 향하는 흐름은 "정원 전체를 총괄하는 축이 된다."

『사쿠테이키』에서 분류하고 있는 갖가지 형태와 그것에 관한 설명을 읽어 보면, 일본의 조원가들은 일찍부터 그 세련미가 극에 달해 있었음을 상상할 수 있다. 그들은 폭포를 '전락傳落'과 '이락離落'의 두 개로 나누었다. 전락이란 투명하게 비치는 베일처럼 물이 바위 표면을 덮으며 습곡을 따라 떨어지는 것이다. 이락이란 물이 바위와 얼마간의 간격을 두고 공중으로 흩어

교토 북부 쇼잔 정원에 있는 미니 폭포

져 떨어지는 것이다. 폭포는 그것이 무성한 나무 그늘에 있는 것이냐, 그렇
지 않으면 밝은 태양 아래에서 솟구치는 것이냐, 급류로 이어져 물이 콸콸
소용돌이치는 것이냐, 그렇지 않으면 천천히 흐르는 물로 이어지는 조용한
것이냐, 곧게 흐르는 것이냐, 기울어져 흐르는 것이냐, 무수히 나뉘면서 흐
르다가 떨어지는 것이냐, 아니면 함께 흐르면서 떨어지는 것이냐에 따라서
여러 가지로 변화한다. 『사쿠테이키』의 저자가 물의 흐름과 그 흐름이 한정

되는 땅에 관해 말하고 있는 것을 들어 보자.

첫째로 말한다
산이 제왕이 되어
물을 신하로 삼으며
돌들을 보좌하는 신하로 거느린다
그러므로
물은 산을 의지하며 따라가기 마련이다
다만 산이 약할 때에는
물에 의해 반드시 무너진다
이것은 곧 신하가 제왕을 쓰러뜨리는 것을 뜻한다
산이 약하다고 하는 것은 지탱해 주는 돌이 없음을 말함이다
그러므로 산은 돌에 의해 완전해지고
제왕은 신하에 의해 보호된다고 할 수 있다*

그러나 물의 폭포만 있는 것이 아니다. '식물'의 폭포도 있다. 그것은 꽃
의 흐름이며, 바위 사이에서 물빛이나 금빛, 또는 보라빛 줄기를 내밀기도 한
다. 또 광물의 폭포는 흰빛, 회색빛, 푸른빛의 자갈 등이 물의 흐름을 표현하
며, 꽤 치밀하고 단단한 돌이 소용돌이치는 물의 이미지를 잘 연출하고 있다.
여기에서는 본래의 자연 상태가 다른 상태로 바뀐다. 말하자면 실재가 의미

*Pierre et Suzanne Rambach, op. cit., p.152.

깊은 새로운 등가물로 바뀌어 놓이게 되는 것이다.

또 군데군데에 평평하거나 활과 같이 굽은 돌다리가 있어 흐름을 두 갈래로 나누며 섬으로 이끈다. 대부분의 다리에는 난간이 없는데, 이는 다리가 산책하는 사람을 한 장소에서 다른 장소로 이끌기보다는 먼 곳을 바라보게 하기 위해 마련되었음을 의미하며, 또 정신이 '공상의 세계로 날아오르도록 하는 도약대'로서 마련된 것임을 가리킨다.*

그렇다, '공상 세계로의 도약대.' 한편으로 그것이 '평안平安을 위한 도피의 장'이기도 하다는 것을 덧붙인다면, 이거야말로 참으로 적절한 일본 정원의 정의가 될 것이다. 일단 정원에 들어오기만 하면 안락함을 느끼게 되고 평안한 생각이 든다. 정원은 사람들의 신경을 차분하게 해주었다. 사람들의 공격적인 성격을 없애려고 만든 돌과 꽃과 나무의 조화 속에서는 칼이 칼집을 벗어나는 일이 불가능해 보였다.

깊은 밤, 그림자는 더욱 짙게 드리우고, 꿈꾸는 정원의 평화를 지켜보는 성스러운 빛처럼 화강암 석등에 작은 불이 켜지면 더욱 그런 생각이 든다.

깔아놓은 돌의 신비로움

그러나 일본 정원의 특징 가운데 한 가지 새로운 요소를 들여다보지 않고서는 아주 중요한 것을 빼먹은 설명이 되고 만다. 그것은 다름 아닌 '입석立石'

■■
*Cf. Pierre et Suzanne Rambach, op. cit., p.53.

다이도쿠지(大德寺) 1319 교토

이다.

언뜻 보기에는 아무 뜻 없이 놓여 있는 것 같은 몇몇의 바위, 그 중에는 몇 톤이나 됨직한 것이 여기저기 놓여 있는데, 그것은 도대체 무엇을 표현하고 있는 것일까. 우연히 거기에 놓여 있는 것처럼 보이지만 실은 사람이 힘들여 일부러 거기에 운반해 놓은 것이고, 그 형태나 색깔에도 신경을 쓰면서 신중하게 그 장소에 모셔 놓은 것이다. 어떤 것은 나무 사이에 떼지어 몇 개씩 놓여 있기도 하고, 풀숲 안에 그 모습이 드러나기도 하고, 잔디 위에 놓여 있는 것도 있다. 물의 흐름 가운데에 얼굴을 내미는 것이 있는가 하면, 물 위에 떠 있는 것처럼 보이는 것도 있다. 그 모든 것이 자연 환경과 잘 어울려

텐류지(天龍寺) 1249-1388 교토　　　토후쿠지(東福寺) 1940 교토

정원에 침착함과 신비감을 더해 준다. 이렇게 해서 사람들은 돌이 단순히 감
상하기 위해 거기에 놓여 있는 것이 아니라는 것을 알게 된다. 입석이 불러
일으키는 감명은 마치 조상을 숭상하는 마음과도 닮아 있다. 거기에 '있는'
것만 보고 있으면 거기에 '나타난' 것은 이상하게도 유달리 그 존재 의미가
옅어져 간다. 그렇다. 이 돌들은 하나의 가르침으로, 혹은 각성을 촉구하기
위해 거기에 있는 것이다. 이 돌들은 일본이 세계에 그 모습을 드러낸 때보
다 훨씬 이전에 조성되어 있던 정원에 대한 추억을 일깨워 준다. 어느 시대
에서건 거의 모든 일본의 정원에서 돌을 볼 수 있었다. 그러나 그 정체는 과
연 무엇이었을까. 고대의 고분에 대한 추억인가. 아니면 수미산을 떠올리게

하기 위함인가. 그러나 겉모습만으로는 돌이 우리에게 던지는 수수께끼는 풀리지 않는다. 그렇기 때문에 새로이 다시 탐색해야 한다. 어쩌면 그 비밀을 밝혀 낼 수 있을지도 모를 일이기에.

열리는 세상과 비밀스런 자신과의 교대

일본의 발전 과정을 잠시 살펴보면, 그 역사가 세계를 향한 문호개방과 자기 폐쇄 사이에서 끊임없이 흔들리고 있었음을 알 수 있다. 먼저, 외부로부터의 영향을 전부 받아들이는 시기가 있었다. 그때는 다른 나라의 문화형태나 생활양식-이전에는 중국, 오늘날에는 미국풍의 양식-을 그대로 받아들였다. 이 시기에 이어 항상 대조되는 시기가 도래했는데, 이때 일본은 나라의 문호를 닫고 외부와의 모든 접촉을 단절했다. 그리고 그때까지 받아들인 것을 흡수, 소화하기 위해 전력을 기울였다. 이와 같이 그들은 받아들인 것을 일본다운 것으로 바꾸기 위해, 이를테면 개성을 되찾기 위해 대대적인 사업에 착수했다. 일본의 정원이 바뀌는 흐름 또한 이와 같지 않았을까.

꼭 그대로 되어야 하는 것은 아니었지만, 정원 역시 어떤 면에서 이 나라다운 변화가 보인다. 그것은 『사쿠테이키』의 생각을 토대로 만든 '닫힌' 정원과, 이어서 나타나게 된 '열린' 정원을 비교해 보면 충분히 알 수 있다.

『사쿠테이키』에 정해진 규범은 오랫동안 바꿀 수 없는 것으로 생각되었다. 일본의 조원가들은 몇 세기에 걸쳐 세심한 주의를 기울이며 그것에 충실히 따랐다. 그 가르침에 정해진 내용이 너무나도 엄격했기 때문에 매우 작은

쇼덴지(正伝寺) 1680 교토

변화를 꾀하려 해도 뜻대로 잘 되지 않았다. 그래서 사람들은 새로운 정원을 '탄생시키는' 대신 기존의 것을 '재생시키는' 것에 만족하려 했다. 이렇게 해서 점차 무리한 모방을 거듭거듭 쌓아 가는 동안 정원은 힘이 떨어지기 시작했다. 만일 그것이 멸망하지 않기를 바란다면, 무언가 새로운 피를 수혈하지 않으면 안 되었다.

이렇게 해서 다른 형태의 정원, 즉 주위의 자연을 향해 더 넓게 개방한 정원이 태어났다. 그것은 지금까지 행해 온 것과는 확실히 정반대되는 것이었다. '닫힌' 정원을 사랑하는 사람들은 그것을 모독이라며 힐책했다. 그러나 결국에는 이 '열린' 정원을 더 좋다고 여기게 되었다. '열린' 정원이 예술가들에게 새로운 영감의 원천을 주었기 때문이다.

이 새로운 양식은 '사케이借景' 정원이라고 불렸다. 항상 분류하기를 좋아하는 일본인은 이윽고 이 사케이를 원遠, 근近, 고高, 저低의 네 종류로 나누었다.*

빌려온 풍경의 정원

종래의 정원은 관목의 숲으로 형성된 초록의 막이나 대나무 울타리로 경계를 지은 '닫힌' 소우주였다. 그런데 갑자기 이러한 정원이 경치의 한 자락을 끌어들이기 위해 문을 열게 되었던 것이다. 그러나 정원은 아직까지도, 특히 외부의 풍경과는 확연히 대조를 이루었다. 그것은 중국의 경우처럼 경치와 정원이 하나가 되어 한 몸을 이루는 일이 없었기 때문이다. 정원이 경치에 흡수되는 일도 없었고, 그로 인해 분산되는 일도 없었다. 정원은 홀로 서지 않으면 안 되었기에, 자연에 대해 단지 자신의 아름다움을 돋보이게 하는 일, 말하자면 겉치레에만 힘써 왔었다.

이제 정원을 둘러싼 초록의 띠는 한층 엷어지고, 정원의 경계를 이루던 나무는 줄어들었다. 나무줄기 사이에서 외부 경치 한 자락이 얼굴을 내밀게 된 것이다. '열린' 정원은 마치 멀리 바라보이는 경치를 향해 숨을 할딱이는

---

*이 양식이 훌륭하게 남아 있는 예로는 고산사(高山寺) 석수원(石水院), 교토 근교에 있는 수학원(修學院) 이궁(離宮), 그리고 가고시마(鹿兒島)의 이소정원(磯庭園) 등을 들 수 있다.

것과도 같았다. 자연과 정원 사이에는 이제껏 조원가들이 생각하지 못한 여러 가지 대비되는 일들이 생겨났고, 그들은 당장 그 일들을 가능한 한 활용해 보였다.

'먼[遠]' 경치를 받아들일 경우, 정원과 그 경치 사이는 상당히 열린 공간을 이루지만 그 공간―작은 계곡이나 하천의 바닥, 경사지 등―은 아래쪽에 있기 때문에 시계에 들어오지 않는다. 오히려 그 공간은 어떤 거리감을 만들어 낸다. 말하자면 경치는 배경 역할을 했다. 그래서 흑송이라든가 새빨갛게 물든 단풍나무, 혹은 회청색의 은행나무들이 서 있는 저편으로 하얀 눈을 머리에 이고 있는 산꼭대기와 초록색 언덕의 비탈, 그리고 '다이다大荼'의 벚꽃이 활짝 피어 자태를 과시하는 모습들을 바라볼 수 있었다.*

또 '가까운[近]' 경치로 받아들인 것은 대개 정원 가장자리에서 바로 시작되는 깊은 숲이었다. 이 두 곳의 경계선에는 색색의 꽃이 우거져 눈길을 끌었다. 모란이나 국화, 철쭉 등이 침엽수 일색의 단조로움에서 벗어나게 해 주었다.

'높은[高]' 경치를 받아들인 경우는 정원이 산기슭에 조성되었기 때문인데, 한 무더기의 우거진 잎이나 바위 덩이가 정원을 감싸고 뒤덮는 모양새를 취했다.

또 '낮은[低]' 경치를 구하는 경우는 그 반대여서, 높은 곳에 위치한 정원에서는 아득히 먼 곳까지 바라다보였다.

이렇게 해서 이전보다도 훨씬 더 넓고, 더 통풍이 잘 되는 새로운 형태

■■
*중국의 매화와 같이, 일본에서는 옛날부터 지금까지 벚꽃이 만인의 사랑을 받고 있다.

슈가쿠인(修学院) 1655-9 교토 근교

의 정원이 생겨났다. 정원을 구성하고 있는 재료가 형형색색이었다는 점에서 그 색깔이나 모양도 훨씬 부드러워졌다. 모과, 목련, 참죽나무, 계수나무, 등나무, 산사나무 등이 회화나무나 양치과의 관목들에 섞여 있었다. 이제는 한정된 장소로 떠밀릴 일이 없게 된 까닭에, 물웅덩이는 커져서 못으로서의 크기를 갖추었으며 물살은 퍼져서 냇물의 형태가 되었다. 샛길은 그 의미를 잃고 잔디나 이끼가 가득 뒤덮인 모습으로 변했다. 왜냐하면 이제는 걷는 대신 작은 배를 타고 정원을 방문하게 되었기 때문이다. 이제 사람들은 부드러운 깔개 위에 느긋하게 앉아 시를 음미하고 피리를 불면서 배로 정원에 들어간다. 야생의 창포나 수련이 여기저기 피어나 물과 뭍이 반반으로 조화를 이

히로시게와 토요쿠니 〈겐지 왕〉 1849-50 세 폭 목판화

루는 경치 가운데를 배가 서서히 미끄러진다. 배가 지나가는 주변의 경치는 비할 바 없이 세련되어 일본 정원의 그 어떤 양식도 마침내 미적인 면에서 이러한 양식을 능가할 수 없을 정도였다.

다시 함축으로 돌아가다

그러나 이토록 아름다운 '열린' 정원에는 한 가지 문제점이 도사리고 있었다. '닫힌' 정원이 쇠퇴의 위기에 가까이 다가가 있었다면 '열린' 정원은 지나친 풍요에 빠져 있었다. 이 정원들은 정원을 개성 있게 창조하려는 이상理想에 보답하는 것이 아니었다. 그것은 어느새 희열과 쾌락의 장이 되고 말았다. 물론 그것이 정신적으로는 기분 좋은 도취감을 갖게 해주었으나, 동시에 어떤 무기력함을 불어넣기도 했다. 이런 것은 일본인의 깊은 정신적 욕구뿐만 아니라 허식을 배제하여 가능한 한 적은 수단으로 일을 성사시키려는 성향에도 적합하지 않았다. 정원은 이미 자기 수양을 위해 험한 길을 구한다거나, 인간의 진보를 위해 애쓰는 그러한 장소가 아니었다.

일본의 조원가들은 길을 잘못 들었음을 곧 깨달았다. 확대가 틀을 무너뜨리고 조화가 빛깔과 맛을 흐리며, 세부에 얽매이면 통일을 해칠 수도 있다는 점이 명백해졌기 때문이다. 이러한 정원의 수가 늘어나면 늘어날수록 걷잡을 수 없게 된다. 그물을 잡아당겨야 할 때가 온 것이다. 그러기 위해서는 사케이 정원을 포기하고, 다시금 정원 자체에 집중하기 좋은 적절한 크기를 찾지 않으면 안 되었다.

이윽고 한 가지 경향이 나타나기 시작했다. 그것은 간소화와 분류의 시도에서 시작되었다. 15세기의 위대한 조원가 소아미相阿彌는 정원에는 열두 형태가 있고, 각각에 스물여덟 가지 조성법이 있다고 했다. 그러나 아무리 보아도 이것은 지나치게 많다. 그는 이 열두 가지를 여섯 가지 형태로 줄이고, 그 목적에 따라서 크게 나누었다. 즉 보는 눈을 만족하게 하는 것과 사색하기 위한 것이다. 후자는 무엇보다도 고상하다고 생각되었다. 다음에는 정원에서 느낄 수 있는 '풍정'을 잘 검토하여 세 개의 규범을 정했다. 제1의 규범은 '모든 정원은 그 목적에 맞게 조성되어야 한다'는 것으로, 탑두塔頭, 다실, 그리고 예컨대 다이묘大名의 집답게 초록색 바다 위에 떠 있는 웅장하고 화려한 백아白亞의 성과 같이, 정원을 조성하는 방향이 어떠하냐에 따라서 변화를 주어야 한다. 제2의 규범은 '정원은 어느 한 가지의 정신 상태를 구하는 것으로 그것을 위해 다른 모든 것은 제외하지 않으면 안 된다.'는 것이다. 정원은 장중하거나 쾌활해야 하고, 우아하거나 괴기스러워야 하는 등의 그 어느 쪽에 속하지 않으면 안 된다. 제3의 규범은 '조성법의 종류를 혼동하여 구별하지 못하면 쇠퇴의 현상이 나타날 수 있으므로 마구 뒤섞이는 것을 엄격히 배제해야 한다'는 것이다. 이처럼 먼저 질서를 세우는 것에서 첫발을 내딛게 되었다. 두 번째, 세 번째 행보가 시작될 날도 머지않았다.

방문객들은 움직이지 않는다

이미 서술한 바와 같이 중국 정원 가운데는 매우 큰 것들이 있다. 그래서 그

텐류지(天龍寺) 1249-1388 교토

곳에 들르는 이들은 틀림없이 거기에 준비된 다종다양한 조망眺望을 하나하나 음미하기 위해 오랫동안 산책을 했을 것이다. 처음에는 일본인도 이 원칙을 받아들였다. 그들도 한눈에 전체를 다 조망할 수 없게 하여 방문자를 끊임없이 놀라움으로 이끄는 방법을 택했다. 사케이 정원을 작은 배로 돌게 한 것도 이 규범에 따랐기 때문이다. 그러나 중국의 정원에 비해서 몹시도 좁은 일본의 정원에 이런 원칙이 들어맞을 리가 있겠는가. 만일 정신적 감화가 목적이라면 정원은 '어떤 하나의 정신 상태'를 낳을 만한 규범과 어떻게든 타협을 할 것이다. 그러나 근본적으로 그러한 것을 받아들일 수는 없는 일이 아닌가.

이 점을 깊이 생각한 일본의 이론가들은 이 산책(때로는 뱃놀이 형태를 취한다)이 주의를 산만하게 하여 그 앞에서는 모든 것이 부차적인 것이 되고 만다고, 즉 사색의 집중을 방해하는 것이라고 생각하기에 이르렀다. 이렇게 해서 그들은 정원의 외관과 구성을 근본적으로 변화시키는, 일찍이 없었던 원칙을 정원에 끌어들였다. 그들은 정원의 정신을 깊게 추구했다. 그리하여 그 진수를 이끌어 내기 위해서는 사람들로 하여금 산책을 하게 할 것이 아니라, 마치 한 폭의 그림 앞에 문득 멈춰 서는 것처럼, 어느 일정 시점에서 꼼짝 않고 관조하게 할 필요가 있다고 생각했다. 그래서 사람 둘레에 색다른 경관이 차례차례 전개되도록 정원을 부채꼴이 되게 펼쳐 놓고, 시선이 사방으로 향하게 했다. 이렇게 해서, 연속되는 조망과 정신의 집중이 잘 조합된 새로운 정원의 형태가 탄생했다. 가장 훌륭한 예가 교토에 있는 덴류지天龍寺의 호조方丈 정원일 것이다.

그곳에서는 넓게 펼쳐진 초록 속에서 정원을 바라보지 않으면 안 된다. 나무의 배치와 초록의 무성함, 꽃과 돌의 배치가 연출하는 아무런 부담 없는 변화에 의해 시선은 이곳저곳으로 '이끌려 다니게' 된다. 음악의 주제 변주와 같이, 정원의 주제는 언제나 변하지 않지만, 눈에 비치는 상像에는 끊임없이 변화된 조망이 계속 펼쳐지는 것이다. 예컨대 시각이 한 곳에 붙들리지 않기 위해서라도 하나하나의 아름다움보다는 전체적인 아름다움에서 받는 감동이 더 크다는 점을 마음 깊이 느낄 수 있도록 했는데, 이를 위해 일부러 온화하게 꾸민 작은 시냇물을 정원 한끝에서 다른 한끝으로 흐르게 하여 영상이 좀더 분명하게 이어지도록 했다.

교토의 어느 오래된 정원. 안에서 바라보는 정원의 모습

내부의 정원

어느 한 곳(주로 집의 가장자리)에서 정원을 바라볼 수 있게 하는 이 관습은 순식간에 널리 퍼졌다. 그리고 얼마 후, 일본인들은 집 안으로 두세 발자국 물러서서 정원을 보면 그 아름다움이 더욱 커진다는 것을 깨달았다. 정원은 문에 의해 한정되지만, 그 종과 횡의 선이 마치 액자와 같은 역할을 하여, 정원은 그야말로 한 폭의 그림, 그것도 높이, 넓이, 깊이의 삼차원을 갖추고 모양

이나 색깔이 끊임없이 변화하는 살아 있는 그림이 되었기 때문이다. 정원은
또한 안개에 휩싸여 있느냐, 햇빛이 넘치느냐, 말라 있느냐, 비에 젖어 있느
냐에 따라서 ("정원이 제일 아름답게 보이는 때는 비에 촉촉이 젖어 있을 때다."라
고 어느 조원가는 말하고 있다. "비가 나뭇잎에 일종의 독특한 아름다움을 주어서 빛
이 나게 하고, 그 색깔을 변하게 하기 때문이다.") 변화하고, 봄 또는 초가을 등의
계절에 의해서도 그 모습이 달라지기 때문이다.

정원을 이렇게 보게 되면서부터 정원과 주택 내부의 관련뿐만 아니라
빛의 효과에도 주목하게 되었다. 이후 빛은 정원의 구성 요소 가운데 하나가
되었다.

꽃의 빛

일본어는 함축성이 풍부하여 긴 문장이 될 내용을 간결하게 표현하는 경우
가 더러 있다. '하나노카게(花の影, 꽃의 그림자)'라는 다섯 음절의 말이 그 좋
은 예가 될 것이다. 이것은 이른 봄 꽃잎을 통과해서 새어 나오는 햇빛을 의
미한다. '하나花'란, 꽃은 꽃이지만 어떤 꽃이라도 다 좋다는 그런 뜻은 아니
다. 이것은 그 무엇보다 아름다운 꽃이라는 뜻이다. 일본인에게 그것은 물론
벚꽃이다.

매년 봄이 오면 많은 일본인들은 교외로 나가 꽃구경을 한다. 그들은 하
늘을 올려다보며 섬세한 꽃잎 건너편의 햇빛을 찬탄한다. 그 투명한 빛은 핑
크빛 진주색으로 물들어 그들을 황홀경으로 이끈다. 그와 똑같은 빛을 실내

도쿄 우에노 공원의 벚꽃

로 끌어들이기 위해 그들은 일찍부터 정원 쪽으로 향한 건물 면에 빛이 통하는 종이를 바른 문을 다는 데 착안했던 것이다. 이 문, 즉 '아카리쇼지(明障子, 일설에는 그 기원이 8세기까지 거슬러 올라간다고 한다)'는 실내를 부드러운 빛으로 채워 줄 뿐 아니라, 색조가 아름다운 정원의 초목에 잘 어울리는 하나의 액자 구실을 한다.

　그러나 정원 가까이에 면해 있는 이 문이 일 년 내내 열려 있는 것은 아니다. 추운 겨울에는 그것을 닫지 않으면 안 된다. 이에 일본인은 에부스마(繪襖, 문에 장식한 그림)의 도움을 빌리기로 했다. 잠시 숨어 있게 될 정원을

꽃이 그려진 두 폭 병풍, 16세기

대신하여 정원처럼 보이게 하는 그림을 장지에 바르는 것이다. 다시 따사로운 기운이 찾아오면 명장지明障子를 여는데, 그러면 거기에는 생각지도 않았던 광경, 말하자면 상상의 정원에서 회색과 분홍빛이 연주하는 교향악과 현실의 정원에서 초록과 황금빛이 연주하는 교향악이 마술처럼 겹쳐진다.

밖의 정원과 안의 정원, 여름의 정원과 겨울의 정원, 이 정원이 바로 다음의 노래에도 나타나 있는 것처럼 영원히 끝나지 않는 롱드(ronde, 輪舞)를 연출한다.

벗나무 꽃잎
하얗게 떨어져 땅 위에 깔린 정원
쓸어 내지 않으면
녹지 않는 눈 되리니
어찌 마다하리

또 이런 노래도 있다.

때 아직 이른
벗나무 가지에
내리는 눈은
꽃더러는 더디다 하면서도
아마도 물러나지는 않으리

무대 위의 풍경

이제 사람들은 정원 산책을 멈추고, 감상 지점으로 정해 놓은 곳에 머물렀다. 사람들은 우선 몇 발짝씩 뒤로 물러나서 액자 역할을 하는 문을 통해 엄밀하게 한정되는 공간 안의 정원을 바라보게 될 때 마음 속에 그 아름다움이 한층 커짐을 발견한 것이다. 이어서 다시 한 발짝 더 뒤로 물러나 실내의 벽에까지 상상의 정원을 꽃피우게 했다. 그렇다면 이 경험을 더 진척시켜 집

안에도 살아 있는 정원을 도입하면 어떨까. 이렇게 해서 태어난 것이 분경이고 분재다.

중국인은 이미 손바닥에 올려놓을 정도로 작은 크기의 화분 안에 정원의 미니어처를 만드는 데 성공했다. 일본인 또한 그 예를 보고 배웠으나 그들은 새롭고 다채로운 표현법을 개발해 냈다.

그들의 아주 작은 정원은 때에 따라서는 흰 모래가 깔려 있는, 검게 칠한 하나의 화분이었다. 그들은 이처럼 백과 흑을 대비시켜 놓은 다음 그 위에 아주 작은 풍경을 만들었다.

맨 처음 그것은 조상을 모셔 놓은 오쿠(奧, 안채) 사이에 놓였고, 이어서 조상을 모시기 위해 벽을 파서 움푹 들어가게 만들어 놓은 마루에 놓아두었다. 그후로는 그 자리가 삶의 지성소가 되었다.

매우 축소되어 있기는 하지만 분재의 조망은 완전한 풍경 그대로였다. "그것은 나무나 관목, 때로는 산야에서 볼 수 있는 여러해살이 풀로 만들어진다."라고 무라타 큐조村田久造는 말한다. "종종 여러 형태의 바위와 조합을 이루고 있는 이 식물들은, 우리가 자연 속에서 보는 풍경과 수령이 몇백 년도 넘는 작은 나무가 당당하게 그 이미지를 재현하고 있는 것이다." 이처럼 분재에는 키가 작고 백 년 이상은 되었음직한 고목, 물에 깎이고 닳아서 반질반질해진 조약돌, 비바람에 시달려 가장자리가 톱니처럼 날카로와진 작은 돌, 그리고 이끼, 작은 꽃으로 뒤덮여 한두 치 높이밖에 안 되는 숲도 있었다. 구불구불한 작은 길에는 물빛, 복숭앗빛 모래가 깔려 있었고, 참으로 예쁜 시냇물에는 작은 다리가 걸려 있었다. 분경이나 분재는 본래의 정원과 똑같은 규범에 의해 구성되고, 다만 크기가 다를 뿐이었다. 형태가 축소되긴

했지만 거기에 심어진 나무는 당당히 나뭇가 지를 뻗었으며, 의미가 상징적인 까닭에 더 값진 것도 있었다. 물빛 자갈에 덮이고 붉은 빛 조약돌로 테를 두른 곳에 한 무리의 소나무를 심은 분재는 그야말로 물 한가운데의 섬이었고, 높은 탁자에서 밑으로 가지를 드리운 소나무 무리는 해변의 벼랑에서 뻗어 나온 나무를 연상케 했다. 또 하늘을 향해 우뚝 솟은 작고 잎이 없는 한 무리의 가지는 초겨울 찬바람에 떠는 숲이었다.

일본의 분재.

분류를 즐기는 일본인의 특징은 물론 분재에도 적용되었다. 그들은 분재를 그 형태에 따라 다음과 같이 분류했다. 곧은 줄기가 하나인 것[直幹, 곧은나무], 줄기가 두 개인 것[双幹, 쌍줄기나무], 구부러진 줄기[斜幹, 기운나무], 비틀어진 줄기[나사幹, 모양나무], 가지가 갈라진 줄기[빗자루 세움, 포기나무], 한 뿌리에서 많은 줄기가 나와 있는 것[다발 세움, 포기나무], 뿌리가 연결된 것[根連, 뿌리이음나무], 뿌리가 나뉘어 있는 것[寄植, 모아심기], 뿌리가 마치 폭포처럼 내려오고 있는 것[根上, 뿌리솟음], 지면에 스칠듯 한 줄기에서 가지가 수직으로 뻗어 올라 작은 숲 같은 인상을 주는 것[筏吹, 뗏목모양] 등이다.

분재의 근본적 특질의 하나는 그 지속성에 있다. 그 수령은 대개 칠십 년에서 팔십 년 정도인데, 그것도 아직은 젊은 쪽에 속한다. 분재가 최종적인 형태를 갖출 때까지는 다시 삼십 년에서 오십 년간 가능한 한 모든 손질을 가하지 않으면 안 된다. 작은 나무는 보통 나무처럼 빨리 자라지 않는다. 이러한 것들을 생각해 보면 참으로 놀라지 않을 수 없다. 분재 중에는 인간보다 수명이 훨씬 긴 것이 많다. 사백 년의 나이를 자랑하는 나무도 있으나 전혀 노쇠함이 보이지 않고, 심지어 수령이 천 년이 넘는 것도 있다.

꽃병 속에 축소된 정원

이와 반대로 허무함을 높이고 북돋아 주는 것, 이것이 꽃꽂이가 지닌 의미이다. 어떤 꽃꽂이 꽃은 그 아름다움이 며칠, 또는 몇 시간밖에 지속되지 않는다. 그러나 여기에는 정원을 만드는 것과 같은 상상력과 배려가 필요하다.

꽃꽂이가 다만 꽃을 물 속에서 살 수 있게 하는 기술에 불과하다면 특별히 이야기할 필요는 없다. 그러나 이것은 그렇게 단순한 것이 아니다. 재료(꽃, 과실, 잎, 작은 돌, 가지, 이삭 등)를 선택하여 그것을 작은 공간에 조화롭게 채우고 배치하는 방법에 관한 것이다. 뿐만 아니라 그것을 바라보는 사람으로 하여금 경치나 정원을 바라볼 때 느끼는 것과 똑같은 만족을 느끼게 해주지 않으면 안 된다. 그렇기 때문에 꽃꽂이를 하는 사람은 화가, 조각가, 조원가로서의 재능을 갖추고 있어야 한다. 꽃꽂이를 하는 사람은 식물이나 광물의 도움을 받아 작업을 하면서 그 구성에 그의 개성과 인생관을 반영하여 표현해 내는 것이다.

몇 세기에 걸쳐 맥을 이어 전해 내려오는 여러 조형 예술 분야와 마찬가지로, 일본의 꽃꽂이도 생활을 아름답게 한다는 사명을 띠고 사회와 더불어 발전해 왔다. 처음에는 가족의 경사나 신분 높은 사람이 방문할 때 집안을 밝게 꾸미기 위해 꽃꽂이를 고안해 낸 것 같다. 이 관습이 계속되어 13세기 무렵에는 당시 나라를 다스리던 무사 계급의 생활양식에 걸맞게 기품이 흐르는 '릿카(立華, 나무 한 그루나 꽃 한 송이로 대우주의 변화를 표현하는 꽃꽂이의 한 형식)'로 발전하게 되었다. 이어 무사 계급의 뒤를 이은 부르주아 계급의 기호에 맞는, 더 간소하고 더 얌전한 '나게이레(抛入, 아무렇게나 던져 놓은 것 같은 꽃꽂이의 한 형식)'가 나타났다. 이어서 여러 가지 유파가 계속 나타났으며 이전에 비해 더욱 발전해 갔다. 현대 꽃꽂이의 대가 가운데 한 사람인 데시가와라 소후勅使河原蒼風의 '꽃 조각'은 이러한 점을 충분히 납득시킬 수 있을 것이다. 그는 아무리 순간적인 것이라 해도, 거기에 감도는 강한 감동을 표현하기 위해 그의 꽃꽂이 하나하나에 이름을 달았다. '조용한 새해' '석양이 비치는 하늘' '슬프고 고독한 잎' '빛의 흔들림' '별로 변한 풀' '분열하고 있는 공간의 드라마' '눈[雪]의 입맞춤에 고개 숙이는 국화' '잔혹한 가시나무 배[舟]' '고민하는 심연' '달빛 아래의 거뭇거뭇한 나무' '탄원하는 손' '서광' 등이다. 이것은 그 몇몇 예에 불과하다.

이 꽃꽂이들 가운데 어떤 것은 키가 1미터가 넘는 것도 있으며, 그것들은 당당한 꽃 장식과 기쁨의 전율과 한숨과 찬탄으로 공간을 꽉 채우곤 했다.

그러나 소후는 거기에 머물지 않았다. 그는 그의 '꽃 조각'에 분재 작가가 경치에 대해서 행했던 것과 유사한 축소 과정을 응용할 생각으로 '꽃 한 그루의 꽃꽂이' '극소의 꽃꽂이'를 생각하기에 이르렀다. 그 가운데 하나가, 손가락이 들어갈 정도의 크기밖에 안 되는 작은 꽃병에 꽂아 놓은 단 한 그루의 스위트 피sweet pea다.

단 하나의 작은 공단으로 만든 이 꽃잎은 단지 책상 위에 올려놓는 것에 그치지 않고 이것을 손에 들고 햇빛에 비쳐 보아야 한다. 그렇게 하면 우주 전체가 장미색으로 보여 작가가 왜 이것을 '새벽의 승리'라고 이름 지었는지 알 수 있다. 이렇게 아무것도 아닌 듯한 방법으로 이 정도의 효과를 올린 예가 다시는 없었다.

그러나 길을 잘못 들어서면 안 된다. 도가 지나치면 내용은 무게 없는 엷은 것이 되고 자만하기에 바빠, 확대하는 것도 응축하는 것도 그 모두가 일본인을 충족시키지 못하게 되고 만다. 완벽한 형태를 바라는 본능적 지향과, 정원이 이룩해 낸 고도의 세련됨에도 불구하고, 그들은 예술적인 기쁨을 끄집어낸다는 차원에서는 아직 만족하지 못하고 있었다. 종교와 수입된 양식이 정원을 뒤덮고 있었기 때문에 그들은 어딘가 비어 있는 듯한 느낌, 충족되지 못한 느낌을 가지고 있었다.

그래서 우리가 정원에 내린 정의가 더욱 명확해진다. 앞에서 우리는 "사람이 마음으로 생각하는 행복의 모습을 표현하기 위해" 정원을 만들었다고 말했다. 그렇다면 일본인이 생각하는 행복이란 무엇인가. 그들은 아직까지 그것을 몰랐다. 일본에서는 정원의 전개가 국가의 형성에 선행했다. 그러니까 정원은 단순히 훌륭한 장식에 불과했던 것이다. 정원이 장식 이상의 것이 되기 위해, 또는 그 문화가 가지고 있는 최상의 것을 표현하기 위해서는, 정원은 그들로 하여금 일본 국민으로서 자각을 갖도록 해줌과 동시에, 다른 어떠한 것보다도 우수한 행복의 모습을 발견하도록 해줄 필요가 있었다.

정원의 질서에서 국가를 생각하는 명인, 무소 소세키

일본의 역사에 한 사람의 천재가 등장하지 않았다면 어쩌면 이런 자각은 없었을지도 모른다. 그는 다른 어떠한 문명에서도 찾아볼 수 없을 정도의 비범한 인물이었다.

그는 무소 소세키夢窓疎石이다. 1275년에 태어나 1351년에 타계한 그가 살았던 시대는 가마쿠라鎌倉 시대에서 난보쿠조南北朝 시대에 걸친, 말하자면 서구의 정원은 아직 성벽의 그늘에서 벗어나지 못하던 때였다.

무소 소세키는 가난한 집안에서 자라난 소극적인 청년이었으나 뜻이 매우 높은 사람이었다. 그는 열렬히 국가를 사랑했고, 서로 대립하여 나라가 분열된 상황을 우려했다.

당시 일본에는 서로 대립하는 두 개의 조정이 있어서 국민을 둘로 쪼개 놓고 있었다. 마치 일본인은 서로 죽이는 일 이외에는 다른 능력이 없는 것 같았다. 그는 이 상황을 개탄하며 이따금 "이 세상이 슬픔으로 짓눌려 있다."고 말하곤 했다. 일본인의 마음 속에 들끓어 올라 넘쳐흐르는 에너지를 어떻게 하면 억제할 수 있을까. 그들의 행복이 통일과 인내와 자율에 있다고 하는 것을 어떻게 알려 주는 것이 좋을까.

나라의 분열에 항거하여 싸우는 데는 여러 가지 방법이 있다. 무소는 마음에 떠오르는 방법 가운데 만일 그가 뼛속 깊이 일본인이 아니었다면 분명 마음에 담아 두지 않았음직한 것을 골랐다. 그는 정원을 만들어 일본인에게 일본 국민으로서의 자각을 불러일으키기로 결심했다. 다만 흔하디 흔한 그런 정원이어서는 안 된다고 생각했다. 외국의 영향을 전혀 받지 않은 정원,

사이호지(西芳寺) 1334 교토

일본인들이 그 안에서 스스로를 발견할 수 있는 정원이 되지 않으면 안 되었다. 그가 행하는 일이 사람들의 내적 갈망에 부응한 것이었다 해도 좋을 것이다. 그의 주장이 나라 안에 커다란 열광을 불러일으켰기 때문이다. 그래서 그는 '백성의 스승' '민족 사상의 지도자'를 의미하는 국사國師 존칭을 받게 되었다.

낮은 정원과 높은 정원

무소는 젊었을 때 아버지로부터 조원造園의 깊은 뜻을 전수받아 일찍부터 이 방면의 대가로 알려지게 되었다. 1339년, 그는 후지와라 치카히데藤原親秀라는 교토의 부유한 귀족에게서 사이호지西芳寺의 정원을 개조해 달라는 중요한 일을 위탁받았다. 무소는 그 일을 훌륭히 완수했고 사람들로부터 많은 칭찬을 받았다. 그는 풍경을 새롭게 바꾸었고 지금도 오곤치黃金池라고 불리는 유명한 큰 연못을 팠다. 그 연못가에는 돌들이 점점이 배치되어 공동으로 작업하는 작은 배들 여럿이 함께 매여 있는 광경을 연상케 하고 있으며, 주위의 초록빛 나무 사이에는 몇몇 정자를 보일 듯 말 듯하게 배치해 놓았다.

그러나 이것은 아주 작은 서두에 불과하다. 이 정원이 아무리 아름답다 해도 그는 이에 만족하지 않았다. 무소는 그 무렵 불가에 입문하여 불교계에서도 중요한 위치에 있었다. 그는 주위에 무질서와 부도덕이 만연한 것을 매우 가슴 아프게 생각했다. 그를 후원하는 이들이 아무리 세련한 자들이라 해도 그들의 변덕을 좇기보다는 그들로 하여금 나라를 구제하는 일이 우선이

사이호지(西芳寺) 1334 교토

라는 마음이 들도록, 그리하여 그에 대한 노력을 아끼지 않도록 만들었다. 그는 이러한 구제 사업이 도덕심을 드높임으로써만 가능하고, 그것을 솔직하게 표현하기 위해서는 새로운 정원을 창조하는 일밖에 없다는 데에 생각이 미치게 되었다.

오곤치가 있는 정원의 가장 깊숙한 곳에 작은 사립문이 하나 있다. 이것은 고조칸向上關이라 불렸다. 여기를 빠져 나오면 크고 작은 여러 가지 돌을 깔아 놓은 작은 길이 있다. 이 길은 울퉁불퉁하고, 꼬불꼬불 굽어지면서 언덕 위를 향해 뻗어 있다. 이끼가 끼어 있는 이 길이 우리를 어디로 인도하는지 올라가는 도중에는 알지 못한다. 그러나 꼭대기에 올라서면 거기에는 '아래의 정원'과는 전혀 다른 제2의 정원인 '위의 정원'이 펼쳐진다. 은밀하게 숨어 있는 이 정원은 앞의 정원과는 참으로 정반대의 취향이어서, 무소를 가장 잘 이해하고 있는 하야카와 마사오早川正夫는 이렇게 단언한다. "오곤치를 중심으로 한 넓은 정원과, 물을 전혀 사용하지 않고 지형으로만 산수를 표현하는 정원이 고조칸이라는 작은 문을 경계로 하여 두 개의 별천지를 이루고 있다." 바로 그것이다. 무소는 자신의 조원 기술을 구사하여 '아래의 정원'을 만들었으나 이곳 '위의 정원'은 강렬한 신앙을 토대로 하여 만들어 냈다. 여기에는 연못도, 냇물도, 다실도 없고 다만 냉엄한 바위 무리가 있을 뿐이다. 이어서 하야카와는 말한다. "정원의 북쪽 모퉁이에 있는 고조칸을 허리를 굽혀 한 발짝 빠져나가면 험준한 돌계단이 있고, 그 계단을 다 올라가면 그와 동시에 돌만으로 조성된 완전히 이질화된 정원이 눈앞에 펼쳐진다. 이것이야말로 우리 중세의 정원에 혁명적인 충격을 주었던, 무소 국사의 정신이 응집된 것임이 분명한 고한(枯寒, 메마르고 추운)의 세계다." 언덕의 중턱 좌우에 층층이 단을 이루는 바위는 두 개의 벼랑을 이루고 있는데, 굉음을 내며 떨어지는 커다란 폭포와 그로 인해 생기는 격한 소용돌이를 거역하며 이에 당당히 맞서 저항의 의지를 보이는 듯한 자세를 하고 있다. 이 정원에는 한 방울의 물도 없다. 이 폭포는 자갈 사태로 표현된다. 그런데도 이 힘센 표현에 의해 마치 물이 끊임없이 용솟음치며 쏟아내는 굉음이 들려오는 것 같다. 돌의 폭포는 천연 폭포보다 훨씬 격하고, 자갈 사태는 격류보다 훨씬 빠르다. 그것은 회전하는 발전기가 엄청난 전력을 발생시키는 모습과 흡사하다고나 할까. 더구나 그 모든 것은 그지없이 정숙하여 움직이지 않는 화석과도 같다. 이 상상을 초월하는 에너지의 응축은 무엇을 의미하는 것일까.

난젠지(南禅寺) 17세기 초 교토

심오한 의식을 일깨우는 무소

바위는 흘러가는 모든 것보다 우수하다. 바위는 이 점을 상징한다. 그것은 인생의 고뇌에 대한 정신의 승리이고, 방종한 격정에 대한 자기 억제의 승리를 상징한다. 그러나 무소는 '아래의 정원'과 '위의 정원' 두 곳을 이렇게 가깝게 만듦으로써 그 이상의 것을 표현하고자 했다. 그는 인생에 대해 근본적으로 상반되는 두 가지의 사고를 대비해서 강조하기 위해 그것들을 나란히 배치해 놓았던 것이다. '아래의 정원'은 '벚꽃의 아름다움에 감탄하며 봄을 즐기는 이상향'이고, '위의 정원'은 '격정을 내면적인 에너지로 은밀하게 깊이 간직하여 강하고 높은 정신을 연마함으로써 생명을 발견하려는 자세'인 것이다. 말하자면 아래에 있는 것은 살아가는 기쁨이고, 위에 있는 것은 힘을 구하려는 의지가 있는 것이다.

신성한 정원의 증가

다른 나라 사람들에게는 이러한 상징이 이 섬나라에 사는 사람들만큼 확실하게 포착되지 않을 것이다. 그렇다고 해서 놀랄 일은 아니다. 무소가 마음 깊이 존재하는 것에 호소한 것은 바로 일본인을 향한 것이었고 그들은 이를 명확하게 읽어 냈기 때문이다. 그는 뛰어난 통찰력에 의지해서, 중국이나 한국의 정원이 들어오기 이전, 이미 일본 정원에 뿌리를 두고 있는 어떤 종류의 바위 형태와 그것이 빚어낸 감정 사이에 밀접한 관계가 있음을 발견했다. 그것은 아득하게 먼 태초 이래 오랜 세월 동안 잊혀졌던 것에 대한 격세유전 隔世遺傳 같은 것이었다. 그는 그것을 집단의 잠재의식 속에서 되살아나게 하여 일본의 정원에 새로운 자극을 주었고, 드디어 정원을 이 나라의 중요한 문화 유산의 하나로까지 올려놓았던 것이다.

사이호지의 '위의 정원'은 '아래의 정원'과 뚜렷한 차이가 있을 뿐 아니라 그것을 능가하기까지 한다. 그는 일본인이 정성스러운 모방자인 동시에 비할 수 없는 창조자이기도 하다는 것, 말하자면 그들은 언제, 어느 때라도 민첩하게 힘을 발휘하여 무엇이든 재생시키는 독특한 소질이 있다는 것을,

다이센인(大仙院) 1513 교토

일본인 자신에게 가르친 것과 같이, 우리에게도 가르쳐 주었다. 무소는 바로 그런 재능으로 늘 억압되어 왔던 잠재 능력을 끌어내어 일본인들의 마음을 열었다.

무소가 여기에서 주도한 것은 고민스런 절규였고 비난이었으며, 일치에 대한 호소였다. 그것은 마치 그가 동시대인들에게 "용기를 잃지 말라."고 부르짖는 것 같았다. "충동을 억제하라. 피를 흘리는 분열을 피하고 자신을 되찾아라. 그러면 행복을 얻을 것이다."

무소의 가르침을 헛되게 하여서는 안 되었다. 그 가르침은 일본의 정원에 전에 없었던 도덕적·철학적 내용을 부여해 주었을 뿐 아니라, 한 주해자註解者의 말을 인용하자면 "일본인들의 마음에 창문을 여는 시도"였던 것이다. 이런 시도는 그 발자취를 따라 선사의 경내에 새로운 정원을 출현케 했다. 그곳은 명상과 기도를 위해 운영되는 성역이었고, 이전의 정원에서는 이룰 수 없던 순수하고 내면적인 요청에 응답하는 곳이었다.

이 순수함이야말로 중요한 것이었다. 이 정원은 인공적인 언덕과 구불구불 흐르는 시내, 그리고 폭포 등으로 이루어진 스키야마 산스이築山山水에 대립하는 평정의 형태를 취했다. 정원은 간소하여 아무 장식도 없었고, 밝은 색의 옥석이나 자갈이 깔려 있었다. 그러나 발자국이 나면 안 되기 때문에 누구도 그 위를 걸어서는 안 되었다. 이 완벽함에는 일체의 인간적인 것이 배제되었다. 이 정원을 바라보는 곳은 정원에 면해 있는 탑 정상의 가장자리거나, 그렇지 않으면 정원 언저리에 약간 높게 나 있는 지름길이었다. 이 지름길은 이끼나 자갈, 또는 약간 짙은 색의 모래가 길게 띠를 두르고 있는 듯한 모습을 하고 있었다. 이런 정원은 인간을 위한 것이라기보다는, 보이지 않는 영혼을 끌어들이기 위한 장으로 보였다. 하늘에서 바라보기 위해 만든 것 같기도 한 이 정원이 아무것도 없는데도 뭔지 모를 신비함이 감도는 까닭은 거기에 손질을 가하는 사람의 그림자가 보이지 않기 때문일 것이다. 그것은 사람의 손을 전혀 빌리지 않고도 자연스레 생겨 존재하는 것처럼 보이게 하려는 의도에서 말미암은 것이다.

이런 청정한 정원의 원형은 이세진구伊勢神宮의 신역神域에 이미 나타나 있다. 눈과 같이 흰 자갈을 깔아 놓은 직사각형의 공간 중앙에 그다지 크지 않은 정전正殿이 서 있고, 그 내부에는 제단이라고 할 만한 탁자 하나가

료안지(龍安寺) 1473 교토

덩그러니 놓여 있을 뿐이다. 미리 몸을 깨끗이 한 사람 외에는 누구도 거기에 가까이 갈 수가 없다. 이 탁자 위에는 예배를 위한 표징, 즉 천황과 솟아오르는 태양을 상징하는 한 자루의 칼과 거울만이 놓여 있다. 하얀 직사각형의 바닥은 세 겹으로 둘러친 울타리 때문에 밀집한 수목에서 격리되어 있다. 그것은 신사가 숲 속에 세워졌기 때문이다. 그런데 이처럼 신사가 있는 곳[皇居, 宮城]은 이십 년이면 그 정갈함이 사라지게 된다고 하여 때가 되면 그 건물을 헐어 버린다. 그리고 아무도 발을 들여놓지 못하게 관리되어 온 곳에 재건된다.

료안지(龍安寺) 1473 교토

하늘에서 촬영한 이세의 신역 사진에는 두 개의 직사각형이 선명하게 나란히 찍혀 있다. 오른쪽에는 지금 예배의 대상이 된 궁거宮居가 서 있고, 왼쪽에 있는 것은 옮겨 갈 예정인 토지 공간으로 그 한가운데에 토끼집보다도 작고 초라한 집이 만들어져 있다. 그 집은 처음의 궁거가 청정을 잃었을 때 정전이 옮겨 갈 장소임을 가리킨다. 말하자면 지금 당장은 쉬고 있는 셈이다.

이러한 정원은 다른 정원과 같이 자연의 변형을 토대로 한 것이 아니라, 자연을 '제외한' 전혀 다른 형태로 만들어진 것이다. 이제까지의 공간은 추상적인 것으로 바뀌었으며, 거기에서 생겨난 허虛는 '생성의 여러 상相이나 창조의 과정'을 관조하는 정신 상태, 말하자면 깨달음의 경지를 열고자 하는 일에 도움이 된다.

이윽고 흰 옥석은 모래로 바뀌고, 그 위에 작은 대나무 갈퀴로 마치 바다의 잔잔한 물결을 연상케 하는 미세한 평행의 줄무늬를 그어 놓는다. 그것은 끓어오르는 황량한 바다가 아니고, 한 줄기 서광을 비추는 온화한 바다였다.

이 맑고 하얀 잔물결이 펼쳐져 있는 그 안에, 회색의 커다란 돌 하나와, 다양한 간격으로 각각 무리를 이루고 있는 바위들이 물 위에 떠 있는 것처럼 놓여 있다.* 이러한 모습들은 특별히 크다 할 정도도 아닌데, 마치 주문과도 같은 괴이한 마력으로 사람들의 마음을 사로잡는다.

이는 사람들과의 관계로 인해 편파적으로 기울어 버린 세계가 거기에서 사람들 마음에 떠오르기 때문이고, 그리하여 종래의 공간 관계가 사라지면서 그것을 대신하는 새로운 세계가 바로 코앞에 펼쳐지기 때문이다.

그리하여 모래에 새겨진 가느다란 줄무늬는 순식간에 진실의 파도처럼 보이기 시작하고, 돌도 또한 그런 기준으로 바라보게 된다. 즉 돌은 거대한 무엇으로서, 단순한 돌덩어리로서의 위상은 사라지고 아담한 풍치를 갖춘 작은 섬이나 암초, 혹은 산으로 변화한다. 그것은 마치 거대한 분경이나 터무니없이 큰 수석을 보는 것과 같다.

이런 형식의 정원으로 잘 알려진 곳이 교토에 있는 다이토쿠지大德寺의

---

*나라(奈良)에 있는 大神神社의 반좌(磐座) 같은 것이 그 원형일 것이다.

혼보本坊와 다이센인大仙院, 묘신지妙心寺의 다이쿠라인退藏院, 야마구치현山口縣 호후防府의 츠키노 가츠라노 정원月桂庭 등이다. 그러나 이 양식이 그 어느 곳보다도 훌륭하게 표현된 곳은 역시 교토에 있는 료안지龍安寺의 정원일 것이다.

료안지 정원에는 식물이 전혀 없다. 전체가 오로지 광물질만으로 이루어져 있다.* 색깔은 전혀 없고, 모래가 그려 내는 백白과 바위의 그림자가 만들어 내는 흑黑이 대비를 보이며, 곳곳에 아주 작게 갈색과 회색이 섞여 있을 뿐이다.

어두운 절망으로부터 이 세상에 떨어진 바위를 침묵케 하라

바위 자체는 지나치게 어둡고 묵직하게 자리하고 있어 위압적이기까지 하다. 이 정원은 도대체 무엇을 의미하는 것일까. 이 정원은 중국의 정원과도, 또 지상에 있는 다른 어떠한 정원과도 전혀 다르다. 창해와도 같이 아무것도 없는 불모의 이 공간을 정원이라고 불러도 괜찮은 것인지 의심이 들 정도다. 군데군데 떼지어 배치되어 있는 돌들은 또 무엇을 말하는 것일까. 이것은 상상하기 힘든 법열法悅 상태를 노리고, 어느 해탈에서 다른 해탈로 마음을 이끌어 가기 위한 추상적 '기호'라고 할 수 있지 않을까. 물론 그것은 위대한

---

*옛날 이 정원의 한편 모퉁이에 벚나무가 한 그루 있었다. 일본인들은 이 나무를 사랑했기 때문에 뽑아 버리려고 하지 않았다. 그러나 이 나무는 말라 죽어 버렸다. 마치 이 광물의 세계에는 자기가 살아갈 곳이 없다는 것을 말하고 있는 것처럼… 그 뒤로는 아무것도 심지 않았다. 광물의 세계가 승리했던 것이다.

긴가쿠지(金閣寺) 1473 교토

일이다. 그러나 이러한 해석으로는 아직 충분하지 않다.

　　그래서 우리들이 만족스런 해석을 단념하려 할 때, 일본의 정원이 돌연 그 비밀을 우리에게 밝힌다. 불교의 칼집에서 신도의 칼이 번개처럼 빠져 나와 우리에게 그 의미를 숨기고 있던 초록의 장막을 두 동강 내듯 잘라 놓았다 해도 좋지 않을까. 지금 우리 앞에 있는 것은 드러난 직사각형일 뿐이다. 그러나 우리에게 비밀을 열어 보이는 곳 또한 이곳이다.

긴가쿠지(金閣寺) 1473 교토

원시 일본 승화하는 시선

앞에서도 말한 바와 같이, 이 모래밭에 돌출되어 있는 바위를 보면, 법열로 유도하는 표지이자 추상적인 기호에 불과하다는 생각이 들게 마련이다. 이 이상 치밀하고 이 이상 구체적인 것을 상상하기란 불가능하다. 이것은 괴테가 이야기한 바 있는 '원형原型'인 것이고, 일본인이 집단적 잠재의식의 가장 깊숙한 주름 속에서 역사를 통하여 길러 온 것이다. 대부분의 일본 정원에서 볼 수 있는 '스키야마築山' '수미산須彌山' '이시쿠미石組', 또는 무소의 '여울'을 통해서 끊임없이 재현하고자 한 것이 바로 이것이다. 바야흐로 그 원형이 다른 나라에서 들어온 것들로 이루어진 형태에서 벗어나, 멋진 알몸의 모습으로 다시금 백일하에 드러난 것이다. 이것이야말로 원초적인 일본 이미지의 승화요, 여신 '아마테라스'가 생명을 불러일으키기 위해 아직 형태를 갖추지 않은 세계의 한복판에 마련한 '화산이 폭발하여 생긴 연주(連珠, 점점이 늘어선 주옥 같은 일본 열도를 의미함)'의 위대한 변모가 아니고 무엇이랴. 깨어져 흩어진 다이아몬드, 대양의 표면에 뿌려진 한줌의 보석, 이들은 파도에 흔들리며 바다의 미풍으로 정기를 되찾는다. 이 바위들은 하늘에서 떨어진 운석과 같이 꺼림칙한 것이 아니다. 이들은 빛이 지나간 자취에서 태어난 것이다. 즉 아직 불덩이가 소용돌이치고 있는 내부에서, 머지않아 머리에 하얀 눈을 이게 될 정상(頂上, 후지 산으로 상징되는 일본 열도)을 끌어내기 위해 마치 유성처럼 심연에 뛰어든 태양의 낭자(아마테라스)가 그려 내는 자취에서 태어난 것이다.

『사쿠테이키』의 저자는 "원래의 자연 그대로의 산수山水 생각이 나서, 그곳에야말로 틀림없이 있겠지 하는 생각으로 바짝바짝 다가설 뿐"이라고 말한다. 일본인은 이 권고를 잊지 않았다. 반짝이는 대양의 물결을 나타낸 모래 파문 안에 세 개, 다섯 개씩 무리로 놓여 있는 료안지의 돌을 바라보며, 그들은 항상 변하지 않는 일본의 모습에 마음을 서로 주고받았다. 그들은 항상 자기 것에 대해 강한 애착을 가지고 있었다. 그들은 일본의 나무, 샘, 호수, 바위를 열렬히 사랑했다. 그러나 몇 세기가 흐르면서 그 감정은 조국에 대한 사랑의 종교로 변화되어 갔다. 물 흐르는 소리가 졸졸 들려 오는 시냇가, 하얀 눈을 머리에 이고 있는 산의 정상, 고요한 숲, 조상에게 경배하는

기시와다조(岸和田城) 오사카

산과 들, 이것들과 더불어 그들의 조국 또한 예배의 목표가 되었다. 영원히
인격화되는 숭고한 천황의 모습을 통하여 조국은 그들에게 기쁨에 찬 봉사
대상이었고, 그 때문에 스스로를 억누르며 노고를 제공할 만큼의 살아 있는
값진 존재로 여겨졌다. 그리고 마침내는 그 열정이 다른 모든 열정을 삼켜
버렸다.

중국인은 정원이 '거대한 금덩이 같은 우주며, 젖과 꿀이 흐르는 대하大河가 있는 곳'이기를 바랐다. 그러나 한 자루의 칼과 거울을 지고함의 상징으로 삼는, 극도로 민감한 일본인은 그렇지 않았다. 그들은 정원이 지고한 감동으로 이끄는 수단이 되기를 희망했다. 그래서 그들이 얻는 지고한 감동(이 감동은 행복으로 잘못 이해될 정도로 고매한 것이다)은 애국심이었다. 그것은 힘있는 열정의 총체요, 전혀 자기를 돌아보지 않는 것이며, 집단적 봉헌과 일체가 된 희생의 총합이었다.

일본에는 료안지 외에도 수많은 정원이 있고, 요즈음 조성된 것도 많다. 그러나 이 절의 정원만큼 진정으로 밑바닥부터 일본적인 곳은 없다. 특히 일본인이 정원에 기대하는 것을 이곳만큼 명백하게 표명하고 나선 곳도 없다. 이 정원은 우주의 확장이라는 생각이 들게 하려는 것이 아니라, 조국의 영속을 보증하기 위해 '참기 어려운 것을 견딜' 만큼 한층 더 조국을 사랑하고, 조국에 더 봉사하게 하려고 만들어진 것이다. 압축된 조국의 비전인 것이다.

살아나는 일본의 정원, 쇠퇴하는 중국의 정원

이미 말한 바와 같이 일본인은 언제나 정원을 매우 귀중하게 여겨 왔다. 그들은 정원을 손질했을 뿐 아니라, 태풍이나 전쟁으로 파괴되었을 때에는 재건했고, 다시 파괴되지 않도록 안전한 장소에 따로 옮기곤 했다. 이렇게 해서 기시와다조岸和田城의 정원이 1950년에 완전히 재건되었던 것이다. 이 일을 맡은 사람은 뛰어난 현대 조원가 중 한 사람인 시게모리 미레이重森三

玲이다. 내해의 섬을 표현하기 위해 시게모리는 몇 톤이나 되는 돌을 여러 개 사용했으나, 숲 전체를 상징하는 데는 단지 한 그루의 소나무만으로도 충분했다. 일본에는 아직도 많은 옛 정원이 있고, 최근 조성된 정원이 오래된 옛날 정원을 재현했다고 해도 놀랄 만한 일은 아니다.

중국은 다르다. 정치적 문제와 넓은 땅이 정원을 보전하는 데 방해가 되었다. 19세기 초, 중국의 통일은 흔들리기 시작했다. 중앙 권력은 패퇴하고, 황제는 자금성紫禁城의 성채 그늘에 숨어 살게 되었다. 이제 개인에게는 새로운 정원을 만들 수단도, 틈도 없었다. 나라는 몇 개의 소군단이 분할 통치하였고, 그 우두머리들은 정원 손질보다도 약탈이나 횡령에 열중했다.

대부분의 정원이 순식간에 야생의 상태로 되돌아갔다. 가시나무나 관목이 무성한데도 이미 나무를 다듬거나 오솔길을 쓰는 사람은 없었다. 원정園亭은 폐허가 되었다. 다시금 거칠기 짝이 없는 자연이 예술 작품을 정복한 것이다.

아편, 초라한 정원

그리하여 중국인은 변해 버린 정원이 이미 자기들에게 꿈이나 도피 수단을 제공해 주지 못한다는 것을 알았고, 다른 곳에서 그 수단을 찾았다. 그들은 차츰 연기가 또 하나의 도취를 가져다 준다는 것을 알고 양귀비 재배에 열중하게 되었다. 1842년 이래, 아편이 빚어내는 마비 상태를 이용하기 위해 열강은 전쟁을 포함한 갖가지 수단으로 그들에게 아편 사용을 장려했다.

중국인이 신비로운 마음의 비약飛躍에 전혀 혜택을 받지 못했다는 것은 앞에서 이미 밝혔다. 그 때문에 중국에서는 종교가 '인민의 아편' 이 되는 일은 없었고, 오히려 아편이 '가난한 사람들의 정원' 이 되었다. 그들은 아편에서 도피와 망각을 찾았던 것이다.

20세기의 혁명이 특별한 꿈을 새로운 세대에 부여함으로써 그들을 마비상태에서 구해 낼 때까지 아편 사용은 계속되었다.

5

페르시아 정원

페르시아의 정원에 대해서는 중국이나 일본의 정원만큼 이야깃거리가 많지
않다. 그렇다고 해서 페르시아의 정원이 그만큼 아름답지 않거나, 의미가 적
거나 한 것은 아니다. 다만 페르시아의 정원은 오래 전에 사라졌고, 그에 관
한 기록도 매우 적으며, 더구나 아주 오래된 옛일이기 때문에 그렇다는 것이

〈파사르가대 궁〉 폐허 557-530 B.C. 페르시아 아케메네스 제국을 창건한 정복자 키루스 대왕의 궁전이다.

〈파사르가대 궁〉 폐허 557-530 B.C. 페르시아

다. 오늘날 그곳에는 말라 버린 야자가 이곳저곳 흩어져 있고, 바람이 불면
먼지가 풀썩 일어나는 메마른 토지만 남아 있을 뿐이다. 그럼에도 우리에게
는 옛날의 그 정원이 어떤 모습이었는지, 혹은 그 시대의 철학이나 종교의
흐름 속에서 어떤 위치에 있었는지 알 수 있을 만큼의 자료는 있다. 페르시
아의 정원이 절정기에 달한 시기는 크세르크세스와 다리우스 2세가 다스리
던 시기였다. 그러나 이 정원들은, 동아시아의 정원이 원칙으로 삼고 있던
것과는 매우 다른 규범에 따라 만들어졌다. 페르시아의 정원은 도피와 꿈의
정원이 아니라, 향수와 욕망의 정원이었던 것이다.

조로아스터의 낙원

기원전 660년경, 박트리아에서 태어난 조로아스터는 빛의 신 아후라 마즈다가 진흙으로 최초의 인간을 한 쌍 만들고, '영원한 아침 빛이 비치는 위대한 정원'을 그들이 사는 집으로 정해 주었다고 메디아 사람들에게 가르쳤다. 그 정원은 네 개의 큰 강에 둘러싸여 있었다. 많은 수로를 통해 물을 공급했고, 그곳에 서식하는 수많은 생물들은 완전하게 충족된 삶을 누리고 있었다. 평야에는 곡물이 풍성하게 여물었고, 유달리 아름다운 식물과 매우 진귀한 과수가 충분히 자라고 있었다. 또 꽃이 화려하게 활짝 피어 있는 숲 속의 풀밭에는 호랑이나 사슴의 무리가 한가로이 활보하고 있었다. 이를테면 모든 것이 그곳을 행복의 장場으로 만드는 데 도움을 주고 있었다.

　이 기록이 소아시아에 들어오게 되었을 때, 그리스 인은 메디아 인이 이 땅을 표현하는 데 사용하던 언어를 그리스어로 번역했다. 그들은 이 땅을 '파라데이소스paradeisos'라고 불렀는데, 그리스어로 '정원'이라는 뜻이다. 말하자면 그들은 마음 속으로부터 그곳을 '위대한 정원'으로 생각하고 있던 것이다. 이 기록은 이처럼 매혹적인 이름으로 유럽에 전해진 것이다. 그런데 아후라 마즈다가 빛의 사자使者에게 하늘을 비추라는 사명을 주었는데, 그 사자가 횃불을 방치하여 불을 꺼뜨려 버렸고, 게다가 주인에게 반항을 했다. 이 사자의 이름은 '아리만'이었다. 이를 벌하기 위해 아후라 마즈다는 그를 낙원에서 추방하고 심연으로 던져 버렸다. 그리하여 아리만은 악의 화신으로서 어둠의 왕이 되었다.

니네베에서 출토된 부조. 아시리아 왕 아슈르바니팔(668-627 B.C.)과 그의 왕비가 포도 덩쿨, 종려나무, 소나무가 있는 곳에서 쉬고 있다. 야슈르바니팔 왕은 그가 정복한 나라들에서 새로운 나무들을 많이 들여왔다.

빛과 어둠의 투쟁

그 후 빛과 어둠, 선과 악은 싸움에 몰두하게 되었고, 세계가 처음의 완전한 모습을 되찾게 될 때까지 멈출 수 없는 전쟁이 세상을 혼란스럽게 만들었다. 이 전쟁 때문에 우주는 두 개로 쪼개졌고, 이후 사람들은 분열된 세계와 직면하게 되었다. 대조적인 두 세계가 대립함으로써, 어지러운 공간은 '상계上界'와 '하계下界'로 갈라서게 되었다. 상계 혹은 천상계天上界는 완전한 모습으로 존속하며 하계에 있는 모든 것에 대해 뛰어난 규범이 되었다. 하계 혹은 지하계地下界는 천상계에 있는 모든 것의 재현이었으나, 불완전했고 타락해 있었다.

잃어버린 낙원에 대한 향수

인간은 이 극적인 분열에 책임이 없었다. 인간은 그들 자신만으로는 세계의 분열을 불러일으킬 만한 힘이 없었다. 그러나 인간이 아후라 마즈다에 대항한 아리만과 한편이 되었으므로, 아후라 마즈다는 인간을 상계에서 추방했다. 그리하여 인간은 어쩔 수 없이 비참한 상황 속에서 살 수밖에 없게 되었다. 악의 공격에 노출되고, 죽음을 맞이할 수밖에 없었으며, 살아가기 위해 땅을 경작하지 않으면 안 되었다. 인간의 몰락이 지난날의 향수를 지워 버릴 정도는 아니었기에, 인간의 운명은 한층 더 비참했다. 인간은 마음 속 깊이 잃어버린 낙원을 생각하며 가슴을 도려내는 아픔을 끝없이 겪어야 했다.

이를 불쌍히 여긴 아후라 마즈다는 인간에게 지복의 가능성을 열어 주기로 하고, 그들에게서 아리만에 관한 책무를 벗기고, 선과 악 중에서 어느 한쪽을 선택하도록 허락했다. 이것은 대단한 특권이었다. 왜냐하면 그 후로 인간은 어둠의 승리를 돕는 것도, 빛의 승리에 편을 드는 것도 자유롭게 할 수 있었기 때문이다. 이 '선택권'은 이전에는 없던 어떤 존엄성을 인간이 갖출 수 있게 해 주었다. 그 후로 인간은 스스로 희생자가 되었던 싸움의 방관자 자리에 종지부를 찍고, 그들이 속한 세계를 분열시키는 우주의 커다란 싸움 한가운데에서 그 해결을 당기거나 늦출 수 있는 당사자가 되었다.

기원전 7세기에 존재했던 센나케리브 왕(705-681 B.C.)의 천국의 정원 부조.

속죄의 도구인 정원

아후라 마즈다의 은혜는 여기에서 멈추지 않았다. 인간을 '좋은 방향으로 향하게 해서' 그것으로 속죄의 짐을 가볍게 해 주려고, 그는 인간에게 '정원 만들기'라는 어려운 재주를 가르쳤다. 말하자면 지상의 '파라다이스'는 그들이 아직도 계속 미련을 품고 있는 천상의 낙원을 반영한 것이라 할 수 있고, 또 '누구든지 정원을 만드는 사람은 그것만으로도 빛의 편이 되었다.' 어둠 속에서 태어난 정원이란 있을 수 없다. 물론 인간의 손으로 만든 정원은 천상계의 모델만큼 완벽하지는 않았다. 거기에서는 풀도 꽃도 저 혼자 생겨나지 않았다. 물을 주고, 흙을 북돋아 주는 등, 수많은 고된 일을 하지 않으면 안 되었다. 인간을 적대하는 아리만이 끊임없이 정원에 위협을 가하기 때문

〈생명의 나무〉기원전 9세기. 아슈르바니팔 2세와 날개달린 신이 성스러운 나무를 축복하고 있다. 나무는 인간이 두려워하고 경배하기도 하는 자연의 힘을 상징한다.

이었다. 그러나 정원은 행복과 평화의 은신처요, 다른 곳보다도 강한 빛이 비치는 특별한 장소이며, 인간이 몰락하기 전에 누렸던 훌륭한 생활을 끊임없이 상기시키는 규범임이 틀림없다. 정원을 가꾸고 아름답게 하려는 노력은 인간을 조금씩 하계에서 상계로 다가서게 하는 것이며, 그 두 세계 사이의 거리를 차차 좁혀서 서로 닮게 하려는 것이다. 지상의 낙원이 천상의 낙원과 똑같이 되는 날, 선은 악을 극복하고, 인류 타락의 흔적은 완전히 자취를 감추어 버릴 것임이 틀림없다. '아시리아'의 정원은 희망과 향수의 정원인 동시에, 인류의 영혼을 구하는 수단이었던 것이다.

페르시아나 메소포타미아의 고대 문명이 정원 건설에 열심이었던 것은 이 때문이라는 것을 그 동안 해독된 많은 비명碑銘이나 명판銘板이 여실히 말해 주고 있다. 아케메네스 왕조의 황제들은 지방 총독들에게 끊임없이 주의를 주었는데, 그 내용은, 그들의 주요 임무가 그 '낙원'을 양호한 상태로 유지하기 위해 세심한 주의를 기울여야 한다는 것과, 그것을 육성하여 아름답게 가꾸고자 하는 노력을 아껴서는 안 된다는 것이었다.

상계와 하계 사이의 지구라트

여러 도심에 건설된 이들 '지상 낙원'은 항상 성벽에 에워싸인 높은 곳이거나 혹은 지구라트ziggurat라고 불리는 높은 탑의 꼭대기에 만들어졌다.* 이는 정원을 높은 하늘에 근접시켜, 마치 하늘을 향한 거울로 햇빛을 모으는 것처럼, 천상의 낙원 모습을 한데 담아 반영하기 위해서였다. '지구라트'라는 이름은 의미가 매우 깊다. 그것은 '지상에 있는 하늘의 집' 또는 '하늘과 땅 사이에 얽힌 인연' 또는 '지상에서 가장 높은 집' 등을 뜻한다. 선명한 색(흰색, 검은색, 자주색, 파란색, 빨간색, 은색, 금색)으로 칠하고, 도제로 된 총안 흉벽** 이 있는 지구라트가 몇 층이고 겹쳐 있는 것은 인상적인 훌륭한 경관이었다. 층계를 올라감에 따라 그들은 차차 하계와 멀어지고 하늘에 다가서게 된다. 그리하여 제일 높은 테라스에 올라섰을 때, 그들은 '청정한 곳에 발을 들여놓는 데' 필요한 정신 상태에 다다르게 된다.

---

*여기에서도 2장 '원시의 정원, 마법의 정원'에서 말한 바 있는 '성스러운 산' '생명의 물' '세계의 중심'에 관한 신화의 명백한 흔적을 볼 수 있다.
**銃眼胸壁, 적을 공격하기 위해 구멍을 뚫어 놓은, 가슴 높이 정도의 담이나 둑

우르의 난나 지구라트 2100-2050 B.C.

바빌론의 정원

이런 정원은 니네베, 액바다나, 수사, 페르세폴리스, 박트라, 니샤푸르 등에 만들어졌으며, 그 중에서도 바빌론의 것이 유명했다. 당시의 연대기 작자는 세미라미스 여왕이 만든(무엇보다도 이것은 잘못된 것이다) '공중 정원'에 대해 "숨을 쉴 때의 그곳 공기는 다른 곳의 공기보다도 상쾌했고, 불어오는 산들 바람은 산꼭대기에서와 같이 신선했다."고 그 아름다움을 칭찬하고 있다. 거기에 장미, 라일락, 재스민 등이 활짝 피어 있고, 아직 서구에는 알려지지 않았던 앵두, 은행, 석류, 벚나무 등 여러 과실나무가 있었으며, 상록 교목이나 협죽도夾竹桃, 향나무 등의 수목이 종려나 레몬, 오렌지 등과 섞여서 자랐다.

바빌론의 공중 정원 700 B.C.

이 식물은 티그리스 강에서 기계 장비로 끌어올린 물로 길렀다. 정원의 중앙에는 성스러운 나무가 치솟아 있었고, 높고 낮은 메소포타미아 각지에서 방문한 여행자들은 지평선에 있는 시가지가 나타나기 이전에 벌써 그 훌륭한 초록의 나무들이 하늘 높이 펼쳐져 있는 것을 보고 감동했다.

이 낙원을 유지하고 가꾸고 아름답게 정비하는 것은 군주에게 주어진 임무 중의 하나였다. 그 주위를 지키는 수천 근위병의 창칼에 떠받들리며 사제나 현자의 지도를 받는 왕은 국경을 맞대고 있는 여러 나라의 탐욕으로부터 제 나라를 지키는 것뿐만 아니라, 악령의 유혹으로부터 '낙원'을 지키는 일도 사명으로 여기고 있었다. 그 때문에 왕은 높은 테라스까지 물을 끌어올리는 물길을 확보함과 동시에, 성스러운 지구라트가 손상되거나 사라지는

니네베에서 출토된 센나케리브 왕의 궁전 부조. 강을 따라 소나무들이 늘어서 있다. 700-681 B.C.

일이 없도록 감시하지 않으면 안 되었다.

별과 유대를 맺은 정원

이와 같이 페르시아의 정원은 단지 그곳을 산책하는 사람을 즐겁게 해 주기 위해 설계되고 구축된 것이 아니었다. '지상 낙원'이라는 이름 그대로 '하늘과 땅을 맺어 주는 인연'이었고, 따라서 그것을 보호, 관리하는 것은 국가적 사업이었다. 이 인연이 긴밀하고 강할수록 제국은 커지고 번영했으며, 약하면 약할수록 나라에 대한 위협은 증대되었다. 그것은 하늘로부터 멀어지는

〈아파다나 궁〉 515 B.C. 페르세폴리스에 세워진 다리우스 대왕의 궁전으로,
황량한 풍경을 물이 흐르는 천국으로 꾸몄다.

것이었고, 영원한 어둠 속으로 무너져 내리는 위험이 도사리고 있음을 의미했다.

정원의 유지가 중요했던 것은 바로 이런 이유 때문이었고, 상징과 원형을 확실히 구별하여 파악해 둘 필요성도 여기에 있었다. 모든 피조물은 천상에 그에 상응하는 모델이 있어서, 각각의 정원, 지구라트, 도시는 각각 하늘에 있는 하나의 그림 안에 그 위치가 정해져 있는 모델이 있다. 싯파르의 원형은 게자리에 있고, 니네베는 큰곰자리에, 또 아수르는 황소자리에 있었다. 아시리아의 센나케리브 왕은 니네베를 '태고부터 정해진 하늘의 계획을 토대로 하여' 건설하게 했다.* 또 엑바다나에는 동심원을 그리며 둘러선 일곱 성채가 있었는데, 이들은 태양을 도는 일곱 혹성의 궤도를 의미하는 '우주의 색'으로 칠해져 있었다.

이렇듯 페르시아 제국은 성채며 시가지, 지구라트, 낙원과 더불어 늘 어둠의 위협을 받으면서도 별과 유대를 갖고서 그 기나긴 세월을 떠돌았던 것이다.

---

* "야훼는 하늘의 예루살렘을 지상의 예루살렘 훨씬 이전에 건설했다"라는 히브리인의 기술에서도 이 신앙이 반영되어 있음을 볼 수 있다.

6

아랍의 정원

그 다음에 찾아온 이들이 아랍인이다. 이슬람 군단이 아시아 정복에 돌입하여 크테시폰, 수사, 니네베, 바빌론을 점령했을 때(634~674년), 그들은 그곳에 있는 정원을 보고 경탄했다. 물론 그 정원들이 다리우스나 크세르크세스 시대만큼 아름답지 못하다는 것은 분명하다. 페르시아 제국에는 몇몇 단명한 왕조가 띄엄띄엄 탄생했다가 곧바로 망하곤 했다. 그러나 그들이 남긴 정원은 아랍인들이 아직까지 이토록 훌륭한 정원을 보지 못했다고 생각했을 정도로 훌륭했다. 아랍인들은 그 정원들을 자기들의 것으로 만들고, 이미 정복한 옛 도시나 앞으로 새롭게 건설하고자 하는 도시에도 그것과 꼭 닮은 것을 만들기로 했다. 이리하여 아랍인들은 페르시아의 후계자가 되었던 것이다.

페르시아의 후손인 아랍인들

그렇다면 그들은 무엇을 상속받았을까. 우선 정원을 높은 곳에 만드는 습관

마디나트 앗자라. 10세기경 아브드 알 라흐만 3세가 코르도바 근교에 건설한 궁이다.

이었다. 다음에는 정원을 성채로 에워싼 폐쇄 공간이 되게 하는 것이다. 그리고 마지막으로(이것이 가장 중요한 것이지만) 정원을, 그들이 끊으려고 해도 끊을 수 없는 단단한 고삐로 천상의 낙원에 얽어매어 놓고 확실한 행복의 상징이 되게 한 것이다.

그러나 아랍인들이 기존의 형식을 취했다고는 하나, 거기에 크나큰 변화를 더했다. 아랍인들에게는 그들 나름의 낙원 이미지가 있었으며, 그것은 조로아스터 교도들의 그것과는 다른 것이었다. 거기에는 형이상학적인 개념은 그다지 포함되어 있지 않았다. 타락의 문제나 속죄의 관념, 천국과 유사한 개념, 어둠에 대한 빛의 최종적 승리 등의 개념은 중요하지 않았다. 그들이 바랐던 지복은 훨씬 단순한 것이었고, 예언자의 가르침과 오랜 세월 동안 사막을 돌아다닌 혹독한 생활 조건 속에서 퍼 올린 것들이었다.

그들에게 낙원이란 『코란』에 적혀 있는 내용을 충실히 지키는 이들에게 주는 알라 신의 보답이고 장려였다. 그것은 또 참된 신앙에 승리를 안겨 주기 위한 싸움에서 쓰러진 이들에게 신이 내리는 은총이기도 했다.

향락의 정원

아랍인은 전사, 그것도 쾌락을 좋아하는 전사였다. 예언자가 그들에게 약속한 낙원은 그야말로 그들의 욕망에 알맞은 것이었다. 나무 그늘이 있는 정원에서는 맑디맑은 샘이나 냇물이 졸졸졸 흐르는 소리가 들려 왔고, 선택된 사람들은 그곳에서 영원한 젊음을 즐겼다. 그들은 비단으로 된 자리를 깔고 누워, 그칠 줄 모르는 주연을 즐기고, 젊은 사람이나 절세미인의 시중을 받으며 지치지도 않고 피곤함도 모른 채, 오로지 사랑의 기쁨에 탐닉했다.

이 낙원의 이미지가 그토록 강하게 아랍인의 공상을 매혹시켰던 것은, 사막에서 끝없이 긴 여행을 하며 세세손손 이어진 욕망을 붙들어 매어 놓을 곳이 바로 이러한 곳이었기 때문이다. 아랍인에게 낙원이란 사막과는 반대의 모습이어야 했다.

사막의 안티테제

그렇다고 해서 아랍인이 사막을 싫어한다는 것은 아니다. 머나먼 옛날부터 싫증이 나도록 사막의 힘을 꿰뚫어 알고 있는 그들이 거기에 경의를 표하지 않을 리가 없었다. 그들의 대부분은 사막에서 태어났다. 그들이 청춘 시절에 말을 타고 달리며 넓디넓은 공간과 대기를 마음껏 휘젓는 기쁨에 온갖 정열을 쏟은 곳도 바로 사막이었다. 예언자가 신의 말을 들은 곳도 그곳이었고, 대천사 가브리엘이 그에게 『코란』의 시구를 받아쓰게 했던 곳도 그곳이었다. 사막은 그들에게 무한이라는 것을 가르쳤다. 그것은 그들에게 "살아가기 위한 인내, 신의 돌보심 안에서의 평온, 침묵 중의 확신, 숭고하기 때문에 눈에 안 보이는 신이 널리 두루 존재하심에서 오는 평안"을 주었다. 바꿔 말하면 그들 영혼의 크기는 사막이 맡아 짊어지고 있는 셈이었다. 그러나 무섭기까지 한 불모의 땅은 행복의 이미지는 아니었고, 앞으로도 결코 그렇게 되지는 않을 것이다. 사막 생활은 너무나 고단했다. 그들은 사막을 '목이 타는 나라'

인도 무굴 왕국을 창건한 황제 바부르(1526-30 재위)는 가는 곳마다 정원을 조성하고 연회를 열어 아름다운 그곳을 더욱 아름답게 만들었던 자연 애호가였다. 그의 회고록 『바부르나메』의 삽화에는 이슬람 정원의 모습이 잘 묘사되어 있다.

'무서운 나라' '침묵의 나라' '고독의 나라' 그리고 한편으로는 '공포의 나라' 라고 불렀다. 물론 그 불모의 지평선이 정신의 비약을 가로막는 일은 없었거니와, 오히려 도움이 되기도 했다. 그러나 거기에 감각적인 삶이 들어갈 여지는 전혀 없었다. 감각을 억제하고 조이고 아프게 한 결과 그것은 점점 더 격심해져서 드디어는 폭발 직전에까지 다다랐다. 정원이 아랍인의 큰 희망인 행복을 가져오기 위해서는 사막에는 없는 것을 모두 갖추어 놓아야 할 필요가 있었다.

알라의 천국

우선 사막에 전혀 존재하지 않는 것은 그림자다. 이슬람 사상에서 그림자는 물체의 존재가 눈에 보이는 증거로서, 의미가 매우 중요하다. 그림자를 늘어뜨리지 않는 것은 존재하지 않는 것이다. 그 다음엔 신선한 기운이다. 사막은 활활 타는 난로로, 그곳에서는 모든 것이 화염 속에서 타 버린다. 따라서 더위를 피하려면 식물이 많이 필요했다. 갈증을 해결하기 위해서는 풍족한 물이, 고요함과 쓸쓸함을 피하기 위해서는 즐거운 새들의 지저귐이, 그리고 색채, 향기, 시, 음악 등이 없어서는 안 되었다. 물론 조화로운 육체나 매력적인 용모도 있어야 했다. 그곳에서는 모두가 동시에 만족스럽지 않으면 안 되었다. 시각, 청각, 취각, 미각, 촉각, 그리고 몸 전체에 퍼져 있어 아주 미미한 애무에도 전율하는 감각도 물론 예외는 아니었다. 오감의 만족이 동시에 절정에 달하지 않으면 쾌락은 달성되지 않을 것이기 때문이다. 그 때문에 아

『바부르나메』의 삽화

랍의 정원은 쾌락의 정원이었다. 그 폐쇄된 정원은 초록빛이 넘쳤고, 샘과 타일로 장식이 되어 있었으며, 사막을 생각나게 하는 것은 엄격히 배제되었다.

금욕주의, 관능주의

아랍 문화에는 '금욕주의'와 '관능주의'라는 상반된 경향이 병존하는 예가 많다. 사실 이 두 경향이 같은 시기에 존재했던 것은 아니다. 아랍인은 한쪽

성향에서 다른 쪽 성향으로 서서히 옮겨 갔고, 이는 몇 세대에 걸쳐서 이루어졌다. 제1세대는 설교자, 신비주의자, 정복자, 제국의 창립자였다. 그들 중 설교자나 신비주의자들은 유난히 엄격한 비타협주의자들이었다. 그들의 마음에는 아직도 사막의 정신이 깊게 배어 있었기 때문이다. 제2세대는 그들의 조상들이 정복한 것을 관리하고 확보했다. 한편 제3세대는 그곳에 자리잡고 시가지에 살면서 생활을 즐겼다. 그들은 예술가가 되어 감각을 자유로이 발산하며 쾌락과 사치를 즐겼으며, 그러는 가운데 강인함과 이전의 엄격함을 잃어 가고 있었다.

제4세대는 마침내 타락하여 선조에게서 받아 이어 오던 것을 낭비하기에 이르렀다. 그리하여 이것저것이 모두 붕괴된 것이다. 그리고 새로운 왕조가 들어섰다가 생기를 잃어버리면 바뀌었고, 그러면 또다시 이러한 순환이 되풀이되었다.*

14세기 북아프리카의 위대한 역사가 이븐 할둔은 이 과정을 멋지게 글로 써서 남긴 사람인데, 그는 거기에서 신의 의지의 발현을 보고 왕조가 지속하는 평균 햇수를 120년으로 보았다. 한 마디로 아랍인은 정원을 동경하는 사막의 인간이었고, 금욕주의에서 자라고 쾌락주의에서 죽는 인간이었다고 해야 할까. 이러한 순환의 여정은 그들 운명의 일부를 형성하고 있는 것처럼 보이며, 그들 또한 그것을 잘 알고 있다. 여기에서 신에 대한 신뢰와 그 정반대편에 있는 삶의 비극성을 의식하는 그들 특유의 숙명론이 탄생한다. 정원

---

*베두인(Bédouin, Badawi)은 '시작'을 뜻하는 '브드(Bud)'라는 말에서 유래한다. 베두인은 영원히 '시작하는' 인간인 것이다.

의 깊숙한 곳에서 죽음이 그들을 기다리고 있는 것을 예감하면서도, 그들은 거기에 가지 않고는 못 견딘다. 그들은 밤의 불나비처럼 도취 속에서 쾌락으로 치달아 마침내 자신을 태워 버릴 불꽃 속으로 뛰어드는 것이다.

우마이야의 정원

이슬람 군단을 인더스 강에서 과달키비르 강으로 이끌던 정복이 마무리되자 웅장하고 화려한 정원들이 다마스쿠스, 바그다드, 시라즈, 이스파한에 활짝 꽃피게 되었다. 그러나 전형적인 아랍의 정원 양식은 동방이 아니라, 도리어 기후가 온화하고 토지도 비옥하여 정원이 발전하기에 가장 적합한 에스파냐 땅에서 볼 수 있게 되었다. 아랍의 정원 양식은, 아바스 왕조에게 정복당하여 다마스쿠스에서 도망쳐야 했던 우마이야 왕조와 이를 계승한 왕들에 의해 안달루시아로 옮겨 가게 되었다. 그리하여 그라나다의 알람브라와 마디나트 앗자라 왕궁의 정원이 태어났다. 마디나트 앗자라 왕궁의 정원은 코르도바로부터 수천 킬로미터 떨어진 땅에서 아브드 알 라흐만 3세에 의해 운영되었으나, 그라나다의 정원들을 능가하는 웅장함과 화려함을 지닌 것이었다고 일컬어지고 있다. 그러나 '헤네랄리페'의 위대함을 능가하기란 도저히 불가능했을 것이라고 생각된다. 그렇지만 유감스럽게도 이 정원은 남아 있지 않기 때문에, 우리는 구전을 통해 그 대강을 상상하는 것으로 만족할 수밖에 없다.

　　"고전적인 서구의 정원이 널리 바라보기 위해 주위 경치를 모두 그 안에

과실수와 꽃이 가득한, 천국의 모습을 재현한 이슬람 왕궁의 정원. 14세기 세밀화

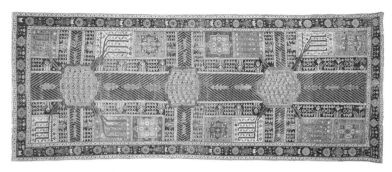
이슬람 정원 양탄자. 18세기 페르시아

포용하고 있었던 것에 비해, 이슬람의 정원에서 가장 중요하게 여겨진 점은 외부로부터 독립하여 밖으로 문을 걸어 잠그는 것"이라고 마시뇽은 말하고 있다. 따라서 그 관심은 주위가 아닌 중심으로 향했다. 이렇게 해서 아랍 정원의 중심을 이루는 요소는 거의 항상 '기분 좋은 신선함과 혼을 빼앗길 정도의 청정함'이라는 행복의 근원적 이미지를 전하는 것, 즉 수반水盤, 분수噴水, 못[池] 등이 되었던 것이다.

그라나다의 아벤세라헤스

우마이야 왕조 다음에는 나스르 왕조와, 창시자인 이스마일 벤 세라헤스의 이름을 딴 아벤세라헤스 왕조가 출현한다. 그러나 이미 절정기는 지나가고 조락과 퇴폐가 시작되고 있었다. 아랍 왕들은 가톨릭 왕들에게 쫓겨 아프리

〈에스파한의 정원〉 17세기 후반 동판화 샤 아바스 1세의 정원 중의 하나인 헤자르 하리브.

카로 도망쳤다. 그라나다에는 보아브딜(그라나다 왕국의 마지막 왕 무하마드 11세)이 바위에 기대어, 이제 다시는 살 수 없게 된 꿈과 환상의 왕궁을 마지막으로 살며시 둘러보았다는 그 바위가 남아 있다. 전하는 말에 따르면, 그가 그때 너무나 비통한 한숨을 쉬었기 때문에, 산들바람이 그 한숨 소리를 지중해 해안까지 메아리치게 했고, '하늘의 낙원을 보기 위해 일부러 죽을 것까지는 없다'는 말이 떠돌 정도로 훌륭했던 정원을 잃어버린 통한의 울부짖음과, 플루트, 비올라의 구슬픈 가락이 밤의 장막을 뚫고 이곳저곳에서 들려와 듣는 사람의 애간장을 온통 녹였다고 한다.

이슬람의 총독들이 떠난 후, 많은 그리스도교 수도원이 나타났다. 수도원은 예언자의 제자들이 만든 정원의 특징, 즉 네모 반듯한 폐쇄된 공간 양식 등을 모방했다. '폐쇄된 정원'이라는 뜻의 호르투스 클라우수스hortus clausus 혹은 클라우스트룸claustrum이 수도원 회랑(프랑스어로 cloître)의 어원이다. 다만 이슬람의 정원은 '사막의 힘'에 맞서 문을 닫고 있었으나, 수도원의 정원은 '세속의 유혹'에 맞서 문을 닫아 놓고 있었다. 그것은 쾌락의 정원이 되기를 마다하고, 명상과 기도의 정원이 되었던 것이다. 이것은 프랑스를 거쳐 서구 전역으로 퍼졌다. 이러한 정원은 엘렌, 산 밋셸 드 구차, 산 베르트랑 드 고망쥬, 산 지루 쥬 갈, 무아사크, 도로네, 그리고 훨씬 더 북쪽의 쥬미에쥬, 산 봔드리유, 그 외에 여기저기에서 볼 수 있을 것이다.

그러나 프랑스의 정원이 여기에서 태어난 것은 아니다. 다만 프랑스의 정원에 종종 작은 아치가 걸린 주랑이 만들어져 있거나, 정원의 중심에 분수나 우물이 놓여 있다면, 그것은 없어지지 않으려고 안간힘을 다하고 있는 아랍 정원에 대한 그리움과 아쉬움을 드러내 보인 것이다.

7
토스카나 정원

14세기 말에서 15세기에 걸쳐 유럽 전체는 환희에 차 있었다. 사람들은 세계를 새로운 시야에서 바라보기 시작했고, 이제껏 보지 못했던 신세계가 그들 앞에 나타난 것 같았다. 먼저 예술 분야에서 여러 생각들이 재검토되고 탐구되고 정리되었다. 세계는 거대한 공사장과 같은 양상을 드러내고 있었다. 무수한 고대 조각이 발굴되었다. 발굴된 것은 조각만이 아니었다. 고대의 주역이던 철학자들도 재검토의 대상이었다. 플라톤, 피타고라스, 아낙사고라스, 디오게네스, 엘레아의 제논 등이 활발하게 논의되었다. 키케로, 세네카, 플리니우스, 오비디우스, 아나크레온 그리고 비트루비우스의 건축서, 히포크라테스나 갈레누스의 의학서를 다시 고쳐 썼다. 마르실리오 피치노, 피코 델라 미란돌라가 그들의 박식으로 존경을 얻게 되는 시대였던 것이다.

르네상스에의 도취

그러나 사람들은 단지 과거를 되돌아보는 것에서 그치지 않고 열심히 미래를 탐구했고, 마침내는 우주의 크기를 측정하고자 했다. 콜럼버스가 신세계를 발견한 것도 그 무렵이고, 마젤란은 세계를 일주하여 지구가 둥글다는 사실을 입증하려 했다. 바스코 다 가마는 인도 항로를 개척하려 했고, 갈릴레이는 지구가 태양의 주위를 회전한다고 주장하여 우주의 기본 구조를 뒤집으려 했다. 모두 것이 새롭고, 생생한 젊음이 되살아난 것 같았다. 이것이 르네상스다.

　　당시 사람들이 탐구나 발견에 열중하던 모습은 오늘날 상상도 못할 정도였다. 예술과 더불어 과학도 진보했다. 과학은 아직 현대와 같은 불유쾌한 양상을 나타내지는 않았다. 아직 젊었고 미소를 머금으며 얼굴에 장미꽃을 장식하고 봄의 한복판을 거닐고 있었다. 한 마디로 말해서 삶의 즐거움이 모든 곳에서 흘러넘치고 있었다.

사랑은 아는 것에서 비롯된다

이 훌륭한 정신 활동이 생겨난 곳은 이탈리아, 그것도 특히 피렌체에서였다. 그 중 가장 완벽한 화신化身이라 할 수 있는 인물은 레오나르도 다 빈치였다. 그는 화가이면서 동시에 건축가, 도시계획가, 물리학자, 해부학자였고, 대포를 만들고, 성채나 운하를 축조하고, 박격포를 제조했다. 그가 자신의 재능

알레산드로 알로리 〈코시모 데 메디
치〉
예술 후원자로도 유명한 토스카나의
대공(1569-74) 코시모는 또한 피티
궁 후면 보볼리 언덕에 매우 드넓은
공간을 두어 코시모 자신이 선조들에
게서 물려받은 또 다른 열정, 즉 유
명한 정원을 설계하는 작업에 깊이
몰두했다.

을 발휘하지 않았던 분야는 거의 없었다. 그러나 그의 정신 활동에 영감을
준 원리로 보이는 말이 그의 노트에 씌어 있다는 것을 아는 사람은 많지 않
다. "모든 것에 대한 사랑은, 그것을 아는 것에서 시작한다." 이것은 동시에
피렌체의 모토이기도 했으리라.

　지식, 그것은 모든 것을 지배하고 모든 것을 이끌며 모든 것을 명확하게
한다. 지식이 응용되지 않는 곳은 아무 곳도 없었다. 그것은 무엇보다도, 복
잡한 자연 현상을 해명하고, 우주의 근본 원리를 푸는 것마저 가능하게 했
다. 그것은 아득한 옛날 인간에게 우수한 힘을 부여했을 뿐 아니라, 인간을
이해로 이끌었고, 그 이해를 통하여 플라톤이 인간 행동의 최고 목적이라고

한 진, 선, 미를 자각하게끔 이끌었던 것이다.

코시모 데 메디치(1389~1464)와 그의 손자인 로렌초(1449~1492)가 피렌체 근교에 이 새로운 이상을 충분히 표현하는 정원을 만들려고 했던 것도 이때였다. 이것은 중국 정원과 같은 도피와 꿈의 정원이 아니며, 또 바빌론의 낙원과 같은 향수와 욕망의 정원도 아니려니와, 아랍 정원과 같은 오아시스와 쾌락의 정원이 될 리도 없었다. 그것은 고대 로마인들의 정원과 같이 그것을 소유한 자의 사회적 지위를 높이기 위한 무대 장치 같은 것도 아니다. 그것은 좀더 고매한 것에 도달하기 위한 노력으로 빚어낸, 인간 정신의 향상을 칭송하는 그런 정원이어야만 했다.

로렌초의 계획

로렌초는 젊은 시절부터 카레지에 있는 빌라의 정원을 산책하는 것을 즐겼다. 그의 집이 피렌체 근교에 있었고, 카레지에는 할아버지 코시모가 수집한 훌륭한 고대 조각품들이 있었기 때문이다. 그는 거기에서 은매화銀梅花와 월계수로 된 가로수 길을 따라 진열되어 있는 비너스, 헤라클레스, 아폴론 등의 조각상을 감상할 수 있었는데, 그것들은 키레네, 사모스, 키프로스 등에서 운반해 온 것들이었다.

이렇게 그는 조각으로 장식된 초록의 정원을 좋아하게 되었고, 자신의 정원을 만들어야겠다는 꿈을 갖게 되었다. 그리고 시간이 지남에 따라 그의 야심은 점점 커졌다. 카레지의 정원이 아무리 아름답다 해도 개인 정원에 불

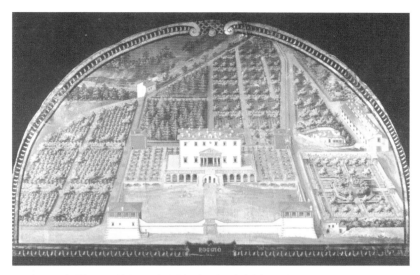

삼면이 포도밭과 정원으로 둘러싸인 포조 아 카이아노의 로렌초 데 메디치의 빌라.

과했고, 수집가의 환상 그 이상은 아니었다. 로렌초는 자기가 만드는 정원이
야말로 서구 대도시로 발돋움하는 피렌체의 자랑이 될 수 있어야 한다고 생
각했다.

　　그는 이 계획이 무르익자 린체이 아카데미에 동의를 구했다. 이 아카데
미는 팔라초 피티에 본거지를 둔 미술가와 사상가의 집단으로, 그들이 목적
하는 바는 플라톤의 이상주의와 그리스도교적인 휴머니즘의 결합에 있었다.
모친의 깊은 신앙심을 이어받은 로렌초는 플라톤의 열렬한 애독자였고, 『파
이드로스』『티마이오스』『크라틸루스』『향연』 등의 저작은 그의 사상에 결정
적인 영향을 주었다. 미와 신성을 나눌 수 없는 것이라고 가르치는 '올림포

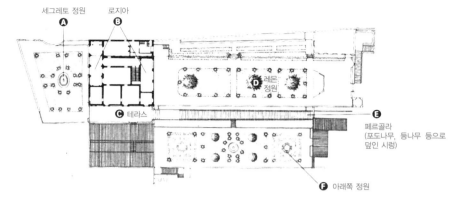

세그레토 정원 　 로지아
Ⓐ 　 Ⓑ

Ⓒ 테라스

Ⓓ 레몬 정원

Ⓔ
페르골라
(포도나무, 등나무 등으로
덮인 시렁)

Ⓕ 아래쪽 정원

미켈로초 디 바르톨로메오가 설계한 메디치 빌라의 평면도. 1455

스' 신앙에 기울어 있던 그는 미의 숭배와 진리의 탐구가 불멸에 도달하기 위한 무엇보다도 확실한 길이라 생각하기에 이르렀다.

준비 조사가 끝나자 로렌초는 당시 예술의 거장들, 즉 레오나르도 다 빈치, 안토니오 다 상갈로, 브라만테, 그리고 아직 젊었으나 이미 〈목신牧神〉이라든가 몇 가지의 데생, 켄타우로스와 라피타이의 전쟁을 묘사한 훌륭한 부조 등으로 그 재능을 인정받고 있던 미켈란젤로에게 그의 계획을 말하고 이를 위해 협조를 당부했다. 이런 작업은 십 년이 넘게 걸리기 마련이다. 거기에는 조각가, 건축가, 석공, 토공이나 대공, 조원가, 수력 기사 등이 많이 필요했는데, 왜냐하면 일찍이 이 세상에 존재하지 않던 정원을 만들기 위해서 로렌초는 아르노 강의 골짜기를 완전히 새롭게 만들어 내는 것이 불가피하다고 생각했기 때문이다.

아르노 강 골짜기에는 작은 하천 넷이 있었다. 먼저 첫 단계로, 이 하천들의 유로를 변경한 뒤, 강변을 따라 난간을 설치하고, 각각 자연의 사계절과 인간 생애의 네 시기를 표현하는 우의적 장식 또는 무기 문양으로 꾸민 개선문 밑으로 이 하천들을 통과하게 한 다음, 네 개의 폭포를 이루면서 다시 아르노에 합류하도록 만든다.

다음에 할 일은, 널찍한 계단으로 연결되는 네 단段으로 된 테라스를 만들기 위해 강 양쪽 비탈을 완만하게 하는 일이다. 이 테라스들은 각각 그 이름이 나타내는 바와 같이 상징적인 의미를 지니게 한다. 말하자면 영웅의 테라스, 철학자의 테라스, 성자의 테라스, 미덕의 테라스로 부르고, 마지막에 있는 제일 높은 미덕의 테라스 위에는 무성한 잎이 하늘 높이 솟아오르는 나무들을 심는다. 그리고 각각의 테라스는 각기 정해진 의미를 밝히기 위해 그 뜻과 잘 어울리는 인물 조각상 등으로 공간을 꾸민다.

이상적인 정원

첫 번째 테라스에는 아주 유명한 고대 영웅들의 조각상을 둔다. 아킬레우스, 파트로클로스, 아이아스, 테세우스, 페리클레스, 알렉산드로스 대왕, 엔니우스, 로물루스, 스키피오 아프리카누스, 카이사르 등.

두 번째 테라스에는 그리스와 로마의 뛰어난 사상가들의 조각상을 세운다. 피타고라스, 헤라클레이토스, 소크라테스, 플라톤, 아리스토텔레스, 디오게네스, 에피쿠로스, 마르쿠스 아우렐리우스 등.

세 번째 테라스에는 그리스도교에서 무엇보다도 숭배해야 할 성인들 상을 볼 수 있게 해 놓는다. 성 베드로, 성 바울로, 성 요한, 성 아타나시우스, 성 히에로니무스, 성 라우렌티우스, 성 아우구스티누스, 성 베네딕투스, 성 그레고리우스 등.

마지막 제일 높은 네 번째의 테라스에는 가장 기본적인 네 가지 덕인 힘, 절제, 신중, 정의를 나타내는 우의적 조각을 놓기로 되어 있었으나, 로렌초는 여기에 다시 강인함, 용기, 명예를 추가했다. 여기에서 주목해야 할 것은 이 최후의 테라스에는 초상이 없고, 다만 '우의적인' 것들만이 놓이게 된다는 점 이다. 그렇게 하는 것은, 이 높이에까지 이르게 되면 삶은 개개의 성격을 잃 고 다만 상징으로밖에 포착되지 않기 때문이다.

테라스로 올라가는 것은 완전해지는 것이다

지금까지 여러 이야기를 했으나 이것은 아직 머리말에 불과하다. 겨우 정원 의 외관밖에는 설명하지 못했기 때문이다. 그렇지만 정원의 외관은, 실은 거 기에서 펼쳐질 활동이나 행사보다는 중요하지 않다. 즉 각각의 테라스는 각 기 특정 활동을 할 수 있도록 하는 데에 중점을 두고 나름대로 구상되었고, 그 활동들을 점차 심도 있게 함에 따라 인간이 '완전'에 도달할 수 있도록 계 획되었던 것이다.

레오나르도 다 빈치의 말처럼 "모든 사랑은 그것을 알게 되면서 생겨나 므로", 각각의 테라스는 그곳에 발을 들여놓는 사람이 지적 능력이나 도의적 능력을 최대한 발휘할 수 있도록 꾸며진다. 그 모든 것이 잔디로 덮여 있고,

20세기에 복원한 메디치 빌라의 레몬 정원

거기에 식탁이 놓여 있다. 식탁에는 꽃으로 장식된 식탁보 위에 맛있는 음식
이나 과일을 풍성하게 담은 바구니와, 차디찬 음료가 들어 있는 은제 물병이
가지런히 있다. 이 지붕 없는 드넓은 공간의 양끝 연단에는 덩굴장미가 뒤엉
켜 있는 경쾌한 덩굴 시렁이 걸려 있다. 이 연단에는 플루트, 레벡, 테오르
보, 비올라를 연주하는 악단이 자리를 잡고 웅장한 음악과 감미로운 음악을
번갈아 가며 연주할 참이다. 이 테라스에서 로렌초에게 초대받은 손님들은
음악 중간중간에 능란한 화술을 구사하며 즐기는 사교의 장으로 이끌려진
다.

첫 번째 테라스를 장식하는 대화의 주제는 고대의 영웅이 보여 준 용맹성이다. 사람들은 호메로스와 베르길리우스, 티투스 플라비우스, 혹은 플루타르코스 등과 더불어 아킬레우스의 혈기나 엔니우스의 깊은 신심, 헥토르의 넓은 마음과 스키피오의 강인성에 대해서 이야기할 것이다. 한편 그러한 대화에 이어서 이 위인들의 생애가 보여 주는 깊은 의의에 대해, 또는 페리클레스와 알렉산드로스 대왕 같은 사람이 되고자 하는 젊은이들에게 교훈을 주기 위해서는 어떻게 해야 하는가에 대해 긴 이야기가 시작될 것임이 틀림없다.

두 번째 테라스에서는 위대한 철학자들이 사람들에게 도의에 대한 규율을 주기 위해 탐구한 여러 학설이 논의된다. 사람들은 아리스토텔레스의 『에티카』, 에픽테토스의 『제요提要』, 마르쿠스 아우렐리우스의 『명상록』, 플라톤의 『대화편』 등을 비교하며 토론할 것이다.

각각의 테라스에는 각기 고유한 높이가 있고, 그 높이는 사색의 단계에 대응한다. 위로 올라가면 올라갈수록 단계는 높아진다. 이렇게 해서 가장 높은 미덕의 테라스까지 올라가게 되는데, 거기에는 지식과 작품에서 다른 사람을 능가할 정도의 수준 높은 학자나 예술가 이외에는 발을 들여놓지 못한다. 거기에 도달한 자에게는 시市의 평의회가 최고의 영예를 주게 되어 있었다. 르네상스 시기의 사람들에게는 이 세상에 뛰어난 지식이나 아름다움을 더하는 일 이상으로 영예롭고 불멸의 이름에 걸맞는 것도 없었기 때문이다. 이렇게 하여 피렌체는 참으로 새로운 '아테네'가 되려 했던 것이다.

실현하지 못한 거대한 임무

이러한 정원의 건설은 그것을 구상한 인물을 불멸의 존재로 만들 정도의 큰 사업이었다. 공사는 시작되었으나 순조롭게 진척되지는 않았다. 1492년 로렌초의 죽음으로 공사는 돌연 중단되었고, 그 후로 계속된 긴 혼란으로 공사는 재개되지 못했다. 그가 사망한 후 피렌체에는 그만큼 실력을 갖춘 군주도 없었고, 이 일을 실현시킬 만한 대공도 없었다. 플라토니즘이 추구하는 이상 理想의 명확한 이미지를 사람들에게 드러내 보이려던 정원은 미완성으로 남게 되었다. 겨우 모습을 보이기 시작했던 기둥들은, 1529년 교황 클레멘스 7세가 이끄는 군대가 공격을 받을 즈음, 피렌체 공화국의 방어진지 건설 책임을 맡았던 미켈란젤로에 의해 파괴당한 후로, 두 번 다시 재건되지 않았다. 이 정원을 위해 마련해 둔 토지가 점차 확대되어 가는 도시에 흡수되고 말았던 것이다.

메디치 가家의 재능으로 생겨난 이 훌륭한 계획은 이제 다갈색으로 얼룩져 있는 몇 장의 데생으로밖에 남아 있지 않게 되었고, 시 청사 깊숙이 파묻혀 있었다. 내가 마지막으로 그 기록을 본 것은 1927년의 일이다. 그 존재와 재미를 나에게 가르쳐 준 이는 단눈치오였다. 그 후 이 도면은 제2차 세계대전의 혼란기에 휩싸여 지금은 흔적조차 없어져 버렸다.

8
지옥의 정원, '보마르초'

마침내 올 것이 왔다. 정원이 천국의 이미지를 고스란히 재현하기를 바란 나머지, 이번에는 지옥을 떠올리게 하는 정원이 나타난다. 그것은 1530년경, 비치노 오르시니 공公의 생각을 토대로 비테르보 근교의 보마르초에 만들어진 정원이다. 그러나 형태도 평면도 질서도 조망도 없는 이 괴기한 것들의 퇴적을 과연 '정원'이라고 부를 수 있을까. 절대로 아니다.

그럼 왜 그것에 그토록 부담감을 느끼는가. 왜냐하면 놀라움이라기보다는 공포심을 가지고 바라보게 할 뿐 아니라, 눈이 얼어붙어 버릴 것만 같은 터무니없는 조각품 무더기가 우리에게 많은 것을 가르쳐 주기 때문이다. 그것은 우선 인간성의 어두운 부분을 보여 주고 있다. 그것은 또한, 분명히 미치광이의 환상에서 탄생한 것인데도 결코 고립된 현상은 아니다. 그것은 16세기 중부 이탈리아에서 먼저 나타났고 이어서 차례로 유럽으로 퍼져 나간 정신적 경향을 반영한 것이었다.

"인간이 갖고 있는 최고의 힘은 무엇이냐?"며 어떤 사람이 병상에 누워

보마르초 정원의 지옥의 가면.

있는 죽음 직전의 마르실리오 피치노에게 물었다. 이 대학자는 "그것은 하나
를 다른 것으로 변화시키는 능력이다."라고 대답했다.

바로크 시대의 고뇌

당시에 모양새를 갖추기 시작하던 화학을 비롯한 모든 학문이 인류에게 어
떤 것을 다른 것으로 변화시키는 능력을 가져다 줄 것으로 생각되었다. 그러
나 이러한 변화시키는 능력이 인류를 구제하는 데 늘 도움이 되는 것은 아니

었다. 오히려 그 반대의 상황이 연출되기도 했다. 르네상스 초기의 사람들은 발명과 발견에 도취되어 세상을 지나치게 낙관했다. 물론 그들은 미美와 선善을 목적으로 하는 조화로운 세계가 있다고 확신하고 있었다. 그런데 그 다음 세대는 상상하지도 못했던 심연의 입구가 눈앞에서 크게 입을 벌리고 있는 것을 보았다. 그들은 그때까지 알려지지 않았던 고민, 초조함, 공포심, 절망감 등을 발견하고 망연자실했다. 정치는 매우 혼란스러웠고 희망은 공허감으로 바뀌었다. 열정은 열병으로 변하고 도취는 현기증을 남길 뿐이었다. 그러다 보니 사람들은 각기 스스로의 껍질 속에 틀어 박혀 자신 속에 강박관념을 기르기 시작했고, 드디어는 마음 속에 있는 악마의 고삐를 놓아주기에 이르렀다. 이렇게 되자 사람들은 인간도 자연도 이미 '안식'을 취할 수 없게 되었음을 깨달았다.

바로크 시대의 인간에 대해 이야기하자면 몇 권이나 되는 책을 써야겠지만(실제로 쓴 사람이 있다) 사람들은 오랫동안 이 '바로크baroque'라는 형용사를 '모습의 변화'라거나 '터무니없음'과 같은 말의 동의어로밖에 보지 않았다. 그러나 그렇게 하면 15세기에서 16세기에 걸쳐 일어난 변화를 격하하는 것이 된다. 바로크 시대의 사람들은 앞선 시대의 사람들과는 근본적으로 달랐다. 이 시대에 자신의 가능성을 최대한 발휘할 수 있는 사람은, 이미 다방면에서 탁월한 능력을 선보인 사람, 즉 레오나르도 다 빈치가 아니었다. 철저한 페시미즘, 괴로운 실리주의, 국시의 냉혹한 고양자인 마키아벨리였다. 16세기의 인간은 그리스도교적 휴머니즘과 고대의 이상주의가 결렬됨으로 인해 타격을 입고 산산조각이 나 버린 개인이었다. 사람들은 이 잃어버린 정신의 통합을 찾으려 했으며, 그 통합이 결여된 것을 '반신半神' 또는 정복자의 모습을 통해 가리고 숨겼다. 그래서 괴물을 쓰러뜨린 헤라클레스의 존재가 중요시되었고, 그 조각상이 왕궁의 천장이나 공원의 분수에 종종 나타나게 된 것이다. 뿐만 아니라 그들은 아직 발견되지 않은 것, 즉 직관적으로만 감지되는 인력에 마음이 기울어진 세계에 살았다. 기둥이나 문, 천사나 사도, 별이나 태양 등이 결코 끝나지 않을 소용돌이에 휘말리게 된 것이다. 벽걸이 장식마저 그 당당한 구조에도 불구하고 마치 심연에서 뿜어져 나오는 바람에 휘말려 올라오는 것처럼 보였다. 사람들은 이미 상상과 현실 사이에 경계가 없는, 현실마저도 의심스러운 국면에 살고 있는 듯한 인상을 갖게 되었다. 그런 상황에서, 이 시대를 무엇보다도 잘 대표하는 것은 극에 등장하는 인물, 즉 리어왕, 맥베스 부인, 오필리어, 돈 후안 등이다. 칼데론이 "인생은 꿈에 지나지 않는다."고 한탄한 시대, 햄릿이 "죽느냐 사느냐."라고 중얼거린 시대, 돈 키호테가 "광기의 세계에 발을 들여놓을 때까지는 마음이 놓이지 않는다."고 실토한 시대가 바로 이 때였다. 파스칼이 신음한 것도 머지않아서의 일이다. "나는 누가 나를 이 세상에 태어나게 해 주었는지, 이 세계는 무엇인지, 나 자신이 무엇인지도 모른다. 나는 모든 것에 대해 전혀 무지하다." '선악의 권역 밖으로' 쫓겨나 심연 곁에 있다는 강박관념에 사로잡혀 혼란에 빠진 파스칼에게 우주는 처음으로 비극적인 양상을 드러냈다. 그는 벌써 공포심 없

미켈란젤로 부오나로티 〈론다니니의 피에타〉 1552-64 대리석 195cm 카스텔로 스포르체스코 미술관, 밀라노

피라네시 〈다리로 이루어진 탑,
상상 속의 감옥 중에서〉 1760—61
에칭 55.2x41.6cm 메트로폴리탄
미술관, 뉴욕

이는 그것을 볼 수 없었던 것이다.

　　사실 이 공포감은 사보나롤라의 설교나 미켈란젤로의 만년 작품, 즉 보볼리 정원 동굴의 〈사로잡힌 노예들〉이라든가 〈론다니니의 피에타〉 또는 〈팔레스티나의 피에타〉에 이미 스며들어 있었다. 데시데리오의 묵시록적 광경이나 피라네시의 환상의 감옥에서 이러한 고민이 정점에 달하기 전에, 폰토르모나 베카푸미와 같은 미켈란젤로의 후계자들 또한 그 정도를 강화하고 있었다. 그리하여 이 시대 예술가들은 너무나도 정체된 이전 세기의 규범을 과감히 끊어 버리려 했다. 그 순간 플라토니즘적 사랑의 사상과 그리스도교적 윤리의 원칙은 완전히 붕괴되어 버렸다. 그래서 이 시대의 예술가들 가운데 어떤 사람은 그 시대적 가치관이 모두 뿌리째 뒤집혀 버린 것으로 생각한 나머지, 이전에 뛰어난 매력으로 여겨지던 것만으로는 불러일으킬 수 없는 어떤 '신선한 전율'을 인간의 마음 깊숙한 곳에서 추구하기 시작했다. '보마르초'의 괴물들이 표현하고 있는 것은 바로 그런 것들이고, 현대의 비평가들이 이것을 극히 '현대적'인 것으로 보는 것 역시 그 때문이다. 비평가들은 거기에서 현대적인 고민의 전조를 본다. 오늘날 이곳을 방문한 사람들은 그 괴물들이 표현하고 있는 너무나도 이상한 모습들을 보며 멍해질 수밖에 없다.

1525년경, 비치노 공은 비테르보에 있는 오르시니 가 소유의 낡은 성채에서 수 킬로미터 떨어진 땅, 그곳에 솟아 있는 황폐한 언덕 위에 거대한 궁전을 세우려고 마음먹었다. 그 계획을 총괄한 사람은 누구일까. 비뇰라일까, 바르톨로메오 암만나티일까, 그렇지 않으면 추카리 형제의 라이벌 누구일까? 그것을 확실히 아는 사람은 아무도 없다. 그러나 보마르초의 작은 시골, 이 고대의 폴리마르티움polimartium에는 현재 마을 사무소로 사용하고 있는 방 사백 개짜리의 건물이 지금도 남아 있다. 물론 마을 사무소로 쓰고 있는 방은 일부일 뿐이다. 나머지는 엘도리아의 묘와 같이 공허해서 이 거대한 건물과 작은 마을을 견주어 보면 어쩐지 어울리지 않게 뒤죽박죽인 느낌이다. 이 대비 하나만으로도 이미 떨떠름한 무언가가 존재하고 있다.

장식이 된 시체

여하튼 '정원'으로 향하려면 먼저 이 건물을 지나야만 하는데, 앞으로 보게 될 것들을 예고해 주는 전시물이 이 건물 안에 있다. 그것은 인체의 '미라'인데, 그가 입고 있는 옷은 확실치 않고, 생전에 남자였는지 여자였는지도 알수 없다. 풀어헤친 긴 벨벳 옷을 입고 있으며, 금색의 술이 장식으로 달려 있는 쿠션에 팔꿈치를 고이고, 가슴을 지탱하고 있는 오른팔의 손은 바닷게의 집게다리같이 단단하고 깡말라 있다. 마른 두개골인지 얼굴인지 분간이 안되는 부분은 상어의 턱처럼 보이는 송곳니를 드러내며 살짝 웃음을 띠고 있다. 17세기 말의 이 인물은 골짜기 여기저기에 흩어져 있는 조각보다 확실히 새롭다. 그러나 남잔지 여잔지, 두개골인지 얼굴인지 어떻든 간에, 꽃과 리본으로 장식된 이 사자死者는, 밖에서 우리를 기다리게 하고 환각적인 구경거리를 만들어 놓은 사람의 생각을 엿볼 수 있게 한다.

괴물들의 시

이 광경을 어떻게 묘사하면 좋을까. 이보다 더 잘 쓰기 어렵다는 생각이 들정도로 훌륭하게 묘사해 놓은 피에르 드 망디아르그의 글을 음미해 보자.*

---

*André Pieyre de Mandiargues, Les monstres de bomarzo, Éditions Bernard Grasset, Paris, 1957.

보마르초 정원의 신전

당신들은 작은 시내 바닥에 걸려 있는 낡은 다리를 건너 천천히 계곡의 반대쪽 언덕을 오른다. 잠시 후 떡갈나무와 은매화가 무성하게 자라나 있는 곳 사이로 커다란 회색의 '실루엣'이 보이기 시작하는데, 보는 사람의 호기심을 자극하듯, 가까워져 가면서 보였다 숨었다 한다. 그것은 만든 사람의 계산에 따른 것으로 보이는데, 마치 큰 홍수 앞에 있는 가축의 무리와 같다. 이렇게 말해도 그 인상이 얼마나 정확한 것인지 당신들은 알지 못할 것이다. 이렇게 해서 고대풍의 작은 신전이 나타나는데, 그것이 만일 당신들이 보러 온 변덕스러운 유적 가운데 최초의 것이 아니었다면 도저히 마음에 담아 둘 수 없을 정도다.

나무 뿌리가 뻗어 나가며 석재를 들쑤시고 있다. 잡초가 억세게 자라고, 쐐기풀과 가시나무가 돌 속으로 파고 들어간다. 건물의 기초는 식물 속에 파묻혀 있으며, 기둥은 있지만 벽이 없는 아름다운 복도는 난파선의 돛대처럼 기울어져 있다. 아마도 비뇰라가 피에르 프란체스코 공의 부탁을 받고 이 도면을 그렸을 것이다. 프란체스코는 그의 첫 번째 아내, 즉 갈레아스 파르네세의 딸이며 보르자 가문 출신 교황인 알렉산데르 6세의 정부情婦였다고 일컬어지는 유명한 미녀 줄리아를 추억하며 이 건물을 세우게 했다.

머리 셋 달린 케르베로스와 길잃은 거인

보마르초 정원의 케르베로스

아래쪽에, 가시나무가 우거져 있어 그 비탈진 곳을 내려갈 이유는 없으나, 바위가 높이 튀어나온 곳에 지옥문을 지킨다고 알려진 개 케르베로스의 목이 세 개 보인다. (이것을 마음에 담아 두지 않으면 안 된다.) 그 목은 큰 도마뱀 또는 태곳적의 파충류 같아서 세이렌*의 입이 세 개 벌어져 있는 것 같기도 하다. (이것들이 일제히 짖을 때의 소리를 상상하면 소름이 오싹 돋아 난다.)

신전과 케르베로스를 지나 조금 아래쪽, 그러니까 계곡 안쪽 깊은 곳으로 들어서면, 보들레르의 〈거녀巨女〉도 이랬을까 생각될 정도로, 용설란의 받침 화분을 엄숙히 머리에 올려놓은 조각상이 나타난다. 주변에 지켜보고 있는 사람이 아무도 없으므로 당신들은 신을 벗고 (맨발이 되면 기분이 좋은데다 돌로 된 가슴 위를 기어오르기에는 그 편이 좋으니까) 서서히 그녀의 풍만한 육체 위를 거닐며, 그녀의 거대한 무릎 경사면에 찰싹 달라붙어 다닐 수 있다.

거대한 님프의 조각상이 바위에 기대고 있으나, 그곳에는 그녀가 먹다

*그리스 신화에 나오는 반인반조半人半鳥의 바다 요정

보마르초 정원의 거녀(巨女) 케레스

남긴 그녀의 연인인지 아니면 벗인지 알 수 없는 잔해들, 그리고 사람의 신
체 조각이 새겨져 있다. 조잡하게 깎아 만든 볼록한 부조지만, 곁으로 바짝
다가서 보면, 그 잔혹한 에로티시즘에 전율마저 느끼게 된다. 이런 형상들은
이탈리아의 정원에서는 별로 눈에 띄지 않는 것이지만, 보마르초에서는 어
디에나 존재한다. 하반신의 한쪽은 사람 다리이고, 다른 쪽은 뱀 또는 물고
기의 꼬리 형상을 하고 있는 젊은 사람들이 서로 뒤엉켜서 잡아당기고 찢어
발기고 한다. 기묘한 모습의 나비 날개를 단 인어 두 마리가 희생될 소녀를
붙잡고 있는데, 그녀의 머리는 밑으로 축 처져 있고 그 머리카락은 길게 늘
어져 있으며, 그 가랑이는 인어들의 탐욕스런 입 쪽에 다가가 있는 자세를

취하고 있다. 주변에는 일찍이 〈거녀〉에 속해 있었음직한 훌륭한 항아리들이 있는데, 몇 개를 제외하고는 모두 뒤집혀 있다. 그것들은 도토리 모양을 하고 있으나 도토리라고 하기에는 너무나 커서 한 개의 무게가 몇 톤이나 되는 것도 있다.

그곳에서 몇 발자국 떨어져 있는 언덕의 비탈진 곳 테라스에는 일부러 비스듬히 세운 건물이 기울어질 대로 기울어져 있어 지금이라도 쓰러질 듯하다. 또 거기에는 돌의 '성城'을 등에 짊어진 한 마리의 코끼리와 사람을 잡아먹고 있는 거대한 귀신 형상의 얼굴이 있고, 거기에 우거진 가시나무는 연극에 나온 것 같은 무서운 수염 형상을 하고 있다. 땅에 스칠 듯 말 듯한 그 목[首]은 기울어져 있는 건물보다도 크다. 입은 매우 크게 벌어져 있어 머리를 조금 숙이기만 하면 얄밉게 생긴 괴짜 이빨 사이를 빠져나갈 수 있게 된다. 입 안에 있는 혓바닥 광장에는 자연의 바위를 조각하여 만든 벤치가 있고, 거기에 걸터앉으면 테이블을 바라볼 수 있다. 이 커다란 입보다 조금 낮은 곳에 있는 코끼리는 한 사람의 병사를 코로 포박하여 가슴을 짓누르고 있으며, 또 한 사람은 머리 위에 올려놓았다. 이 코끼리는 고대 전쟁 때 쓰이던 것과 똑같은 장구로 치장하고 있는데, 큰 귀는 마치 방패와 같다.

그 밖에도 많은 조각이 있으나 그것들은 많든 적든 가시나무와 관목에 가려 숨어 있다. 그것들을 더욱 잘 바라보기 위해서는 가시나무를 제거해야 하지만, 그렇게 하면 마음에 와 닿는 특별한 느낌이 반감되어 버릴 것이 틀림없다. 이 난잡함 속에 '짐승이라고 말할 수밖에 없는 우직스럽고 묵직한

보마르초 정원의 비스듬히 세워진 건물

모습을 하고 있는' 둥근 얼굴을 한 제2의 '거녀' 가 보인다.

　　조금 떨어진 곳에는 하천의 신인지 '넵투누스*' 인지, 짐승처럼 긴 턱수
염을 하고 있는 노인이 배 언저리까지 잡초에 파묻혀 있다. 더 저쪽에는 우
의적인 모습의 용이 있는데, 문장紋章이 박힌 날개가 있고, 격렬한 기세로 달
려드는 암수의 사자와 싸우고 있다.

　　다시 또 작은 길을 따라 내려가면 몇 개의 스핑크스가 웅크리고 있다.

보마르초 정원의 코끼리

그 중 한 마리는 받침대에서 떨어져 있다. … 기울어진 건물 밑을 통과하자 여기저기 돌 틈에서 새어 나온 물이 식물을 담뿍 적시고 있는 장소가 나오는데, 그곳에는 벽에 수많은 음란한 그림과 도안들이 조각되어 있는 동굴이 있다. 또한 사람의 키보다도 더 큰 님프가 있는데, 이것도 수도관이 작동하고 있었다면 그 가랑이 사이에 있는 열린 구멍에서 기세 좋게 물을 내뿜고 있었으리라. 절반 이상 파손되지 않았다면 똑같은 역할을 하고 있었을 것들이 다른 곳에도 있다. 등나무가 땅에 닿을 듯 밑으로 늘어져 있기 때문에 그 기괴하게 생긴 조각상에 다가가기 위해서는 물기 있는 등나무 줄기 사이를 뚫고 들어가지 않으면 안 되었다.

보마르초 정원의 넵투누스

　잡목림 안쪽에는 솟아오른 물이 고여 있었고, 그 밑바닥에는 큰 거북 한 마리가 도사리고 있었다. 그것은 참으로 거대해서 제법 키가 큰 사람이 그 괴물의 턱 안으로 들어간다 해도 어려움이 없을 정도이다. … 거북의 등 위에는 기묘한 받침대가 있고, 그 위에는 둥근 물체 하나가 있으며, 그 위에는 위태위태하게 균형을 잡고 서서 트럼펫을 불고 있는 '님프' 혹은 '명성名聲의 여신'이 있다."

　수도관의 뒤쪽을 보면, 옛날에는 트럼펫이 거기에 장치되어 있어 물을 내뿜을 때마다 지옥과 같은 공포의 음악을 연주했을 거라는 느낌을 갖게 한다.

잔인한 헤라클레스

그러나 더 놀랍고, 마음에서 좀처럼 떠나지 않는 것은 지금까지 이야기해 온 것들 뒤쪽에, 조금 떨어진 곳에 있다. 몸에 감겨 오는 가시풀들을 휘저어 가면서 그곳까지 가기란 쉬운 일이 아니다. 거기에는 "몸이 거의 나무에 가려 숨겨진, 키가 8~9 미터나 되는 놀랍게 큰 거인이 서 있다. 분명 이것은 헤라클레스일 것이다. 그는 자신과 엇비슷하게 키가 큰 젊은이의 발을 붙잡고 거꾸로 매달아 그 가랑이를 잡고 찢으려 하고 있다. 희생자의 성별은 잘 모르겠으나 젊은 사람 같아 보이고, 위에서 내려다볼 때 젊은 처녀라는 생각이

보마르초 정원의 거북이

든다. 여하튼 헤라클레스의 얼굴은 다시없는 침울한 아름다움을 띠고 있으며, 잔혹한 수성獸性이 끓어오르는 몸짓으로 인해 보는 사람으로 하여금 눈을 감을 수밖에 없게 한다. 때때로 사람들을 사로잡는 감각이나 어떤 종류의 정신착란, '패닉panic'이라는 언어가 참으로 잘 어울리는 이 착란을 만일 구체적으로 표현하려 한다면 어떻게 하는 것이 좋을까. 그것은 에트루리아의

보마르초 정원의 헤라클레스

산들과 지중해의 해변 사이에 끼여 있는 이곳, 매미와 귀뚜라미의 울음소리에 갇혀 있는 쓸쓸한 땅, 초록의 나무들에 뒤덮인 채 고요히 서 있는 자연석, 그 자연석에 새겨진 이 조각상, 이 조각상만큼 그것을 잘 어울리게 표현해 주는 것이 또 어디 있으랴… 보마르초의 괴물은 그 무분별한 착란 때문에 관능적이고 무책임하며, 광기의 신처럼 초인적이다."

무분별한 쾌락

눈에 안 보이는 남자에게 당하고 있는 것 같은, 있을 수 없는 모습으로 이끼에 뒤덮여 옆으로 누워 있는 님프에 관해서는 무엇을 더 덧붙여 말할 수 있으랴. 분명 이와 같은 고독한 장소는 종교적 신성함에 잠긴 성녀에게나 어울릴 법한데, 이 조각상은 지상의 쾌락을 표현하고 있다. 그러나 이것은 또한 히스테리 징후를 보이고 있는 것이기도 하다. 이제는 목이 잘려 나간 하르푸이아라든가, 거인병에 걸린 샴 쌍둥이 같은, 머리가 달라붙은 두 아이에 대해 말해야 할 것만 같다.

작은 숲을 벗어난 곳에서 뒷발로 서 있는 두 마리의 곰을 보았다. 이 곰들은 가슴에 장미 문장을 받들고 있다. 이것은 곰을 의미하는 오르시니 가문의 가명을 토대로 한 것이다. 그들은 이 지옥의 계곡을 떠나려고 하는 당신들에게 조소를 보내면서 님프나 거인, 거북이나 코끼리의 갈등, 위엄 있는 얼굴, 광기 어린 눈, 부러진 코, 그림으로도 표현할 길이 없을 정도로 훌륭히 균형 잡힌 유방, 발톱, 뿔, 콧대, 결합되어 있는 남녀의 성기와 음란하게 묘사된 성기들, 이런 것들을 나뭇잎들 사이에서 보여 주는 무성한 숲이 당신들에게 어떤 생각을 품게 했는지 알고 싶어하는 것 같다.

과연 이 괴물들의 군상을 생각해 내고, 또 묘사하고, 조각한 사람은 도대체 누구란 말인가. 한때 이것은 레판토 싸움에서 포로가 되어, 오르시니 가문에서 종살이를 한 터키 노예들의 작품이라고 여겨졌다. 조각 안에 동양적인 것이 있기 때문이다. 그러나 잘 조사해 보면 이 추측이 잘못된 것임을 알 수 있다. 시기가 맞지 않는다. 괴물들은 늦어도 1540년경의 것인 듯한데,

레판토 해전은 1571년의 일이다. 거기에다가 동양인이 이토록 생생하게, 또 이토록 즐거움과는 거리가 먼 성적 광란의 자태를 만들 수 있었을까? 있을 수 없는 일이다. 그렇다면 이 작품을 미친 자의 발작이나 자연의 경련으로 돌려야 한단 말인가.

곰팡이와 공포의 왕국

오늘날 이 정원은 완전히 황폐 속에 내맡겨져 있다. 마을 아이들이 석궁 놀이를 하고 쏘다니면서 조각의 코, 손, 성기, 머리털 등에 돌을 마구 던지며 부수고 있을 뿐이다. 계곡 전체가 자라난 초목으로 뒤덮여 있는데도 방치되고 있다. 그렇다고 해서 초목들이 부드럽고 싱싱한 초목이냐 하면 그렇지도 않다. 그것들은 너무나도 시들어, 무슨 저주를 받고 있는 것이 아닌가 하는 생각이 들 정도다. 잡목, 잡초, 버섯류, 가시나무 같은 것밖에 없다. 곰팡이나 녹슨 빛깔의 이끼만이 용감한 기세로 뻗어나고 퍼지면서 조각상에 덤벼들어 그것을 탐스럽게 먹어 치우고 있다.

이곳은 때때로 지진이 내습하여, 그 피해를 입을 가능성이 아주 높다. 이곳은 건축가에 의해 계산된 공간, 호화스런 관저, 그리고 그 주위에 심은 식물이나 기하학적으로 배치한 조각 등이 어우러진 이탈리아식 정원과는 전혀 무관하다. 피에르 드 망디아르그는 이 점을 강조했다.

또한 이 장소는 사람들에게 교태를 부리는 곳이 아니다. 그 점은 가는 곳마다 바위에 새겨진 비명을 보더라도 명백히 알 수 있다. 여행객이 경이로움을 찾아 보마르초의 계곡, 작은 숲 속을 뚫고 들어가 맛볼 수 있는 것은 경악과 망연자실함뿐이다. 흘러간 몇 세기의 세월은 그 문자를 판독하기 어렵게 만들건만, 그 약속만은 변치 않고 지켜지는 것 같다.

존재를 확인시켜 주는 예외

무엇보다 놀라움을 주는 것은 괴물의 견본을 늘어놓은 것 같은 지리멸렬이다. 거기에는 서로간에 아무런 연계도 없다. 놓여진 장소, 크기, 주제, 양식 등 그 어느 것도 아무런 연계가 없다. 아무 이유도 없이, 다만 악몽과도 같이, 그것이 차례로 불쑥불쑥 솟아오르고 있다. 유일한 공통점은 다른 곳에서 볼 수 없는 거대함이다.

　실제로 이 작은 계곡은 정원이라 할 수 없다. 이것은 자연을 고양하기보다는 모방하고자 했던 영국식 정원과도 전혀 다르다. 보마르초는 행복이 아니고, 삶에 대한 공포를 표현하려고 한다. 그것은 놀라움에서 혐오에 이르기까지 여러 가지 차원에서 충격을 준다. 이 폐허는 자멸에 이르게 될 때까지 성적 광란에 빠진 미치광이의 '단편적 착란'이 빚어낸 작품이다.

　오늘날 이 작은 계곡을 아는 사람도 적고 이곳을 방문하는 사람은 더욱 적다. 사람들 중에는 이곳을 정비하길 바라는 이도 있으나 그렇게 되면 본래의 의미가 없어진다. 가시나무와 잡초, 심연으로 떨어질 듯한 기울어진 건물, 거인을 뒤덮고 있는 풀숲에 소리 없이 파고드는 끈적끈적한 뱀, 신음인

듯 소리를 내며 불어닥친 바람에 밀려 님프의 다리 위를 뒹구는 낙엽, 이런 것들과 더불어 황량한 현실에 내맡겨진 그 모습을 보지 않으면 안 된다.

세계에서 이곳에 비견할 만한 장소가 또 없는 만큼, 이곳은 한번 볼 만하다. 눈을 현혹시키는, 터무니없이 미쳐 있는 유일한 예외의 곳이기 때문이다.

그러면서도 이곳은 질서가 있는 곳의 존재를 확인시켜 주는 예외의 장소다. 인류가 그 환영에서 해방될 수 있는 것은 암흑 속으로 발을 들여놓았기 때문이 아니다. 예컨대 지옥으로 가는 길이 천국으로 가는 것보다 쉽다고 해도 인간이 행복을 보는 곳은 지옥의 밑바닥이 아니다. 거기에는 따분한 망상밖에 보이지 않는다.

식물계의 지옥

"나는 내가 하는 일이 좋다."며 언젠가 꽃꽂이의 대가인 데시가와라 소후는 "내가 매만지고 있는 꽃이 행복과 평화로움을 실뽑듯 내보내고 있기 때문이다."라고 말했다.

그러나 참으로 그런 것일까. 속도가 느리고 확대된 필름을 보면, 꽃의 인상이 얼마나 잘못 전달되고 있었는지 알 수 있다. 그 필름이 풀꽃의 격렬한 싸움을 우리에게 보여 주기 때문이다. 꽃들은 살아남기 위해 끊임없이 서로를 탐낸다. 필름은 발톱, 칼, 사냥감에 덫을 놓듯 돌연히 입을 닫아 버리는 이빨, 그런 것들로 무장된 꽃봉오리를 보여 준다. 꽃받침에는 달콤한 독액이나 갖가지 미생물, 날개 달린 벌레와 모기, 물방개의 유충, 달팽이에 이르기까지 전부 소화할 수 있는 맹독성 시럽 같은 것이 가득 들어 있다. 한편 꽃은 음부와 같은 암술과 페니스같이 돌기한 수술을 통해 공격성이나 당당한 섹스 장면을 끊임없이 보여 준다.

장 콕토의 말을 들어 보자. "정원은 끊임없이 '에로티시즘'이나 악, 불안, 고민, 증오, 갖가지 부류의 흥분, 이런 것들을 자극하는 미끼가 된다. 말하자면 그것은 항상 신경을 곤두세우고 있는 것이다…. 그것은 단테의 「지옥편」이다. 모든 나무가, 모든 풀숲이, 그 정해진 장소에서 벗어나지 못한 채 맡겨진 고통으로 인해 경련하는 몸부림이다. 거기에 피어나는 꽃은 불타는 화염이요, 구원를 바라는 소리와 같다."

"정원은 끊임없이 잉태하고 더럽혀지고 상처를 입고, 갑각甲殼이나 날개나 발톱이 있는 갖가지 괴물에게 잡아먹힌다. 그 적들은 풀과 꽃들이 무턱대고 휘두르는 하찮은 무기를 비웃는다. 꿰뚫고 찌르고 하는 것은 불안의 증거이고 그 때문에 무기라고 하기보다는 일 년 내내 소름이 끼쳐 닭살이 돋아 있는 것처럼 보인다."

빛을 맞이하다

그렇다고 여기에서 보마르초를 두둔할 구실을 끌어내고자 하는 것은 아니다. 물론 보마르초의 정원은 살기 위해서는 용서 없는 싸움이 필요하다는 것을 생각나게 한다는 점에서 나쁘지 않다. 그러나 정원을 만든다는 것은 갖가

보마르초 전경

지 싸움과는 아무런 관계도 없다. 갖가지 싸움은 서로 다른 두 관점에서 생겨난 두 개의 세계가 있다. 그래서 한쪽 관점을 다른 쪽으로 바꾸어 놓는 즉시 모든 것이 완전히 뒤집히고 만다.

그 대신, 괴물로 가득 찬 이 작은 계곡은 페르시아 신화에 무성했던 지혜의 의미를 잘 알게 해 준다. 즉 아후라 마즈다는 인간에게 구원받을 수 있는 기회를 주고자 '사람의 눈을 좋은 방향으로 돌리게끔 하려고' 정원 조성의 어려운 과업을 가르쳤다는 것이다. 어떠한 정원이라 해도 절대로 어둠에서는 태어나지 않기에 "누가 되었건 정원을 만든 자는 그것만으로도 빛의 편이 되는 것이다."

여기에서 말하는 '좋은 방향'이란 밤의 어둠으로 들어가지 않고 빛이 있는 쪽으로 올라가는 일이다. 이 빛이야말로 살아가는 것들에게 상승의 기력을 주며, 꽃들에게는 무엇보다도 섬세한 맛을 갖게 하는 것이다. 정원에 관하여 글을 쓸 때, 얼마 안 되는 몇 줄만이라도 빛의 은총에 대해서 쓰지 않고 끝낼 수야 없지 않은가.

하지만 이 정도에서 끝내지 않으면 주제에서 벗어나 버린다. 다만 인간이 파멸에서 벗어나려면 항상 세상의 빛을 향해 있어야 한다는 것과, 보마르초의 괴물은 그 점을 증명하기 위해 있는 것이라는 말을 하면서 이 단락을 마무리한다.

9

프랑스의 정원은 신경통을 앓고 있는 대영주의 환상에서 생겨난 것도 아니고, 갑자기 나타나서 순식간에 사라져 버린 것도 아니다. 그것은 악착같은 노력을 통해, 영원토록 변하지 않는 자연환경과 더불어 몇 세기에 걸쳐 지속적으로 전개되어 온 결과다. 그 시작은 아득히 먼 옛날로 거슬러 올라간다. 최초의 프랑스 정원은 빈터였을 것이다. 즉 거의 햇빛이 들지 못할 정도로 무성하게 자란 나무들이 국토의 5분의 4를 뒤덮고 있었을 무렵의 갈리아 숲 속 어느 공간이었을 것임이 분명하다.

최초의 숲속 빈터

사람들은 그루터기나 가시나무를 뽑고 작은 빈터를 만들어 토지를 경작하고 쟁기로 땅을 갈아 부드럽게 한 다음 밭이랑을 만들어 씨를 뿌렸으며, 거기에서 자라난 것에 대해 감탄했다. 수확에 깊이 감동한 그들은 비옥한 땅을 주신 하느님께 감사했다. 그것은 스스로의 생존과 자손의 생명을 보존하는 보증이 되었기 때문이다. 그 때문에 최초의 프랑스 정원은 꿈의 정원은 아니었고, 욕망의 정원도, 쾌락의 정원도, 고민의 정원도 아니었다. 그것은 단순히 식량을 얻는 수단으로서의 정원이었다. 또 좁고 조심스럽고 소박한 정원이어서, 거기에 훌륭한 미래가 숨어 있으리라고는 상상도 하지 못했다.

숲은 조금씩 후퇴해 갔다. 반면에 빈터는 넓어졌고 뿌린 씨앗은 잘 자랐다. 그러나 정원은 파괴되기 쉬운 환경에 놓여 있었다. 그것은 혹독한 기후에 노출되어 있었을 뿐 아니라, 그 주위에서 신음 소리를 내는 역사적 흥망성쇠로부터도 위협을 받아야 했다. 정원의 미래는 농업의 발전이나 사회 형식의 등에 업혀 있었으므로, 거기에서 식량을 얻기 시작한 사람들은 어느새 그러한 형식 속에서 생활하기를 마음으로부터 기다리게 되었다.

숲이 위력을 되찾지 못하도록 하기 위해서는 많은 노력을 들여 빈터를 경작해야 했다. 또한 이곳에 종종 침입해 손해를 입히는 이리나 멧돼지, 무기를 가지고 약탈을 하려 드는 사람들로부터도 밭을 지켜야만 했다. 프랑스인이 일찍부터 정원이나 밭에 커다란 애정을 품게 된 것은 이 때문이다. 프랑스인이 '조상의 성스러운 토지'를 지키는 이야기를 할 때면, 그들은 마을이나 도시의 일보다도 정원이나 밭의 일을 염두에 둔다.

중세의 안뜰

정원이 '안뜰preaux'이라고 불리면서 스스로의 몸을 지키기 위해 성채의 그

『그리마니 성무 일과서』(1510)의 삽화. 성모 마리아를 상징하는 순백의 백합과 장미가 심어진, 화려하면서도 순수한, 폐쇄된 정원(hortus conclusus)의 모습을 보여준다.

『베리 공의 매우 호화로운 기도서』
(1415-16)의 삽화. 당시 북부 유럽의
건물과 풍경에 대한 매우 정확한 정
보를 전해주는 자료이다.

늘에 몸을 숨기지 않으면 안 되었던 수 세기 동안에 대해서는 슬쩍 훑어보는
정도가 좋을 것 같다.

　　말하자면 그것은 '높은 곳의 초지'로서, 높은 곳에 만들어진 한 뙈기에
불과한 작은 풀밭이었다. 그것은 근처 들판 언덕바지에 있는 네모난 초원으

〈천국의 정원〉 1410-20 패널에 유채 슈테델 시립 미술관, 프랑크푸르트

로, 그곳에는 데이지, 미나리아재비, 매발톱꽃, 잔대, 엉겅퀴, 자줏빛 크로커
스, 사프란, 은방울꽃, 앵초, 오랑캐꽃, 노루귀, 팬지 등의 들꽃이 어우러져
피어 있었다. 사람들은 들장미, 백합, 작약, 아이리스 등도 심기 시작했다.
화분에 심은 빨간 카네이션은 당시에 유행한 꽃이었다.* 이어서 십자군을 통
해 산사나무, 접시꽃, 라일락 등이 콘스탄티노플이나 다마스쿠스에서 들어

*Julia S. Berral, Histoire illustrée des jardins, Paris, 1966, pp.94 et s.

오게 되었다. 이끼가 끼어 있는 돌로 만든 벤치도 대충 비슷한 간격으로 배치되었다. 또 군데군데 새장과 분천噴泉이 있었고, 줄기로 벤치를 둘러싸는 능금나무와 앵두나무도 있었다. 줄리아 베라르의 말에 따르면, 당시에는 잔디밭이 휴식이나 유희의 장소 또는 춤추는 장소로 이용되었고, 그 이외의 부분은 기와, 돌, 판자 등으로 테를 둘러서 화단이나 꽃밭으로 꾸몄다. 화단이나 꽃밭은 개가 들락거리지 못하도록 나무 울타리로 가로막아 놓았는데, 그 울타리에는 주로 소유자의 문장 색깔이 칠해져 있었다.

우리들은 이런 정원의 모습을 제법 자세히 알고 있다. 왜냐하면 정원이 꽃무늬 태피스트리를 짜는 중세 직인들의 모델이 되었기 때문이다. 또 그 정원의 모습은 샹티이 미술관에 있는『베리 공의 매우 호화로운 기도서』, 14세기 초에 라틴어로 저술되었고 곧바로 샤를 5세의 궁중에서 프랑스 어로 번역된 피에트로 디 크레첸치의『전원의 익서益書』, 또는 아르스날 도서관의『발레르 막심』이나『르노 도 몽토방』 등에서도 볼 수 있다. 하찮은 꽃이 모두 자연의 상징이 된다는 것을 깨달았을 때 정원의 매력은 더욱 커졌다. 데이지는 '무구無垢', 민들레는 '고뇌와 수난의 엄격함', 딸기는 '정의', 세 잎은 '삼위일체三位一體'를 나타냈다. 오색의 검은방울새는 '가슴 부위에 빨간 표시가 있고 엉겅퀴 씨를 쪼아 먹는다'고 해서 그리스도의 수난과 결부되었다. 중세 사람들은 이 작은 정원의 모습에서 천국의 모습을 가슴에 새겼다. 프랑크푸르트의 슈테델 시립미술관에 〈천국의 정원〉이라는 제목이 붙은 15세기 라인파 화가들의 그림이 소장되어 있는데, 이 그림에 이러한 예들이 잘 나타나 있다.

그러나 성채의 그늘에 갇혀 있기만 했다면 정원의 개화는 불가능했으리

라. 그곳은 비좁았기 때문에 늘 짓밟혔고, 소유자들에게 숲을 산책하거나 사냥을 개최하는 즐거움을 주지 못했다. 프랑스 정원이 발전하려면 먼저 시대적 사조의 엄격함 때문에 틀어박혀 있어야 했던 그 좁은 장소에서 빠져 나와야 했다.

아르투아 로베르 2세의 정원

맨 처음 갇혀 있던 장소에서 빠져 나온 정원은 아르투아의 로베르 2세 (1250~1302)가 에댕의 영지에 만들게 한 정원이다. 그는 숙부인 생 루이와 함께 십자군에 참가하여 1285년에 나폴리 왕국의 통치를 맡았으며, 이탈리아 남부에 머문 것을 계기로 시칠리아 왕 루지에로 2세의 정원이라든가, 호엔슈타우펜 가의 프리드리히 2세가 '많은 이슬람 기술자를 써서' 팔레르모에 조성한 정원을 방문했다. 그는 프랑스에 돌아오자 같은 모양의 것을 에댕의 영지에 만들 결심을 했다.

사실상 이것은 기묘한 정원이었고, 일반적으로 마음 속에 그려지는 보통의 정원 이미지와는 대체로 거리가 멀었다. "거기에는 '글로리테' 와 '가이요르' 가 있었으며, 요컨대 그것은 커다란 새장이었다."고 루이 오트케르는 말하고 있다. "최초의 새장 안에는 한 그루의 나무와 여러 마리의 인공 새에서 물이 뿜어져 나오고 있었다. 왕은 지저귀는 새에 둘러싸여 앉아 있다. 다른 곳에는 머리에 관을 쓴 청년이 있었는데, 그 위쪽에서 네 사람의 악사가 음악을 연주하고, 그보다 더 높은 곳에서는 기사 한 사람이 창을 휘두르고

있다. 물의 힘으로 움직이는 이 기계들은 헤론(1세기 알렉산드리아에서 활동한 수학자이자 물리학자)의 후예인 엘 자자리 같은 기사가 고안한 것이다."* 당시의 기록에 의하면 회랑에는 어울리지 않게 큰 소리를 내는 것도 있었던 모양이다. "언제라고 정해진 것도 없이, 시도 때도 없이 물을 뿜어 구경꾼을 흠뻑 젖게 하는 조각상… 정원을 거니는 귀부인들에게 물을 뿌리는 장치가 다섯 개, 물 뿌리는 장치가 부착된 거울이 다섯 개 있었다. 또 어떤 장치는 그 밑을 지나가는 사람의 얼굴을 때리기도 하고, 그 사람에게 희고 검은 색을 마

■ ▫

*Louis Hautecœur, Les Jardins des Dieux et des Hommes, Paris, 1959, p.97

베노초 고촐리 〈동방 박사의 행렬〉(동쪽 벽) 1459–
60 프레스코 팔라초 메디치 리카르디, 피렌체

구 칠하기도 했다. … 숨어 있던 사람이 비를 내리게 하거나 천둥이 울리게
했으며, 눈이 오기도 했다." 그곳을 방문한 사람은 구덩이에 빠져 "깃털을 온
몸에 뒤집어썼고, 물에 흠뻑 젖기도 했다."고 한다.

　이 '중세의 디즈니랜드'는 방문객을 대단히 즐겁게 했다고는 말할 수
있겠지만, 그다지 좋은 취미였다고는 할 수 없다. 만일 이 정원의 일부가 베
노초 고촐리가 피렌체에 있는 메디치 가 궁전 벽에 그린 〈동방의 세 박사〉라
는 그림의 배경과 닮지 않았다면, 다시 말해서 '꼬불꼬불한 작은 시내와 숲
으로 장식되어' 있던 이 정원이 그 그림의 배경과 흡사하지 않았다면, 우리
들은 아무런 미련도 없이 그곳을 떠났을 것이다. 그것이 에댕의 영지를 '유

베노초 고촐리 〈동방 박사의 행렬〉(남쪽 벽) 1459-60 프레스코 팔라초 메디치 리카르디, 피렌체

럽 풍경 정원의 원조'가 되게 했던 것이다.

　　로베르 2세의 시도에는 장점도 있고 단점도 있었으나 발전의 가능성은
없었다. 그것은 프랑스 정원의 발전에 영속적인 영향을 끼치기에는 너무나
'기묘한' 것이었다.

　　프랑스 정원이 꽃을 피우게 된 것은 르네상스 이후, 특히 종교전쟁 말엽
부터였다. 농업의 진흥과 군주제 밑에서 사회 건설에 힘을 쏟은 쉴리
(1560~1641) 시대 이후, 정원도 그에 발맞추어 비약적으로 발전했다. 다른 나
라들과는 달리 프랑스에서는 농업의 발전, 사회의 진보, 정원의 조성, 이 세
가지 사이에 항상 밀접한 관계가 있었다.

『장미 이야기 Le Roman de la Rose』(1485)의 삽화. 15세기 귀족 취향의 정원의 모습을 잘 보여준다.

이탈리아에서 온 기운

15세기 말, 프랑스 정원에 새로운 입김을 불어넣은 이는 샤를 8세였다. '부드러운 이탈리아 미술과 나폴리에서 본 훌륭하고 아름다운 정원에 매혹되어' 돌아온 그는, 이탈리아에서 조원가들을 잔뜩 불러들여 '가이용' '앙부아즈' '블루아' 등지에 왕궁 정원을 만들게 했다. 그러나 나폴리 조원가들의 재능과 공헌에도 불구하고, 로베르의 조원가들과 마찬가지로, 프랑스 정원의 정신을 변화시키는 일은 없었다. 그들은 아주 미미한 새 요소를 첨가했을 뿐이다.

예를 들면 그들은 정원의 가장자리에 나무를 잘 조합하여 터널을 만들고 그 터널 위에 나팔꽃이나 장미, 덩굴 등이 뻗어 올라가게 했다. 또 블루아에서는 나무틀에 선명한 색을 칠하거나 금가루 반죽을 발라 돋보이게 했다. 그러나 "르네상스 시대 이탈리아의 정원에는 위대한 구상이나 드넓은 조망이 부족했다. 실제로 건물 평면이 항상 불규칙해서 그런 것들이 눈에 익숙하지 않았고 생소했다."*

정원이 주거와 동시에 만들어진 것이 아니라는 것 또한 잊어서는 안 된다. 중세의 성채가 르네상스 시대의 기호에 맞게 손질되었기 때문에 정원은 그 이후에 성채에 '첨가된' 것이다. 정원이 처음으로 '집을 장식하는 요소 가운데 하나로 건축양식에 어울리도록' 전체의 구성 속으로 들어오게 된 것은 1570년의 베르뇌유 성의 정원에서부터였다.

독자적 생명을 가질 수 있는 창작물

이 시대는 또한 정원에 관한 수많은 저작이 나타났다는 특색을 띠고 있다.

■■

*Georges Rémon, Les Jardin, Paris, 1943, pp.26 et s.

정원은 프랑스 인의 마음 속에 독자적인 생명을 갖기 시작했다. 수많은 저작 중에서 주목할 만한 것으로는 샤를 에티엔의 『전원 지킴이』(1554)나 앙투안 미조의 『원예』(1578), 장 리보의 『전원살이』(1583), 그리고 『프랑스에서 가장 뛰어난 건축물』(1576)이라는 제목의 자크 앙드루에 뒤 세르소의 훌륭한 도면 집을 들 수 있다. 세르소의 도면은 모두 실제로 그 땅을 방문하여 작성한 것으로, 도면으로 보아 그 무렵의 정원 대부분이 커다란 사각의 화단으로 구획된 바둑판 무늬로 되어 있었음을 알 수 있다. 그러나 이 가운데 더 높이 평가해야 할 책은 1600년에 출판된 올리비에 드 세르의 『농업 경영론』일 것이다. 이 책은 정원 창조의 정신적 측면에 대해 말하고 있을 뿐 아니라, 재배되는 모든 식물과 그것에서 비롯되는 즐거움에 대해서 쓰고 있기 때문이다.

올리비에 드 세르의 장식 채소밭

이 책에서 말하는 내용은 오늘날 마음을 가다듬어 다시 한 번 읽어 볼 가치가 있다.

"원예는 수많은 식물류의 뿌리, 풀, 꽃, 과실 등으로 우리 생활에 훌륭하고 유익하게 구색을 맞추어 준다. 그렇기 때문에 지금까지 일일이 모두를 식별할 수 없을 정도로 많이, 그 형태, 효용, 색깔, 맛, 특징을 갖춘 먹을거리를 인간에게 베풀어 주신 하느님이야말로 참으로 경탄해 마지않을 분이다. 인간은 지금까지도 신의 손길이 닿는 곳을 완전히 알지 못하기 때문에 신의 위대한 재능을 손쉽게 재현할 수는 없다. 현재 우리들은 외국에서 수입해 온 것뿐만 아니라, 일상적으로 주변에서 자라고 있는 것 가운데에서 매일같이 새로운 식물을 발견하고 있지 아니한가. 정원은 매년, 그리고 항상 독자적 산물을 제공해 주고 있기 때문에 일 년에 한 번만 수확이 이루어지는 다른 어떤 농경지보다 뛰어나다. 한 해에 두 번 수확이 이루어지는 농경지도 있으나 매우 드물며, 정원의 비옥함과는 비교가 되지 않는다."

그는 이어서 말한다. "원예에는 네 가지의 종류가 있다. 채원菜園, 초원草園, 약초정원, 과수원이다. 채원은 날것으로, 아니면 익혀서 먹는 요리를 위해 여러 종류의 뿌리, 풀, 지상에 찰싹 달라붙는 덩굴에 맺는 열매, 이런 것을 우리들에게 공급한다. 초원에는 모든 종류의 풀, 꽃, 관목이 있다. 이것들을 구획되지 않은 화단에 심기도 하고, 영주의 생각이나 몽상에 따라 이익보다는 즐길 목적으로 돔 밑이나 실내에서 기르기도 한다. 또한 질병의 치료에 쓰이는 여러 종류의 풀이나 뿌리가 무관심으로 인해 곳곳에서 마구 뽑히기 때문에 실용적인 면에서 약초정원이 고안되었다. 옛날, 베르제라고 불리는 과수원에는 여러 종류의 과실나무가 있었는데, 거기서 과일이 풍부하게 열려 사람들에게 큰 기쁨을 주었다. 대마, 아마, 대청(大靑, 염료의 원료), 꼭두서니, 물푸레나무, 엉겅퀴, 갈대 등 옷감을 만들거나 옷감이나 가죽에 염색을 하거나 가공을 하는 데 기여한 것들도, 만일 다른 식물과 분리해서 심는 것이라면, 역시 원예에 속하게 될 것이다. 인접하여 만들어지는 이 정원들은 지붕이 없는 작은 길, 또는 윗부분을 수평이나 나사형으로 조립한 격자식 통로로 구획 지어 놓고, 그 모두를 한 울타리 안에 들어오게 하여 함께 정리한다. 이와 같이 한 울타리로 에워싸고 있는 그 안에 포도밭을 추가한다면 정원은 더욱 풍요로워지고, 별미인 과일을 한곳에서 좀더 손쉽게 수확할 수 있다. 그렇기 때문에 즐거움이 곧 이익이 되는 것이다. 작은 길의 폭은 영주의 희망과 장소의 형편에 따르게 되지만 대개 3~4미터 정도이고, 장소가 허락된다면 직선으로 한다. 그러나 그 길을 어떤 방식으로 하든지 간에 산책하기 쉽고 아름답게 하기 위해서는 화단을 만들 때 완전히 평탄하게 하여야 한다."

채소밭을 개발하는 방법

이 시대의 프랑스 정원을 더욱 깊이 살펴보기 위해 올리비에 드 세르가 말한 것에 계속 귀를 기울여 보자.

"우선 채원부터 시작해 보자." 그는 몽테뉴의 『수상록』에 영향을 끼쳤을 것으로 보이는 흥미 있고 생기 넘치는 언어로 말한다. "채소를 그 종류별로 혼란 없이 형편에 맞게 정리하기 위해서는 선반이나 묘상苗床, 네모지게 구획된 밭, 항아리 등에 나누어서 기른다. 원예의 방법이 극히 다양하다는 것을 잊어서는 안 된다. … 각각 떨어져서 일을 하는 정원사들은 서로 아무런 연대가 없다. 그러나 그들에게는 단 하나의 공통점이 있다. 그것은 어떠한 방법을 택했건 하늘이 주신 은혜 덕분에 그 정원에 열리는 약속된 과일을 따게 된다는 것이다."

이런 정원에서 무엇이 생겨났을까. "겨울과 여름의 채원에서 나온 생산물은 뿌리류, 푸성귀류, 열매류 등으로 나뉜다. 뿌리류에는 양파, 부추, 마늘, 고추냉이, 순무, 무, 인삼, 당근, 버섯 등이 있다. 푸성귀류에는 양배추, 양상추, 상추, 시금치, 파슬리 등 여러 가지가 있다. 또 열매류에는 아티초

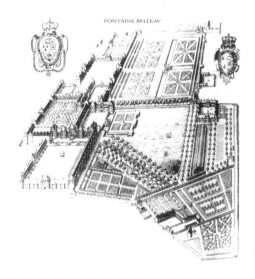

크, 오이, 완두콩, 누에콩 등이 있고, 한편으로는 파, 염교, 풀상추, 수영, 유
채, 선모, 오이풀, 쇠비름 등의 잎이나 아스파라거스, 호박, 서양양각초의 순
등이 있다."

화단에 심은 꽃들

화단에 심은 꽃은 백합, 장미, 카네이션, 비단향꽃무, 은방울꽃, 삼월제비꽃,
팬지, 데이지, 금잔화, 맨드라미, 접시꽃, 해바라기, 딸기, 글라디올러스, 분
꽃, 튤립, 콘스탄티노플백합, 작약, 아네모네, 바이모 등이다.

채소나 꽃 주위를 에워싸기에 알맞은 '테두리 풀'로 어떤 것이 좋으냐 하는 것도 중요하다. 이런 용도에는 꽃박하, 라벤더, 히솝, 약쑥, 트뤼프망 드, 백리향, 광대나물, 서포레(백리향의 일종), 파브레그, 박하, 프이요, 샐비어, 바질릭, 오몽느, 므뉴시프래, 회향풀, 아니스, 고수, 아주까리, 망드레그 등이 알맞다.

이렇게 살펴보니 당시에 이미 정원에 심었던 것들의 종류가 얼마나 다채로웠는지 알 수 있다. 그러나 종류보다도 중요한 것은 '배치와 정리', 그리고 그것을 심는 기술이다. 원예가는 이 점에서 최고의 효과를 끌어내고자 한다.

프라델의 영주는 말한다.

"가지런히 갖출 수만 있다면 일은 간단하다. 요컨대 관목이나 막대를 사용해서 작은 방, 터널, 원두막, 격자 선반 등을 만들어야 하는데, 그 장소에 있음직한 형태나 이미지를 살리기 위해서 여러 가지 방법과 종류와 모습을 고안해 솜씨를 발휘하는 일이다. 여기에는 훌륭한 화단을 만들기 위해 식물의 성격을 잘 유념해 두었다가 그것을 화단의 장식 문양에 교묘하게 응용하는 방법이 제시되어 있다. 그러한 방법들은 여러 가지 훌륭한 즐거움이 솟아나는 왕국의 정원에서 멋지게 실현되고 있다. 그것은 왕이 퐁텐블로, 생제르맹앙레, 튈르리, 몽소, 블루아 등의 왕궁에 만들게 했던 정원인데, 훌륭하고 끈기 있는 솜씨를 발휘하여 풀이나 꽃, 관목으로 문자, 비명碑銘, 숫자, 문장, 해시계, 인간이나 짐승의 모양, 건물과 보트 등을 표현해 놓았다. 그것들을 들여다보면 참으로 마음 깊이 감탄하지 않을 수 없다. 앙부아즈 근교의 샹뜨루에는 관목과 풀, 꽃들이 매우 잘 어우러져 있다. 정연한 정원의 아름다움을 보기 위해 이탈리아나 다른 곳으로 여행할 필요는 없다. 특히 원예에 관한 한 프랑스는 다른 어떤 나라들에도 빠지지 않으며, 다른 나라들은 이런 점에서 프랑스에 와서 배움을 구할 수밖에 없다."

화단과 파르테르*

프랑스의 정원에는 또 하나, 다른 나라가 배워도 좋을 만한 '단정함'이 있다. 그것은 '네모반듯한 직사각형'에서 느낄 수 있는 세련미다.

*Parterre 여러 화단을 구분 배치해 그 배치된 모양 자체가 하나의 장식이 되도록 꾸민 정원

"은매화, 라벤더, 로즈메리, 트뤼프망드, 회양목 등은 테두리용으로 가장 적합한 식물이며 또 오래간다. 또 수영이나 파슬리와 같은 키 작은 상록초를 사용할 수도 있다. 그러나 테두리를 벗어나서는 이런 류의 풀을 함부로 심지 않는다. 화초들의 모양, 크기, 색깔은 물론 이랑 또한 언제나 깔끔하게 가지런히 맞추고, 그 정원의 구상에 맞는 종류를 골라 심지 않으면 안 된다. 또 너무 촘촘하게 심으면 서로 뒤엉키고 겹치어 정원의 도안이 혼란스러워지는 원인이 된다. 이것을 피하기 위한 가장 좋은 방법은 각각 대등하게 적당한 간격으로 심어 그 초목의 줄을 선명히 드러나게 하는 일이다. 이렇게 사소한 일까지 세심하게 대처하지 않으면 들판의 잡초처럼 이것저것 뒤섞여서 너저분하게 되고 만다. 그렇기 때문에 풀은 언제나 작은 키로 유지시켜 주어야 하고, 줄의 안쪽은 틈이 벌어지지 않도록 해야 하며, 잡초가 파고들어 퍼지지 않게 손질을 게을리 해서는 안 된다. 그리고 흙과 풀의 줄이 선명하게 경계를 이루도록 줄에서 삐뚤어져 나온 풀은 평상시에 제거해 주어야 한다. 이런 작업들이 중요하고 작품의 성공 여부도 여기에 달려 있다."

"솜씨 있게 마무리를 하기 위해서는 풀과 꽃의 사이사이에 다양한 색깔의 흙을 집어넣는다. 이렇게 하면 훨씬 더 보기에 좋고 화단 전체가 흡사 거장의 손으로 그린 한 폭의 아름다운 그림처럼 된다."

"흙의 색은 목적에 맞게 선택하되 풀을 손상시키지 않는 종류를 택해야 한다. 자연상태의 적토, 황토, 백토는 토질이 괜찮다면, 잡초를 자라지 않게 하고 깨끗하여 정원사들에게 쓸모 있다. 흑토는 점판암을 분쇄해서 사용한다. 초록색은 생각할 필요가 없다. 애당초 화단의 풀이 초록색이니까 특히 돋보이게 하려고 할 경우 외에는 그런 배합은 고려할 필요가 없는 것이다."

"구획을 멀리서 바라보고자 할 경우에는 그 줄의 간격을 가까이에서 보는 경우보다 여유 있게 떼어놓는 것이 좋다. 원근법에 의해서 멀어질수록 물체가 작아 보이기 때문이다. 그 때문에 그 사이사이는 가까운 곳에서 바라보는 것만큼의 간격을 둔다. 같은 이치에서, 작은 길을 거닐며 정원을 바라다보면 각 구획의 줄이 겹쳐져 버린다. 시점이 낮기 때문에 눈은 맨 먼저 자기와 가까운 쪽에 있는 풀과 꽃의 줄로 향하게 되고 다른 곳까지 미치지 않기 때문이다. 그러므로 정원은 가까운 건물이나 화단 주위의 테라스 등을 통해 위에서 밑을 내려다보는 형태로 조성하는 것이 바람직하다. 그래서 왕은 튈르리의 아름다운 뽕나무 가로수 길(센 강의 오른쪽 강변을 따라가며 서 있는 '물가의 테라스')이나, 원래의 지형에 그대로 안성맞춤인 생제르맹앙레의 테라스 등을 일부러 만들게 했던 것이다."

"이것들은 만족스러운 조망을 위해, 정원의 즐거움을 바라는 목적에서 만든 장식이었다. 그곳에서 기르는 무수한 풀과 꽃은 기분 좋고 달콤한 향기를 뿜어내고 있어 마음을 한결 따뜻하게 해준다. 총명한 사람들은 일상의 딱딱한 생활로 인해 침체된 기운을 북돋아 주기 위해 즐겁게 이 흥미 있는 원예 작업에 종사한다. 음악이 음악 애호가들의 귀를 항상 즐겁게 해주기를 갈망하고 있는 것처럼, 풀과 꽃 또한 사람들에게 그 아름다운 모습을 즐기고 좋은 향기를 맡는 즐거움을 주는 데 있어서 절대 다른 것에 뒤지지 않는다."

카르바요 〈빌랑드리〉 1906-24 앵드르에루아르

빌랑드리의 정원

이와 같이 『농업 경영론』은, 장식에서 시작된 프랑스의 정원이 아직 육종원
育種園의 성격에서 벗어나지 못하고 있던 17세기 초 원예의 좋은 길잡이가
되었다.

    필자가 1925년경 빌랑드리Villandry 성을 방문했을 때의 일이 떠오른다.
그 정원은 당시의 소유주였던 카르바요 박사가 전심전력을 다해 16세기 양
식으로 복원해 놓은 것이다. 그는 프랑수아 1세 때의 대신이었던 장 브르통
이 16세기 전반에 건설했던 이 아름다운 건물을 창건 때 모습 그대로의 환경

속에 놓아 둘 생각을 하고 있었다.

　이곳을 방문한 사람이 맨 처음 느끼는 인상은 밭이나 건물, 정원 등이 조화를 이루며 그 조화 속에서 땅을 차지하고 있다는 것이다. 그것은 발전하고 있던 당시의 프랑스 사회가 어떠했는지를 또렷이 드러내고 있다. 봉건제와 절대군주제 사이에 끼여 있던 이 시기 사람들은 전원이나 가축과 일종의 관계를 맺으며 살아가고 있었다. 널찍널찍한 루아르의 강변을 떠올려 보자. 아직도 중세풍의 네모난 성루城樓가 있구나 하고 생각하고 있노라면 정면에는 르네상스풍의 틀로 짜인 창이 달려 있고, 보기에 따라서는 땅딸막하기도 하고 우아하기도 한 성의 반대편에 작고 촌스러운 성당이 있는데, 그 앞쪽에는 뾰족한 종탑이 하늘 높이 솟아 있다. 성은 여러 부속 건물이나 마구간으로 둘러싸여 있고, 성당 주위에는 농부들의 집이 두루 퍼져 있다. 모두가 경쾌하고 조화로운 경관인데, 온화한 자연 속에 있어서 더욱 그러하다. 그것은 손이 닿지 않는 이상 속의 행복이 아니었다. 그것은 일상의 극히 흔해 빠진 생활과 깊숙하게 결부되어 있는 행복의 이미지였다.

　그러나 정원 안으로 들어가면 또 다른 느낌을 받는다. 면적이 5만 제곱미터(약 1만5,000평) 정도 되는 이 정원은 높이가 각기 다른 네 단의 테라스로 나뉘어 있다. 먼저 성채 북쪽의 비탈에 잔디와 나무를 심은, 높은 테라스 두 곳이 두드러지게 눈에 뜨인다. 이것보다 낮은 곳에 있는 또 하나의 테라스는 성의 제일 높은 계단과 같은 높이여서 성의 축선 위에 놓여 있다. 거기에서는 정원의 양쪽 옆구리보다 더 높고 훨씬 떨어진 위쪽에서 정원을 바라볼 수 있게 된 작은 길이 보였다. 이것은 전체를 바라볼 수 있도록, "정원은 가까이 있는 건물이나 화단 주위의 테라스 등을 통해 위에서 아래를 내려다보는 형태로 조성하는 것이 바람직하다"라고 한 올리비에 드 세르의 원칙을 응용한 것이다.

제3의 테라스는 일층 높이에 위치한다. 그곳에는 채원과 놀이를 위한 정원이 있다. 또 제4의 테라스는 아래쪽에 있으며, 성의 남쪽 정면을 촉촉히 적시고 있는 외호外濠 높이로 만들어져 있다. 이것은 가축의 사육장이다. 그 반은 닭, 나머지 반은 말과 '가족의 일원'인 사냥개에게 배당된다.

인간은 경작하고 동물은 모여든다

카르바요 박사가 독특한 유머와 열정 어린 어조로 하던 말이 지금도 귓가에 생생하다.

"이러한 배치 덕분에 훨씬 좋아졌습니다. 그런데 하나 더 좋은 일이 있습니다. 그 덕분에 거기에 거주하는 사람도, 지나가는 사람도, 가축도 모두가 각자의 장소에서 신명나게 잘 어울려서 살아갑니다. 서로가 바로 옆에 있으면서도 혼란 없이, 서로 다투지도 않고 잘 보냅니다. 그런데 19세기에는 이런 질서 있는 계획이 버려졌습니다. 각각 실용적인 목적에 맞게 높이를 정해 놓았던 안뜰이 단 하나의 비탈로 바뀌어 버렸습니다. 그래서 사람들은 어느새 마구간으로 가 버렸고, 가축들은 제멋대로 살롱 안을 돌아다니는 꼴이 되어 버렸습니다. 그렇게 되면 뒤죽박죽이 된다는 것을 알고 있으면서." 카르바유 박사는 이야기를 끝내자 큰소리로 웃었다.

그런데 더 훌륭한 조망은 원경遠景인 놀이정원과 채원이었다. 놀이정원은 회양목으로 테두리를 하여 기하학적 형태를 보이는 파르테르가 격자 울타리로 둘러싸여 있고, 아름다운 난간 위에는 보리수 가지가 뒤엉키며 뻗어나 그 모습이 마치 초록의 호수와도 같았다. 또 채원은 그 다채로운 배색이 이루 다 형언할 수 없을 정도였다. 거기에는 네 귀퉁이에 덩굴장미로 덮인 정자가 있는 아홉 개의 카레*가 있었다. 이 카레는 백리향이나 마요라나, 인도카네이션 등으로 테두리를 두르고 있었고, 그 향기가 벌레를 멀리해 주었다. 이 카레 또는 밭에는, 채소가 각각 한 종류씩 심어져 있었는데, 청록색의 양배추, 자주색 잎의 무, 녹색 잎의 당근, 금빛의 옥수수 등 색색으로 대비되는 바둑판 무늬는 다른 데서 그 예를 전혀 볼 수 없는 것이었다. 아라곤의 추기경이 1570년경 빌랑드리의 채원을 방문한 다음 반쯤은 질투심에서 교황 앞으로 다음과 같은 편지를 썼는데 결코 놀랄 일은 아니다. "나는 로마의 그것보다도 아름다운 샐러드를 보았습니다." 이것은 오늘날 우리들이 로메느라고 부르는 양상추의 일종일 것이다.

마지막으로 남쪽 언덕에는, 앙드루에 뒤 세르소의 판화에 나온 것과 같이, 직각으로 교차하는 46개의 줄을 따라 심어 놓은 사과나무 1,824그루가 있다. 그것은 이 지방에서 '과수의 왕관'이라고 불리고 있었다. 확실히 카르바요 박사가 자랑할 만하다. 그는 우리들이 그 자리를 떠나기 전에 다음과 같은 말을 덧붙였다.

"르네상스 시대에 만들어진 최초의 정원은 19세기에 완전히 파괴되어 버렸습니다. 그러나 당시의 모습대로 남아 있는 설비도 여러 가지 있습니다.

*carre, 정사각형이라는 뜻

테라스의 버팀벽, 계단의 난간, 작은 길의 포장 등입니다. 내가 장 브르통 시대의 모습을 재현할 수 있었던 것은 이러한 안내 자료들이 있었기 때문입니다. 참으로 근사한 경치지요."

그리고 잠깐 생각하고는 말을 이어 갔다.

자연은 인간을 위해서만 존재한다

"곧잘 자연은 인간을 위해 존재한다고들 이야기합니다. 자연은 성스러운 것에 속하는 인간의 지적 능력을 매혹시키고, 인간과 짐승들이 먹고 살아갈 식량을 보장합니다. 그러나 정원은 사람의 판단 기준에 따라 만들어진 것일 뿐입니다. 이 훌륭한 기하학적인 정원은, 영국 친구들의 눈에는 매우 부자연스럽게 비칠지 모릅니다. 그러나 그것이 무엇보다도 '인간적'인 것입니다. 나는 이러한 판단 기준 아래에서 이것이 유럽에서 가장 인간적인 정원이라고 말하고 싶습니다. … 정원은 맛있는 채소나 과일이 주는 만족감과 각양각색의 꽃을 바라보는 기쁨, 햇빛 아래 또는 나무 그늘 아래를 자유롭게 산책하며 향유하는 즐거움, 정서적이라기보다는 지적인 미가 넘치는 환경 속에 온갖 생활 행위를 끼어 넣고 싶은 여러 가지 인간적 욕구, 이런 것들을 충족시키기 위해서 운영되는 것입니다. 이것이 우리가 만들어 낼 수 있는 천상의 낙원에 가장 가까운 이미지가 아니겠습니까."

나는 이 말을 기다리고 있었던 것이다.

"당신 말씀이 맞습니다."라고 대답했다. 나의 눈동자는 테라스의 계단을 차례대로 더듬었다. 시선은 채원의 카레에서 널찍이 퍼져 나가는 잔디로, 널찍이 퍼져 나가는 잔디에서 전체의 꼭대기를 장식하고 있는 키가 큰 나무들의 줄(이것은 갈리아 숲의 최후 증인이다)로 옮겨 갔으며, 그 나무들은 상상을 초월해서 전개되는 프랑스 정원을 다만 놀라운 눈으로 지켜보고 있는 것만 같았다. 오오! 맨 처음 숲의 빈터에서 시작된 이 길의 아득함이여!

내 눈앞에 펼쳐져 있는 것은 지금도 여전히 변하지 않는 '풍요로운 대지에 대한 찬가'였다. 그러나 16세기의 채원이 아무리 다채롭고 아름다웠다 해도, 그것은 아직 프랑스 정원의 정점을 보여 주는 것은 아니다. 마지막 도착 지점에 이르기까지는 아직도 머나먼 길을 지나야 했다. 이제 정원의 전개가 변덕스러운 영주들의 손에서 벗어나, 이전 세기와는 대조적으로, 왕의 손에 맡겨지게 되었다.

원근법의 탄생

그러나 이 '길'은 왕이 아니라 여왕 마리 드 메디시스에 의해 발견되었다. 뤽상부르 궁을 건설하는 살로몽 드 브로스를 도우려 피렌체에서 불러들인 이탈리아 건축가들의 영향으로, 프랑스의 성 건축은 근본적인 변화를 겪었고, 동시에 정원의 크기도 변했다.

중세의 성은 르네상스 초기 영주들이 거주했던 성과 마찬가지로 보통 둥글거나 네모반듯한 형태였다. 성벽으로 에워싸인 그 구성에 중심이 되는 것은 의례적인 안뜰이었다. 성벽에 붙어 있는 '옆구리 정원'은 단순한 외부

가브리엘 페렐 〈뤽상부르 정원〉 1612 동판화

의 테라스로 경사지나 빈터의 형편에 맞추어 만들어지는 것이므로 질서나 대칭이 고려되는 일은 거의 없었다. 그러나 1600년 이래, 짧은 모색기를 거친 후, 성은 새로운 모습을 취하게 되었다. 사방 둘레를 막아 놓았던 성벽이 헐려 수평으로 넓어졌고, 이에 따라 중앙 건물에서 두 개의 '날개(wing, 건물 옆으로 뻗은 부분)'가 뻗어 나오는 '파사드*'가 생겨났으며, 건물의 안 길이(앞쪽에서 뒤쪽 끝까지의 거리)로 인해 잃었던 정면 폭을 되찾았다. 이렇게 해서 정원과 건물 사이에 갑자기 새로운 관계가 생겨났고, 그 관계 덕분에 서로 결합하여 일심동체를 이룰 수 있었다.

성이 파사드를 확대하여 정원과 하나로 연계하려 하면서 지금까지 알려지지 않았던 새로운 관념이 하나 나타났다. 즉 '축선(軸線, 전망 지점을 정하기 위한 실제 혹은 가공의 직선)'의 관념이다. 이 축선은 숲을 관통하여 숲 속의 빈 터를 수평선으로 이어 주는 길의 형태로 나타났다. 길은 처음에는 오솔길, 그 다음엔 산책로, 그리고 거기에서 개선로凱旋路가 시작되더니 마침내 프랑스 정원의 기본 요소가 되기에 이르렀다. 그러나 도로의 폭과는 관계없이 항상 큰 가로수로 테두리를 둘렀기 때문에, 균형 잡힌 훌륭한 키 큰 나무가 그 윤곽을 형성하고 있었다.

정해진 축선을 토대로 하는 구성이 정원에 도입됨에 따라 비롯된 그 아름다움은 아무리 칭찬해도 지나치지 않다. 그것은 문자 그대로 혁명적인 것이었다. 그것은 단지 빈터가 숲에 대해 결정적인 승리를 거두고, 숲이 종속적인 것으로 되었다는 데 그치는 것이 아니다. 그것은 인간의 의지가 자연의 변화무쌍함을 극복했다는 것을 의미한다. 말하자면 그것은 정원에 새로운 요소, 즉 '원근법'이 도입되었다는 뜻으로, 이후 이 요소가 정원의 양식을 지배하게 된다. 이것은 매우 중요한 요소가 되어 프랑스 정원을 바로크의 무질서와 몽상에서 빠져나오게 하여, 단숨에 고전적 질서로 이끌었다. 그리하여 르네상스의 '정원사jardiniers'는 차례차례 사라지고, 제대로 된 '정원 건축가 architectes de jardin'라고 불리는 사람들이 활발하게 활동하기 시작했다.

프랑스 정원의 전개는 농업의 발전 및 사회의 통일과 보조를 맞추어 이루어졌다는 점에 항상 유의해야 한다. 그러므로 리슐리외 추기경이 취한 조치가 없었다면 정원의 변혁이 이 정도로 빨리 이루어지지 않았을 것임을 알 수 있다. 알려진 바와 같이 라로셀을 점령한 다음 날 그는 반기를 든 수 명의 영주들에게 '가장 치욕스러운 벌', 즉 그들의 성채를 뿌리째 헐어 버리라는 명령을 내렸다. 그리고 그것을 재건하는 일은 그들의 자유에 맡겼는데, 다만 그것이 공격을 견디어 낼 정도로 견고한 것이어서는 안 된다는 조건을 달았다. 이렇게 해서 방데, 랑그도크, 노르망디, 일드프랑스에 새로운 양식의 커다란 성들이 많이 생겨났다. 즉 외호도, 성루도, 성벽도 없고, 문이며 창이 바깥쪽을 향해 크게 열리는, 순전히 주거를 위한 건물 양식이다.

균형잡힌 외관과 정원의 축

파사드가 대칭 구성에 포용되어 축선을 갖는 정원, 그런 정원이 딸린 최초의 궁전은 르메르시에Lemercier가 건설한 리슐리외의 성인데, 거기에서 처음으로 중앙의 길이 앞쪽의 숲을 횡단하여 뻗어 나가는 도로로 계획되었다. 1657년 센 강변에 세워진 메종 성은 건축가 프랑수아 망사르(François Mansart, 1598~1666)의 첫 작업이었다. 프레네 성도 망사르에 의해 세워졌으며, 샹 성에서는 울타리처럼 깎아서 손질한 커다란 느릅나무가 처음 선을 보였다. 또 쿠랑스Courances 성에서는 빼어난 연못 덕분에 파사드가 더 넓어 보였다. 몽테스팡 부인을 위해 쥘 아르두앵 망사르(Jules Hardouin-Mansart, 1646~1708)가 세운 클라니Clagny 성은 그의 초기 작품에 속한다. 1673년 콜베르를 위해 세운 소Sceaux 성은 그 후 멘느Maine 공의 집이 되었다.

이때에 프랑스의 궁전 건축과 정원에 혁명을 가져온 세 사람의 대가가 나타났으니, 앙드레 르 노트르(André Le Nôtre, 1613~1700), 프랑수아 망사르, 그리고 그 조카의 아들인 쥘 아르두앵 망사르가 그들이다. 앙드레 르 노트르는 마리 드 메디시스가 뤽상부르 정원을 만들게 했던 조원가 가운데 한 사람인 장 르 노트르의 아들로, 보르비콩트, 베르사유, 샹티, 디종의 정원을 계획하고 실현했다. 프랑수아 망사르는 블루아의 성에 하나의 담으로 막은 지역을 덧붙였다. 또 쥘 아르두앵 망사르는 베르사유 궁전, 앵발리드의 돔, 방돔 광장, 빅투아르 광장, 그랑 트리아농, 마를리 궁전을 만들었다.

르 노트르의 예견

그러나 앙드레 르 노트르도, 프랑수아 망사르도, 또 쥘 아르드앵 망사르도 만일 선구자들이 그 길을 닦아 놓지 않았더라면 이러한 경력을 갖추지는 못했으리라. 그 선구자는 클로드 몰레와 아들인 앙드레 몰레, 자크 보이소 드 라 바로드리, 그리고 루이 르 보(Louis Le Vau, 1612~1670)이다. 몰레 부자와 보이소 드 라 바로드리 세 사람은 모두 앙리 4세와 루이 13세 치하에서 왕실 정원을 감독하고 있었다. 루르나 튈르리의 건축가로서 르메르시에의 뒤를 이은 르 보는 보르비콩트 성을 세우고, 베르사유의 전체 계획을 만들어 그 건설에 착수했다.

프랑스 정원의 새로운 양식이 지방이 아니고 먼저 뤽상부르에서, 그리고 이어 튈르리라고 불리던 파리Paris 땅에서 생겨났다는 점은 주목할 만한 일이다.

보이소 드 라 바로드리의 작품인 뤽상부르 궁의 정원은 정원과 궁전이 일체가 된 최초의 예다. 이후로 한창 성행하게 될 구성 원리의 싹이 거기에

보이소 드 라 바로드리 〈뤽상부르 정원〉

서 보인다. 궁전의 전면에는 파르테르가 연못을 에워싸고 있고, 멀리 키가 큰 나무숲이 있다. 말하자면 성의 축선 위에 작용하는 원근법이 시선을 지평선으로 이끄는 것이다. 지금의 뤽상부르 정원에서도 이 계획의 큰 줄기를 잘 파악할 수 있다. 다만 난간과 1848년에 만들어진 프랑스 왕비들의 조각상은 별도다. 궁전에서의 조망은 정원을 가로질러 아르쾨유의 고지까지 뻗어 나가지만, 거기에는 지금까지도 로마 시대에 건설된 수로가 남아 있다. 이 수로는 유스티니아누스 황제 시대, 루테티아(파리의 옛 이름)를 통과해 마리 드 메디시스의 정원에 물을 대기 전에는 이 시가지에 물을 공급하고 있었다.

튈르리 정원은 르 노트르의 작품이다. 그는 이 정원을 고칠 때 뤽상부르 궁의 정원에서 힌트를 얻었다. 그는 강가의 테라스에 중심을 두지 않고 시선

을 훨씬 북으로 옮겨 궁전의 파사드 중앙에서 서쪽을 향해 축선을 긋고 샤요
궁의 높이로 조망을 연장해 놓았는데, 이것이야말로 '샹젤리제Champs-
Élysées'라는 이름의 참된 개선로요, 프랑스 자체의 축선을 형성한 것이었다.

정원 건축가의 출현

'정원사'가 '정원 건축가'에게 그 자리를 넘겨준 것은 1650년경의 일이다.
이것을 이해하려면 보이소 드 라 바로드리의 『정원론』(1638)이나, 앙드레 몰
레의 『정원의 즐거움』(1651)이라는 책을 뒤져 보면 충분하다. 거기에 적혀 있
는 정원 이론은 분명히 르 노트르의 재능으로 이어져 있다. 몰레는 그 중에
서도, "파사드에 수직으로 된 큰 가로수 길을 만들 것, 이 가로수 길은 반드
시 조각상 또는 분수로 끝낼 것, 즉 건물의 앞쪽에는 반원 또는 사각형의 커
다란 광장을 두어, 넓은 조망을 차단하는 일이 없게 할 것"을 권하고 있다.
　파르테르에도 마찬가지로 중요한 변화가 있었다. 르네상스 시대의 '네
모반듯한 구획을 바둑판 무늬로 줄을 세우는 방법'은 훨씬 큰 구성, 변화가
훨씬 많은 축선으로 바뀌었다. 채소는 모습을 감추고, 키가 작은 꽃 아니면
이것과 좋은 대조를 이루는 관엽식물로 바뀌었다. 잘 사용되는 도안은 반듯
한 네모 속에 있는 네 개의 아라베스크 또는 자수 문양을 조합한 것이었고,
그 중앙에는 연못이 배치되었다.
　루이 13세 무렵의 베르사유 최초의 화단, 뤽상부르 궁의 정원 화단 또한
그와 같이 만들어져 있었다. 베르사유의 화단은 자수 문양의 파르테르였는

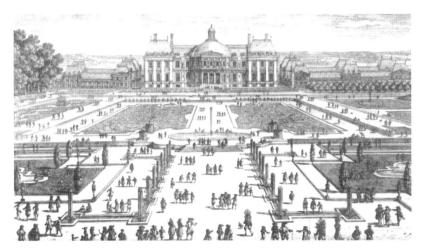

아담과 니콜라스 페렐 〈보르비콩트〉 1688 동판화

데, 아라베스크라든가 팔메트*, 꽃줄기나 테두리 문양 등은 이스파한의 융단
이나 베네치아의 레이스에서 힌트를 얻었다. 동양에서 융단이 정원을 베끼
고 있을 때 서구에서 정원이 융단을 모방하기 시작했다는 것은 흥미로운 일
이다. 클로드 몰레(앙드레의 아버지)는 여전히 깎고 다듬은 회양목으로 화단을
에워싸도록 했으나, 이 블루아와 빌랑드리의 추억은 얼마 안 되어 모습을 감
추었다.

　　요컨대 새로운 양식의 정원 요소는 축선, 화단, 연못, 분수 등이다. 그러
나 그것들은 아직 지휘자 없는 오케스트라의 악기처럼 여기저기 산재해 있

*palmette, 종려나무 잎을 모티프로 한 좌우 대칭 연속 무늬

었다. 그것들은 소리를 합하여 새로운 소리를 끌어내는 마법의 지휘봉이 한 번 흔들어지기를 기다리는 참이었다. 이 마법의 지휘봉을 휘두른 사람은 재무장관 니콜라 푸케(Nicolas Fouquet, 1615~1680)였다. 그가 새로운 요소를 한데 모은 곳은 '보르비콩트Vaux-le-Vicomte' 다. 그가 흔드는 손끝에서 숲 사이 빈터는 매혹적인 광장으로 변했다.

보르비콩트와 위대한 세기의 여명

아니, 오히려 거기에서 생겨난 것은 단지 매혹적인 광장이라기보다는, 아직 가지런히 갖추어지지는 않았지만, 한 생활양식의 뼈대였다. 1661년, 보(Vaux, 보르비콩트를 말함)에 날이 밝아 온 것은 흔한 보통의 새벽이 아니었다. 그것은 위대한 세기의 여명이었다.

행운을 추구하고, 세상에 흔하지 않은 다양한 즐거움을 둘도 없이 사랑했던 푸케는 "가장 활기 있고, 가장 자연스럽고, 가장 관대하게, 그리고 가장 빛나게 삶을 영위해 나가는 방법을 터득했다. … 한 마디로 말하면 가장 프랑스인다운 남자였다." 그는 재능 있는 젊은 사람을 발견하는 뛰어난 후각의 소유자였다. 그는 그러한 젊은 사람을 발견하면 곧 그를 격려하고, 후원금을 주어 가며 자신의 주변에 두었다. 경제와 정치에 커다란 잘못을 저지르기는 했어도 건축가, 화가, 시인, 조원가 등을 선정할 때에는 절대로 과오를 범하는 일이 없었다. 최후의 '르네상스인' 으로서 그는 그 주위에 진실로 뛰어난 예술가들을 모았다. 건축가로는 르 보가 있고, 화가로는 르 브룅과 미냐르가

보르비콩트 1656-61

있으며, 조각가로는 퓌제, 쿠아즈보, 카피에리가 있다. 조원가로는 르 노트르와 라 켕티니, 그리고 작가로는 라 퐁텐, 몰리에르, 스카롱, 펠리손, 요리사로는 바테르가 있었다. 그는 이러한 인물들에게 자신의 저택을 짓고 정원을 만들게 하여 그 명성을 높이고 생활의 기쁨이 융성하기를 바랐다.

그의 저택을 건축한 이는 르 보였다. 르 노트르는 정원을 만들었다. 르 브룅은 살롱의 둥근 천장에 우의적인 초상화을 그렸고, 몰리에르는 여흥을 연출했으며, 라 퐁텐은 찬가를 썼다. 이 『우화Fables』의 저자는 꿈속에서 잠의 신 모르페우스에 이끌려 매혹의 나라로 가는 것을 상상하며 이렇게 썼다.

그는 잠든 나를

화려한 궁전으로 이끌었다
동굴, 운하 그리고 눈부신 회랑
만일 이 세상에 '보'가 없었다면
아름다움을 위한 그 장소에
결코 매혹되지 않았으리
태양 아래
파도에서 태어난 비너스도
보와는 아름다움을 견줄 수 없었으리

또 라 퐁텐은 사람들을 모두 왕자와 같은 기분으로 만드는 정원의 정령
오르테지의 입을 빌려 재무장관을 간접적으로 칭찬했다.

고뇌도 없고, 번거로움도 없고
부족한 것이 거의 없음에도
새로 열린 과일 비틀어 따내고
처음 피는 장미를 꺾어 버리는
세찬 바람 거칠어진 하늘이
격류에 파랑을 일게 하고
얼음의 제방을 쌓을 때도
저 정원은 초록빛 나무들로 가득 차
칼날 같은 겨울철인들
그 아름다움은 더더욱 해치지 못하리

정원의 역사 속으로

드디어 보가 완성되었다. 천장의 장식과 분수의 배관도 끝났다. 아름다운 꽃이 만발하고 여름이 한창 기승을 부리던 1661년 8월 17일, 푸케는 향연을 베풀기로 하고 젊은 왕 루이 14세(당시 스물세 살), 왕의 모후인 안도트리슈, 왕의 동생 오를레앙 공 필리프, 그의 아내 헨리에타 그리고 대귀족 여러 명, 즉 롱그빌 공, 보포르 공, 기즈 공 등을 초대하기로 했다. 왕비 마리 테레즈는 참석하지 않았다. 당시 그녀는 왕자를 잉태하고 있었기 때문에 퐁텐블로에 머물러 있었다.

이날에 대해서는 좀더 지면을 할애하지 않으면 안 된다. 이날은 정원의 역사뿐 아니라, 프랑스 역사 가운데서도 발걸음을 멈추고 보게 되는 날이기 때문이다.

오후 3시경 퐁텐블로를 출발한 궁정 사람들은 저녁 6시경 보에 도착했다. 날씨는 매우 좋았다. "단정하게 줄지어 선 투명하게 세공된 철제 격자를 빠져나와, 청동 기둥이 줄지어 이어지며 부속 건물과 연결시키고 있는 정원을 통해 정면 계단에 이르렀을 때" 초대된 손님들은 탄성을 억제하지 못했다. 르 노트르가 정성을 다해 만든 4,000아르팡(1,375만 제곱미터, 약 460만 평) 넓이의 정원은 화단, 잔디의 융단, 조각상, 그리고 분수들로 가득했다. 한쪽에는 큰 폭포와 넵투누스의 연못이 동굴로 인도한다. 또 한쪽에는 커다란 두 그루의 무성한 나무 사이의 빈터에서 미무슈, 베르소, 멩시 등의 방향으로 퍼스펙티브가 열려 있다. 그러나 가장 훌륭한 것은 길 양편에 우거진 잡목의 풀숲이다. 그 전방에는 약 10미터 정도의 간격으로 두 줄의 보리수가 파사드

보르비콩트 1656-61

를 향해 평행으로 나란히 서 있다. 그 부드러운 줄기는 시골집 기둥이 두 줄로 나란히 서 있는 것 같고, 그 가지와 잎이 만들어 내는 돔은 신비스러운 그늘을 펼치고 있었다. 사람들은 지금 당장에라도 숲의 요정이 나오지 않을까 하는 생각이 들 정도였다.

왕의 방문

"정면 계단을 내려와, 네 개의 분수가 놀랄 만큼 물을 높게 뿜어 올리고 있는 두 개의 커다란 운하를 지나서"라고 당시의 기록은 써 놓고 있다. "왕은 이백

보르비콩트 1656-61

개가 넘는 분수가 테를 두르고 있는 대로를 거닐었다. 분수는 적어도 앞으로 천 개 이상은 더 있는데, 거기에서 나온 물이 조개껍질이나 아름다운 수반水 盤 안으로 떨어지면서 내는 크고 아름다운 소리, 그리고 그 모양을 사람들은 넵투누스의 옥좌에 비유했다. 루이 14세는 마지막 폭포가 내려다보이는 옥 외극장에 올라 인간의 몸통만큼 굵은 약 6미터 높이의 물줄기 다발을 보면서 감탄했다."

산책 후 성으로 되돌아오자, 금실로 짠 태피스트리가 장식되어 있고, 커 다란 촛대가 줄을 서서 내부를 구획하고 있는 잇따른 살롱이 사람들을 갤러 리로 이끈다. 푸케는 거기에서 루이 14세에게 르 브룅이 그린 왕의 초상화를 증정했고, 왕은 '의외로 기분 좋게' 그것을 기꺼이 받았다.

샤를 르 브룅 〈신념의 승리〉 1658-60 캔버스에 유채 보르비콩트 성

큰 살롱의 돔 아래에 모인 궁정 사람들은 르 브룅의 걸작에 감탄했다. 불의 궁전 안에 태양을 그리고, 태양의 딸인 '시간'은 옥좌로 향하는 계단을 오르락내리락하고 있다.

태양은 하늘의 중앙에 있고, 그 새빨간 원형 위에는 한 마리의 다람쥐가 떠 있다. 브르타뉴에서는 다람쥐를 푸케라고 불렀다. 이 태양은 분명히 재무 장관을 상징하고 있었다. 그는 '모든 것에 생기를 주고, 모든 것을 비추고, 모든 것에 은혜를 주는' 광대한 직무를 맡고 있었던 것이다.

이어서 손님들은 식탁에 앉았다. 푸케가 왕에게 제공한 것은 "요리 다섯 가지, 도착했을 때 연주하던 심벌즈와 트럼펫과 바이올린, 식기 찬장 서른 개, 베네치아 자수가 놓인 식탁보와 냅킨, 접시 오백 다스, 은접시 서른여섯 다스와 금 식기 세트 한 벌 등이었다. 왕의 곁에는 금으로 만든 커다란 사탕 항아리가 있었는데 루이 14세는 부러운 듯 그것을 바라보았다."

"이 얼마나 아름다운 도금이란 말인고!"

왕은 주인을 향해 말했다.

"용서하소서, 폐하. 그것은 도금이 아니오라 진품이옵나이다."

"왕은 놀랐다. 그래서 푸케는 왕이 놀라는 것을 보고 놀랐다."고 라 파예트 부인은 쓰고 있다. 그러나 참으로 놀랄 일은 지금부터다.

밤의 축제

식사가 끝나자 사람들은 연극 구경을 위해 전나무 가로수 길로 향했다. 거기서부터는 무대뿐만 아니라, 밝게 조명이 비춰진 저택과, 그 열려 있는 창 저쪽에 보이는 샹들리에가 반짝반짝 빛나고 있었다.

거대한 조개껍질이 땅속에서 조금씩 솟아오르며 벌어지더니, 그 안에서 한 사람의 요정이 나타났다. 그것은 베자르였다. 신상神像들 사이에 있던 나무들 사이에서 나타난 "그녀의 자태가 너무나 훌륭하고 아름다웠기에 수목이나 조각상마저도 숨을 멈추어 버리는 것 같았다." 그때, 하늘 높이 물을 뿜고 있는 스무 개의 분수에 에워싸인 이름이 알려진 이 여배우가 왕에게 이와 같이 찬사를 보내는 것이었다.

"이 세상에서 가장 위대하신 왕을 이 훌륭한 장소에서 뵈옵기 위해 저는 동굴 속 깊은 곳에서 나왔습니다."

펠리손이 쓴 프롤로그, 발레, 르 브룅이 무대장치를 맡은 몰리에르 작의 〈잔소리꾼〉은 이때, 이곳에서 초연된 것으로 오늘날에 알려져 있는데, 이런 것들이 차례차례 공연되었다. 이 밤에 대해 말하려면 라 퐁텐의 글이 가장 잘 어울리겠지만, 이 밤에 대한 그의 서술은 명확성이 약간 부족하다. 너무 나 훌륭한 광경의 연속에 말을 잃어버려서인가, 그렇지 않으면 취하여 너무 기분이 좋았기 때문인가. 그러나 "보가 이 밤만큼 아름다웠던 일은 없었다." 라고 한 그의 말은 두말 않고 믿을 수 있다. 거기에는 무엇보다도, 완고한 사 람들마저 놀라게 했을 그럴 만한 일이 있었던 것임이 분명하다.

"하얀 다마스크 직물로 장식된 금색 곤돌라가 하얀 비단 의상을 두른 상 앗대를 올려놓고 운하 위를 미끄러져 간다. … 오랑주리에서 콘서트가 열리 고, 풀숲의 그늘 속에서 음악이 연주되어 오보에나 플루트 소리가 들려온다. 잔디는 조명으로 밝았는데, 이것은 등불을 풀잎 속에 감추어 놓은 것이었다. 사람들은 어디까지가 성이고 어디부터가 정원이 시작되는 것인지 분간할 수 가 없었다. 날이 저물 때를 생각해서 호숫가에는 왕을 위해 흰 다마스크 천 막이 쳐 있었고, 거기에는 장중하게 은세공된 거울을 계단 형태로 만든 뷔페 식탁이 있었다. 네 군데의 사거리 통로에는 항상 초록의 풀로 태피스트리를 만들어 걸어 놓은 정자가 있었다." 성이 어디에서 끝나고 정원이 어디에서 시작되는지 모르는 그 이상으로, 어디까지가 인공이고 어디부터가 자연인지 알 수가 없었던 것이다.

갑자기 그 모든 것이 불타올랐다. 물놀이가 끝나고 불놀이가 시작된 것

보르비콩트 1656-61

이다. 동굴이 밝아졌다. 멩시 쪽에 있는 언덕 전체가 불에 둘러싸인 것처럼 보였다. 암벽의 정면, 전경前景을 이루는 우거진 잎이 벵골의 불꽃 가루를 뒤집어썼다.

그대여 생각해 보라

라 퐁텐은 친구인 모크루아에게 다음과 같이 써 보내고 있다.

그대여 생각해 보라

우린 무수한 불화살이

한꺼번에 시위를 떠나는 것을 보았노라

그것은 넓은 하늘에 불꽃 길을 그렸고

밤을 떠밀어 장막을 헤쳤다

마치 별이 떨어져 내리는 것 같던 그 장관

그대여 흔치 않은 이 광경을

그리고 격렬했던 소리의 울림을 생각해 보라

작렬하는 소리, 바람을 끊는 그 신음 소리

불기둥에서 날아오른 불화살

이것은 싸움이었다

천둥의 아들들

서로 다투며 싸움을 바라보는 듯

그것은 토렐리가 만든 불꽃이었다. 그것은 성의 건물들이나 정원의 경관, 그리고 반짝이는 물을 어둠 속에 붕 뜨게 하면서 붉은 섬광으로 밤하늘을 가득 채우게 했다.

루이 14세의 분노

초대 손님들은 이 광경에 말을 잃었고 다만 놀란 눈으로 바라볼 뿐이었다.

한밤중이 지났는데도 누구 하나 돌아가려 하지 않았다. 다만 왕만이 초조함을 보이기 시작했다. 하늘이 밝게 비치면 비칠수록 그만큼 그의 얼굴에는 어두운 그늘이 짙어 갔다. 새벽 두 시경, 그는 밤이 더 깊기 전에 퐁텐블로에 되돌아가고 싶었다. 더 이상 왕비를 혼자 두고 싶지 않다는 구실로 출발 신호를 보냈다. 큰 북소리가 로마풍의 불꽃 폭음에 섞여 왕을 호위하는 근위병들에게 집합 명령을 전했다. 짧은 명령 소리가 메아리치는 사이에, 왕은 그를 위해 준비해 두었던 과일, 냉과, 사탕과자로 만든 냉요리 등이 차려진 뷔페로 안내되었다. 그러나 그는 아주 조금 입에 대었을 뿐, 곧 사륜마차에 신호를 보냈다.

그 순간, 불화살 다발이 '회오리 같은 소리', 마치 '격전의 한복판에 두 개의 군단을 진격시키는 커다란 트럼펫 소리'와도 같은 굉음을 내면서 성의 원형 탑에서 솟아올랐다. 그 소리가 너무나 처참했기 때문에 태후의 마차를 끄는 말이 얼이 빠져 버렸다. 그 두 마리의 말은 고삐를 끊고 뛰쳐나가 부속실의 벽에 머리를 부딪쳐 죽고 말았다. 그럼에도 이 소음은 진정되지 않고, 마치 성 전체가 화염 속에 타 버리는 것 아닌가 생각될 정도로 불꽃이 맹위를 부렸다. 왕의 출발에 대한 인사였던 이 최후의 불꽃은, 동시에 오래지 않아 닥칠 대재앙의 예고이기도 했다. 이런 소동들은 왕이 마차에 탈 때까지 끝나지 않았다. 라 퐁텐이 이날 밤을 묘사한 것을 보면 한술 더 뜨고 있다.

'보'의 땅이란 땅은 모두
왕의 기쁨을 얻기 위해 다투었다
음악, 물, 빛, 별마저도

보르비콩트 1656-61

그러나 이것은 환상에 지나지 않았다. 실제로 왕의 기쁨은 미미했고, 그는 다만 예의상 그것을 겉으로 나타내지 않았을 뿐이다. 퐁텐블로로 되돌아 오는 마차 안에서, 태후는 그가 '뾰로통한 얼굴을 하고 고집스러운 태도를 보이고 있는 것'을 보았다. 이것은 나쁜 징조였다. 사실 젊은 왕의 노여움은 가라앉지 않고 끓어오르고 있었다. 그는 지금까지 이토록 경시당하고 치욕을 느끼고 외면당한 적은 일찍이 없었던 것 같다는 생각을 했다.

이와 같은 대규모의 호화로움 앞에서 그는 너무나 가난했고 벌거숭이나 다름없었으며, 참으로 비참하다고 생각했다. 습하고 낡고 우중충한 고성古城에 살면서 '발을 집어넣으면 쑥 빠져 버릴 정도'로 헤어지고 너덜거리는 침구에서 잠을 자며, 밀어붙이는 것 같은 재무장관의 달갑지 않은 호의에 의존

하지 않으면 안 되다니….

왕은 재무장관의 영화가 공금을 탕진한 결과라는 데 분통이 터졌고, 또 콜베르(콜베르의 문장은 푸른색의 구부러진, 독 없는 뱀이다)의 고발도 있었다. 즉 마자랭 재임 중에 누적된 거액의 지출, 공과 사가 불분명한 푸케의 자금 사용, 왕이나 되는 것처럼 거드름을 피우는 거동, 무엇을 해도 관계없다는 안하무인의 생각, 보의 돔에 자신을 태양과 비견해서 표현하는 건방진 오만, 더군다나 태양의 중심에 다람쥐(푸케처럼 무엇이든지 갉아먹는다) 그림을 그리게 하여, 거기에 '어디까지라도 올라간다'고 써 놓은 것 등등이 고발되지 않을 리 없었다.

재무장관은 자신의 주변에 그 시대에 가장 재능 있는 예술가나 작가를 모으고, 자신만의 방법을 그 시대의 인상印象으로 삼으며, 금력과 권력을 자기 것으로 하려 했다. 그는 그것만으로는 마음이 차지 않아서, 성을 건축하고 정원을 만들고, 발레의 연출, 기타 생활양식에 이르기까지 모든 것을 좌지우지하며 주름잡겠다는 생각을 했다. 터무니없게도 그런 특권을 손안에 넣으려 했으니 이는 지나치다 아니할 수가 없었다.

총애를 잃은 푸케

절대 용서할 수 없는 일이었다. 왕으로서는 푸케의 존재 자체가 숨막히는 일이었다. 마숑이 나중에 말한 바와 같이 "우리들보다 빛나 보이는 것 모두가 우리들에게 상처를 준다. 우리들의 영향력을 희박하게 하는 것 모두가 우리들을 가혹하게 하는 것이다."

왕의 자존심이 커다란 상처를 입었기 때문에 시샘과 질투와 증오심이 뱀과도 같이 사나워져서 그의 마음을 괴롭혔다. 그는 뒤에 『회상록』에서 "나는 이제 어린애가 아니다."라는 생각을 했다고 적고 있다. "나는 나라의 각 방면에 눈을 돌리기 시작했다. 되어가는 대로 따라가는 눈으로서가 아니고, 지배자의 눈으로서." 그 말은 옳다. 하자는 대로 따르던 시대는 이제 끝났다. 그는 명령하고 선두에 서서 도전하지 않으면 안 되었으며, 그러기 위해서는 참으로 균형 잡힌 전환이 필요했다.

당장 재무장관을 파면했으며, 법정으로 끌어내어 오명을 씌워 사라지게 만들었다. 한차례 높이 올라갔던 다람쥐는 그 뒤 어디까지 추락해야 할지 모르는 처지가 되었다.

만일 루이 14세가 스스로 받은 충격대로 일을 처리했더라면 푸케는 즉시 체포되었을 것이다. 그것을 반대한 이는 태후였다. 에스파냐식 에티켓이 아직까지 몸에 배어 있는 그녀는 자기 집에 초대해 준 남자를 체포할 수는 없다고 생각했다. 그러나 푸케에게는 그것이 그다지 도움이 되지는 않았다. 그 결정은 보름 후 집행되고 말았다. 정확히는 1661년 9월 5일이다.

이 충격적인 사건은 프랑스 안에 뇌성벽력과 같이 파급되었다. 정보통이었던 볼테르의 짧은 문장을 토대로 위고는 이렇게 쓰고 있다. '8월 17일 저녁 여섯 시에는 푸케가 프랑스의 왕이었으나, 다음날 새벽 두 시에는 이제 더 이상 아무것도 아니었다." 이 소식을 듣고 푸케의 친구들은 경악했다. 많은 친구들이 불운한 그에게서 등을 돌렸으나, 적잖은 사람들은 변하지 않고 더욱 그에게 충실했다. 세뷔녜 부인, 펠리손, 라 파예트 부인 등은 그를 위해 온갖 중재를 다했다. 라 퐁텐은 유명한 비가를 썼다.

> 깊은 동굴 속을 그대들의 울부짖는 소리로 채워
> 울어라 보의 님프들이여

그러나 아무 소용이 없었다. 왕은 더욱 완고해지기만 했다. 그는 푸케를
피네롤로 성채에 유폐하도록 명령했다. 그렇게 해서 세뷔녜 부인은 브르타
뉴에 틀어박혔고, 라 퐁텐은 리무쟁의 숲에 그 슬픔을 묻으러 갔다. 보의 님
프들은 점점 탄식만 더해 갈 뿐 별 수가 없었다. 그렇지만 음모나 범죄가 이
처럼 횡행했음에도 이 시대는 아름다운 시대였고, 이 폭포처럼 쏟아지는 눈
물 속에서도 '베르사유Versailles'는 태동하고 있었던 것이다.

베르사유의 태동

루이 14세는 어떻게 해서 이 조화로운, 훌륭한 걸작을 실현할 수 있었는가.
도오 세뷔녜 부인은 몇 년 후 이와 같이 쓰고 있다. "이런 종류의 왕실풍의
아름다움은 세계에도 드문 것이다." 왕은 푸케를 본보기로 삼아 많은 도움을
받았으며, 거기에서 교훈을 얻었고, 시인, 건축가, 화가, 요리사, 서적, 도기
(분명히 그는 저 유명한 사탕 항아리를 잊지 않고 있었음에 틀림없다) 등 모든 것을
거기에서 받아들였다. 그는 보의 성과 정원을 만든 예술가들을 모아 놓고,
해야 할 작업이 이제 다 끝났다고 생각하고 있는 그들에게, 왕의 영광은 아

직 갓 태어난 아기의 울음에 불과하다는 것을 깨우쳤다.

　　피에르 드 노라크와 오귀스탱 코셍의 훌륭한 저작이 있는데 새삼스럽게 베르사유에 대해 말할 필요가 없을지 모르나, 다만 베르사유를 이 '정원의 신화학' 가운데에 끌어들여 놓고 한 가지 해석을 시도해 보고 싶은 마음은 있다. 왜냐하면 그 보는 법을 아는 사람에게 베르사유는 숲을 일구어 놓은 하나의 빈터, 그것도 승화하여 모양이 바뀐 빈터로서 프랑스의 정원 기술이 절정에 달해 있는 장소이기 때문이다.

자연을 정복하는 오만한 기쁨

루이 14세의 공적을 트집 잡기 위해 덤벼드는(그렇게 말해도 크게 상관없으리라) 일이라면 결코 남에게 뒤떨어지지 않는 생 시몽은, 왕이 베르사유에서 "자연을 상대로 맹위를 떨치려다가 자연에게 패했다."고 비난했다. 그러나 이것은 비난이라기보다 오히려 찬사가 아닐까? 왕이 자신의 뜻을 펼치기 위해 넘어야 했던 어려움은 오늘날 상상하기조차 힘든 것이었다. 베르사유는 취미와 지혜의 승리이기 이전에, 의지의 승리였다. 왕이 그곳을 자신의 통치 무대로 정하기 이전, 그곳 풍경이 어떠했을지 상상해 보지 않으면 안 된다. "모래가 많은 평범한 언덕, 초록색으로 덮여 있는 두 줄기 언덕 사이에 잡목과 황무지가 펼쳐져 있고, 얕은 물이 오래되어 썩은 냄새를 풍기는 광대한 저지대"였다고 라울 지라르데는 쓰고 있다. 이렇다 할 경치도 없었다. 가까이에서 분수에 물을 댈 시내도 없었으려니와, 나뭇가지를 다듬어 이리저리

아담 프랑 반 데르 묄랑 〈베르사유 궁의 건설〉 1669 캔버스에 유채 103x138.5cm 런던 로얄 컬렉션

샛길을 만들 만한 숲도 없었다. 연못을 파거나, 특히 전부터 있어 온 언덕 모습을 변화시킬 테라스를 구축하기 위해서는 많은 양의 흙을 파서 다른 곳으로 옮기지 않으면 안 되었다. 루이 14세는 '프레카레(pre carre, 大花壇)'를 크게 잡기 위해, 지방을 정복하는 것과 같은 술책을 부려 늪지나 물웅덩이를 합치지 않으면 안 되었다. 나무는 모두 먼 곳에 있는 삼림에서 운반해 와서 심었는데 도피네의 전나무, 노르망디의 주목, 컴피에뉴와 플랑드르의 느릅나무와 보리수 등이다. 왕이 베르사유를 위해 겪은 갖가지 곤란 중에서도 분수대를 설치하는 것이 가장 힘들고 장애가 많았다. 그렇지만 수력학水力學과 프랑스의 과학 전체에 남긴 발자취를 고려할 때, 분명 그것은 가장 영광스럽고 또 가장 유익한 일이었다. 무거운 연관이 지나가는 지하도, 랑뷔에까지 미치는 그물같이 뻗은 거대한 운하와 저수지 체계, 먼저 클라니에, 뒤이어

피에르 파텔 〈베르사유〉 1668

마를리에 설치한 급수기와 같은 시설들은 완강한 자연을 상대로 뼈를 깎는 노력을 쏟은 결과요, 인간의 승리였다. 두 세기 이상의 오랜 세월에 걸쳐 이 곳 경치를 지배해 온 부드러운 조화에 속아 넘어가서는 안 된다. 그것은 결코 우연한 기교를 부려 생겨난 것이 아니고, 격렬한 도박과도 같은 싸움의 결과다. 그것은 오랜 동안의 노력과 정열과 연구와 노동력과 인내와 재능의 성과인 것이다.

"의지의 승리는 동시에 숭고한 정신의 승리기도 하다. 왜냐하면 그것은 건축 구성의 기본 원리를 처음으로 정원 예술에 적용한 천재 앙드레 르 노트르의 위대한 창조였기 때문이다. 중앙의 커다란 가로수 길, 규칙적인 바둑판 무늬로 된 구획 분할, 성에서 볼 때 대칭이 되게 만든 풀숲, 기하학적인 엄밀성을 가지고 깔아 놓은 정원 사이의 길, 평지와 고지의 안배, 명암의 분배, 무성한 식물들, 연못, 퍼스펙티브 등에 조금의 흔들림도 없다. 빛마저 건축물과 어울리도록 마치 그 형태를 고정시켜 놓아서 여러 가지의 생각을 하게 만드는데*, 무엇보다도 치밀한 구성에 따르고 있는 것 같았다." 베르사유의 정원은 훌륭하게 구성하고자 최선을 다한 최고의 숲 속 빈터다. 루이 14세는 르 노트르의 도움 없이는 결코 이것을 실현할 수 없었을 것이고, 르 노트르 또한 언제나 변함없는, 왕의 적절한 비호가 없었다면 이를 달성하지 못했을 것이다.

*Raoul Girardet, Introduction a La Maniere de montrer les Jardins de Versailles, par Louis , Paris, 1951, pp.11-12.

르 노트르의 원칙

이 작품을 완성하기 위해 르 노트르는 몇 개의 원칙을 세웠고, 그것을 왜곡하는 일 없이 훌륭한 솜씨로 달성해 냈다. 그 원칙을 요약하면 다음과 같은 것이 될 것이다.

첫째, 정원을 부지의 형태에 따르게 하지 않고, 정원에 따라서 부지의 형태를 변경시킨다. 둘째, 정원은 그 중심으로부터 대칭으로 전개한다. 논리적으로 기교 있게 구성된 논설처럼, 그 중심점에서 전체를 조망할 수 있어야 한다. 그는 어떻게 이 원칙을 실현했을까. 조르주 레몽이 한 말을 들어 보자.

"'르 노트르는 화가로서 이 정원을 이미지화하여 구성했다. 그는 화가로서 그림의 배경, 빛과 색채의 효과를 탐구했다. 사람들은 그의 구상이 온화하다는 것을 보고 틀림없이 놀랐을 것이다. … 그러나 르 노트르의 재능은 유달리 그의 논리성, 명쾌함, 균형, 크기 등에서 빛을 발한다. … 데카르트의 논술과 같이, 거기에는 지성과 깊이 있는 생각이 숨쉬고 있다. 베르사유의 설계도를 검토하면, 유독 그의 남성적인 미가 명확해진다. 먼저 세 개의 큰 통로, 앞뜰, 광장이라고 하는 궁전의 도입부가 있다. 다음은 궁전과 축선을 대등하게 하는 정원이다. 중앙의 가로수 길은 구성 전체를 지배하고, 대축선 혹은 대로를 형성한다. 모든 것은 이곳에서 모습을 나타내고, 전개되고, 질서가 세워져 자리잡게 된다. 여기에서는 그가 만든 다른 모든 정원과 마찬가지로, 주거와 정원의 뼈대를 긴밀하게 결합하는 것이 가장 중요한 요소가 된다."

"장식적인 조각상, 잔디의 융단, 초록으로 둘러싸인 공간, 이것들을 모

피에르 퓌제 〈크로토나의 밀로〉 1671-82
1683년 베르사유 궁에 놓였다가 1819년 루
브르 미술관에 소장되었다.

두 갖춘 르 노트르의 정원은 비례, 정신, 장중함 등에서 궁전 건축의 재현이다."

"정원에 주거와 같은 축선을 둔다는 생각 그 자체는 분명 새로운 것이 아니다. 이미 뤽상부르나 튈르리의 당초 계획이 보여 주고 있는 그대로다. 그러나 르 노트르는 거기에서 훌륭한 것을 끌어내는 기술을 알고 있었다. '그는 좁은 조망에 견디지 못했다'라고 동시대의 사람들은 증언하고 있다. 그래서 그는 주거지 주위에 공간을 두고 건물 자체를 일종의 기단基壇 위에 올려놓는 한편, 수목의 줄을 가능한 멀리 떨어져 있게 했던 것이다."

"그리고 나서 그는 세로로 수직의 굵은 축선을 대담하게 긋고, 그 양쪽 끝에 전혀 다른 경치를 배치한다. 베르사유에서 볼 만한 것 가운데 하나는 초록의 융단을 깐 길이 운하에 의해 다시 늘어나 수평선 너머까지 시선이 미치는 것이다. 이 조망은 참으로 독특하여 유례없는 장엄함을 갖추고 있으며, 저녁나절 한때, 하늘의 그림자가 연못에 내리비치고 있을 때는 말을 잃을 정도의 조화롭고 아름다운 광경이 연출되어 마치 꿈을 꾸고 있는 듯하다. 주축主軸의 한쪽 끝에서 성 쪽을 되돌아보면, 거기에는 멀리 초록의 융단을 둘러싸고 있는 높은 나무 사이에 궁전의 실루엣이 또렷하게 떠올라 있어, 이 조망 또한 새로운 인상을 준다." 르 노트르가 성을 약간 높은 대지 위에 건립했기 때문에, 성은 지면에서 떠올라 있는 것처럼 보이고, 그 희고 큰 건물은 올림포스의 꼭대기에 있는 것 같아 보인다.

왕이 손수 작성한 베르사유 안내서

베르사유에 대해 저술된 책은 도서관에 가득하다 할 만큼 많다. 그 가운데 그다지 알려지지는 않았으나 두꺼운 책에 충분히 필적할 만한 작은 책, 불과 몇 쪽밖에 안 되는 텍스트 한 권이 있다. 그것은 루이 14세가 손수 쓴 것으로, 『베르사유 정원 관람법』이라는 제목의 책이다.* 이 몇 쪽짜리 책은 국립 도서관 판화실에 보존되어 있다. 매우 얇은 책이지만 이 책에는 진정으로 흥미를 돋우는 것들이 있다. 이 책은 1690년에서 1699년 사이에 씌어진 것으로 보이는데, 이 시기야말로 바로 베르사유의 장식이 마침내 완성되던 가장 위대한 시기가 아니던가.

"대리석으로 만든 봉당封堂인 현관을 통해 성을 빠져나와 테라스로 나오고, 계단에 멈춰 서서, 물에 인접한 파르테르의 배치와 정자로 된 분수를 볼 것. 이어서 반듯하게 앞을 향해 라돈(그리스 신화의 거대한 용) 언덕으로 가서 거기에 멈추어 서서 라돈, 전갈, 난간, 조각상, 왕의 길, 아폴론 운하를 구경하고, 되돌아서서 물의 파르테르와 성을 볼 것."이라고 이 책은 말하고

■■
*1951년 플롱 서점에서 발간

있다.

볼 것, 볼 것, 이것은 명령이다. 혼자 지껄이는 것도 명령으로 생각한 점에서 복종을 받는 데 익숙해 있는 사람임을 잘 알 수 있다. 그가 방문자에게 풀숲을 경유하도록 권유한 것은, 사실상 '행진 명령'이다. 단순한 말투임에도 이 텍스트에는 어떤 장중함이 있고, 그의 의견에서 권위를 느낄 수 있다. 이 책에 통찰력 넘치는 서문을 몇 쪽 쓴 라울 지라르데는 다음과 같이 말한다.

"우선 여기에서 발견되는 것은 왕이 모든 것에 대해 보여 주고 있는 자상한 배려다. 그리고 여러 가지 세부 사항을 마련하게 하고, 르 브룅의 데생과 마찬가지로 콜베르의 견적을 조사해서 주석을 달게 한 정연한 방법이다. 그래서 간략한 말인데도, 거기에는 소유자로서의 긍지에 덧붙여 창조자로서의 기쁨, 그리고 자랑이 섞여 있음을 감지할 수 있다. 이 문장을 읽는 사람들은 베르사유가 왕의 작품이고, 그의 기쁨과 영광을 위해 만들어진 것이며, 왕의 성격이 반영된 것이고, 그의 위대함이 합쳐져 만들어진 것이라는 점을 잊을 수 없게 된다. 특히 탐구해야 할 것은 정원의 정신으로, 이는 위대한 세기에 대한 최고의 '오마주'인 베르사유 장식의 진수라 할 수 있다. 루이 14세의 텍스트에는 아무런 목표 없이 하는 산책 따위에 대해서는 어떤 언급도 하지 않고 있다. 산책은 왕의 생활 속에 있는 하나의 행사이고, 왕의 생활에서 지켜야 할, 다른 모든 행동과 동일한 원칙에 따라 규제받아야 할 무엇이다. 그것은 예절의 범주에 속한 것이고, 의식이라고도 할 수 있다. 산책은 행렬이나 왕의 행차에서 볼 수 있는 것과 동일한 질서에 따르게 되어 있다. 그 몸짓과 걸음걸이 하나하나를 정확하게 정해 놓은 안무처럼, 정해진 시간 안에 규정되고 예정되고 계산되는 것이다. …소사나무 가로수, 대리석이나 분

베르사유 궁 1662-1700

수들 사이를 지나 정해진 리듬으로 조용조용 걷는 왕의 행렬은, 정말로 흥미
진진하다."*

풀숲

그렇다면 왕이 제법 강제성을 띠며 우리에게 방문하도록 권유한 '풀숲'이란
도대체 어떤 곳일까. 그곳은 중앙의 커다란 숲 속 빈터의 양쪽에 위치해 있

*Raoul Girardet, op. cit., pp.3-4.

고, 마치 보석상자의 내부라도 되는 양 생나무울타리로 에워싼 '부차적인 빈터' 다. 이 이미지는 항상 마음 속에 떠올리지 않으면 안 된다. 가는 곳마다 원칙이 되어 있는 것이니까. 이것은 베르사유의 각별한 매력 가운데 하나이며, 당시에는 지금보다도 그 수가 훨씬 많았다. 오늘날에는 콜로네이드colonnade, 열주와 무도실salle de bal만 남아 있다. 열 개 남짓한 다른 것들은 없어져 버렸다. 수풀 사이의 이 빈터들은 끊임없이 주의를 기울여 가위로 깎고 다듬은 키 큰 소사나무에 에워싸여 있다.

중국인이나 일본인이 수목이 자연적으로 자라나는 것을 방지하기 위해 끊임없이 깎고 다듬는 것이 생각난다. 그러나 그것은 특이성을 강조하여 어딘가 색다른 데가 있는 신기한 실루엣을 주기 위한 것이었다. 그러나 베르사유에서 하는 수목 다듬기는 그것과 완전히 반대되는 원칙에 의거하고 있다. 즉 일부러 눈에 띄는 것을 피하고, 기하학적이고 건축학적인 '규율'에 따라 가기 쉽도록 무턱대고 직선 형태로 깎는 것이다. 그것은 바로 잎으로 이루어진 벽이라고 할 수 있는 것이며, 극장의 배경 그림과 같은 것이다.

이러한 풀숲은 사실 나뭇잎으로 이루어진 돔 아래에 설비해 놓은 옥외 살롱이 되어 여러 가지 오락의 무대가 되었다. 그것들은 모두가 독특한 형태를 갖추었다. 즉 대리석 조각상이나 금색으로 빛나는 신상, 수반이나 큰 촛대, 갖가지 형태로 물을 뿜는 분수대, 그 모든 것이 대칭을 이룬 잔디나 바위굴의 구성 등 나름대로 특색을 갖추고 있었다.

그 중에서도 가장 아름다웠던 것은 1674년에 완성한 '물의 극장Théâtre d'eau'의 풀숲이었다. 이것은 반원형이며, 소사나무의 생울타리를 두른 세 단의 잔디로 이루어졌고, 잔디로 꾸민 일종의 연단을 향해 널찍하게 펼쳐져

베르사유 궁 1662-1700

있었다. 거기에는 어린아이들이나 백마의 무리, 트리톤*의 중앙에 '세 물줄기의 웅장한 전경', 즉 여울을 이루는 세 개의 물줄기가 각각 세 개의 조개 수반으로부터 흘러내리고 있었다. 이것은 물 그 자체를 구경하기 위한 하나의 극장이다. "더욱 놀라운 것은 분수의 개수였고, 그것이 운하의 중앙이나 길 양쪽으로부터 물을 뿜어 올려 각각 다른 여러 가지 형태를 그려 내고 있었다."라고 페리비앵은 쓰고 있다. 왕에게 헌정한 서사시 안에, 분수 관리사

*그리스 신화에 나오는 바다의 신 포세이돈의 아들들

베르사유 궁 1662-1700

인 클로드 드니스는 열 가지 종류의 조합을 연속해서 그려 낼 수 있다고 의기양양하게 말하고 있다. 사람들은 이백 줄기의 물이 분출하며 만들어 내는 돔형과 창형槍形의 조합, 단순한 직사直射, 단순한 깃털 장식 모양의 분사噴射, 단순한 교차형, 깃털 장식 모양의 분사를 동반한 돔형, 돔형의 분사를 동반한 직사, 단순한 창형, 깃털 장식 모양의 분사를 동반한 직사, 돔형을 동반한 백합꽃 모양의 분사, 그리고 마지막에 일제히 갖가지 돔형을 화려하게 뿜어 올리는 분수들을 차례차례로 즐겁게 구경할 수 있었다.

풀숲에는 그 밖에도 '왕의 섬' '돔' '회의실' '에드아르' '콜로네이드'

베르사유 궁 1662-1700

'개선문' 등이 있었으며, '아폴론이 목욕하는 숲'에는, 지라르동이 만든 등장인물 조각들이 라신의 비극을 완벽하게 표현하고 있었다. 아폴론이 목욕하는 숲은 풀숲이라기보다는 오히려 장식된 동굴이었다. 한편 '물의 갤러리'도 있었는데, 이것은 물의 극장과는 또 다른 별난 것이었다. 물의 갤러리의 스물네 군데 대리석에 새긴 고대 작품은 은제 사각 화분에 심어 놓은 오렌지 나무와 분수 사이에 배치되어 있었다. 오렌지를 사각 화분에 심는 것은 푸케에게 배운 주요한 기술 가운데 하나다.

세세한 부분도 소홀히 하지 않은 왕은 "(물의 극장을) 북쪽 난간 밑을 통과해서 늪지의 숲에 들어갈 것"이라고 써 놓았다. 이 '늪지의 숲'은 몽테스팡 부인이 고안한 것이라고 페로는 전하고 있다. 그 중앙에는 청동으로 만든 거대한 나무가 서 있으나 그것은 매우 교묘해서 마치 진짜 나무처럼 보였다. "그 금속 잎에서 풍부한 분수가 내뿜어져 나와 곡선을 그리며 떨어진다. 마찬가지로 그 주위의 금속제 갈대에서도 물이 뿜어져 나오는데, 그 갈대의 중앙에는 금으로 된 백조 네 마리가 있었다."라고 지라르데는 말한다. 무성한 소사나무 가운데에는 흰 대리석으로 된 큰 테이블이 두 개 놓여 있었다. 각테이블 위에는 선명한 색깔의 꽃이 가득 담겨 있는 프랑스제 금색 바구니가 있고, 거기에서 뿜어져 올라오는 분수는 다시 그 바구니 안으로 떨어지게 되어 있기 때문에 그곳에서 식사를 하고 있어도 테이블을 적시는 일은 없고, 또 물이 접시 위로 떨어지는 일도 없었다. 사람들은 아무런 불편 없이 식사를 할 수 있는 이 식탁의 분수를 구경하며 즐겼던 것이다. 뷔페 식탁을 이루고 있는 백색과 적색의 대리석 단은 이 구성을 더욱 조화롭게 완성시켰다. 교묘한 배관 공사 덕분에 쏟아지는 물이 꽃병이나 물병, 컵이나 병의 형상을 묘사하고 있어, 마치 크리스털에 금칠을 한 것처럼 보였다.

라 퐁텐의 용서

이것저것 모두가 나무랄 데가 없었다. 베르사유는 성공했다. 그것은 아무리 까다로운 사람이라도 인정하지 않을 수 없을 정도의 성공이었다. 루이 14세를 정신 수준이 낮다고 헐뜯은 생 시몽마저도 동료들에게 자신이 괴짜로 보이지 않게 하기 위해서 그 신랄했던 비방을 늦추지 않으면 안 되었다. 그것은 라 퐁텐 역시 마찬가지였다.

『우화』의 저자는 질투하는 사람도 아니었거니와 남에게 아부할 줄도 모르는 사람이었다. 그는 마음씨 고운 몽상가였다. 그 때문에 친구들은 그가 곧잘 멍청해진다고 생각했다. 또한 그는 우정이 돈독했다. 이것은 시대의 냉엄함을 생각해 볼 때 참으로 귀중한 것이었다. 푸케에 의해 발견되고 격려를 받고 후원금을 받은 그는 은인에 대해 언제나 충실했고, 이 위대한 일의 고안자가 감옥에 갇혀 있다는 것을 생각하며 괴로워했다. 그는 은인의 불운을 한탄하면서 보의 님프 역할을 떠맡았다. 그는 은인을 변호함으로써 이제 더 이상 푸케에 대한 빚은 남아 있지 않다고 생각했다. 그러나 피네롤로의 망령은 항상 그의 뒤를 쫓아다녔다. 그 빚의 축적이 부정의 심연 위에 구축된 것이었다고 생각하면 참으로 견딜 수 없었고, 저 정원 안쪽 깊숙이 지옥이 있다는 생각에 부들부들 떨었다. 그 때문에 그는 재무장관의 죄를 용서해 주기를 끊임없이 탄원했지만, 재무장관이 용서를 얻기에는 그의 말이 그다지 효력이 있는 것이라고는 할 수 없었다. 고뇌의 한순간, 그는 마침내 이렇게 부르짖었다.

운명의 신들은 만족하리
‘오롱트*’의 불행에
그에게는 그 아름답던 나날도
제2의 밤이 되리니

베르사유 궁 1662-1700

이것은 용감하다고 할 만했다. 왜냐하면 그에게는 고맙지 않은 세계를 열었다고 말하는 것이 되기 때문이다.

죽음인가. 물론 아니다. 더구나 그는 죽음에 대하여 알고 있고, 그것을 두려워하지 않았다. 그는 죽음이 촌부에게 어떤 친절한 말을 걸어 오는지 잘 알고 있었다. 그러면 지옥인가. 그런 것도 아니다. 그 세계는 프랑스어를 하지 못하는 짐승들의 어둡고 불안한 왕국이었다.

라 퐁텐은 단순하고 선량한 남자여서 온천이나 시내, 숲이나 나무를 매

■ ■

*몰리에르의 〈인간혐오자〉의 등장인물

우 좋아했다. 그러나 그가 만일 마음 속 깊이 정원에 대한 정연하고 은밀한 애정을 품고 있지 않았다면, 프랑스인이라고 하지 못했으리라. 그는 보의 일을 시로 노래했고, 또 베르사유가 어떤 곳이라는 것을 정말 잘 알고 있었다. 그것은 균형과 장대함과 취미의 승리였다. 이것을 인정하지 않는다면 눈이 보이지 않는 사람이거나, 그렇지 않으면 우둔한 사람이리라. 물론 그는 그 어느 쪽도 아니었고, 이와 같은 위대한 성공은 논의할 여지없이 '강자의 법이 항상 더 좋은 것'임을 증명한다고 생각했던 것이다.

보의 님프는 이제 아무 말이 없다

시간과 더불어 보의 매력은 그의 기억 속에서 희미해져 갔다. 님프들이 쉬는 한숨 소리는 뜸해졌고, 그 훌쩍거리던 울음소리에도 이제는 애절하던 비통함이 사라졌다. 그녀들을 외면해 버린 것에 대해서도 그는 우리만큼은 가슴 아파하지 않게 되었다. 그것은 우리들의 아픔이 무엇보다도 바로 그의 비탄에 근거를 두고 있기 때문이다.

마침내 그는 다른 사람들처럼 굴복했다. 사실을 필사적으로 부정한들 무엇하랴. 베르사유의 아름다움은 그것에 항거한 사람에게도 너무나 명백한 것이었다. 필시 그도 양심에 가책을 받았을 것이다. 그는 마치 변명이라도 하듯이 친구들에게 이렇게 쓰고 있다. "만약 이 세계에서 은혜를 배반한 자를 책망하지 않으면 안 된다고 한다면, 도대체 누구를 용서할 수 있으랴."

한번 이렇게 말해 버리면, 그가 그 찬탄을 생각나는 대로 시로 읊조린다

해도 이를 방해하는 것은 아무것도 없다. 그는 그의 시에 아무 거리낌없이 스스로의 동의를 노래했다.

> 운하, 둥근 수반
> 상쾌하고 산뜻한 맵시의 화단
> 옥외극장, 거기에 분수
> 어떤 것도 아름답게, 또 정연하게
> 모두 궁전에 호응하리
> 예술의 이름으로

이것들을 창출한 자들에게 행운 있으라
세상은 일찍이 이와 같은 아름다움을 알지 못했도다
이전 주인에겐 과수원이었지만
이제 그 과수원은 정원이 되었구나
교묘한 솜씨로, 평민의 정원을 왕의 정원으로 변하게 했도다
왕의 정원을 신의 정원으로 변하게 했듯이

라 퐁텐이 왕의 편을 들었다는 것은 분명 루이 14세가 얻은 승리 가운데 가장 큰 수확이리라. 그것이 이 세상의 모든 화해에 맞먹는 것임을 왕이 알고 있었을까. 그러나 이런 식으로 콕 집어 추궁하는 것은 경솔하다는 비난을 면하기 어렵겠다. 왕은 너무나 해야 할 일이 많다. 그래서 왕은 사람들이 자신의 일에 대하여 이러쿵저러쿵 이야기하는 것을 참지 못한다. 그것은 왕의 위엄에 상처를 낸다. 왕은 사람들이 자기를 칭찬해 주는 것을 좋아한다. 그 편이 서로에게 불편이 없다.

대운하의 요정

어쨌든 라 퐁텐의 시는 단순한 상찬 이상의 것이었다. 과수원은 정원이 되고, 더구나 왕의 정원이 되고, 왕의 정원은 다시 신들의 정원이 되었다. 이것이야말로 고대의 숲 속에 있는 얌전한 빈터가 올림포스에도 통하게 되고, 광대한 조망을 획득하기에 이르는 프랑스 정원의 전개에 대한 정의 그 자체가

아니겠는가. 정원은 앞을 향해 발을 내디딜 때마다 변신을 했는데, 이제는 신화라는 높은 곳을 향해 변신한 것이다. 대운하와 거기에 모인 훌륭한 선박들에 대해서도 마찬가지로 이런 관점에서 보아야 하지 않을까 싶다.

　많은 왕들의 전기 작가들은 이것이 프랑스가 해군 강국이 되었음을 상징하는 것이라고 한다. 그러나 어찌 그뿐이랴. 동시에 그것은(좀 지나친 생각일지도 모르지만) 루이 14세가 이전에 본 바 있는, 보의 운하를 미끄러지듯 행진하던, 하얀 다마스크 직물이 걸려 있던 곤돌라에 대한 추억 때문이 아닐까. 그것은 왕에게 도저히 잊혀지지 않는 추억일 것이고, 억제하는 대신에, 그것에 대한 집념을 그대로 스스로의 영광을 위한 재료로 전환시킴으로써 그것에서 해방되고자 했던 것이다.

　'왕의 길' 저쪽을 가로지르는 배의 돛대, 돛, 밧줄 등의 실루엣이 어딘가 멀리 있는 꿈나라로의 출발을 생각나게 하는 것은 틀림없이 그 때문일 것이다. 그것은 젊은 날에 입었던 모든 굴욕으로부터 해방된 정신의 평온함을 의미한다. 라울 지라르데는 말한다. "왕은 거기에, 비록 소형이지만 당시 주류를 이루던 건물 형태 모두가 정확한 모형으로 재현되어 모이기를 원했다. 운하의 강변에는 베네치아나 마르세유 지방 출신의 뱃사람들과 목수들로 형성된 촌락이 생겼다. 대형 보트가 끊임없이 떠돌아다니는 물 가운데에는 영국풍의 작은 요트가 두 척, 나폴리의 소형 범선 한 척, 베네치아 공화국에서 선물로 보내 온 아주 깜찍하게 예쁜 베네치아 곤돌라 두 척이 있고, 작은 쾌속정 그랑 베소는 켈러가 주조한 작은 청동제 대포를 싣고 있다. 한편 지중해용으로 퓌제가 디자인한, 유명한 레아르의 정확한 모형인 그랑 갈레르도 눈여겨보아야 한다. 선체는 금빛으로 번쩍거렸고, 백합꽃이나 자개 장식, 튜

〈베르사유 궁〉의 운하 1662-1700

비나 카피에리가 조각한 바다의 신 등으로 꾸며져 있었으며, 강철로 된 도구
는 금빛과 짙은 붉은색으로 정비되어 있었다. 뱃전에 걸려 있는 막幕과 공단
또는 비단으로 만든 커튼에는 금으로 된 휘장이 둘려 있었다. 선미와 돛대에
는 아름다운 색채의 교향악을 연출하는 신호기, 선장기, 군기, 기드림(사령기
등에 함께 단 좁고 긴 기) 등 깃발이 나부끼고, 그것들에는 반드시 금과 은으로
된 왕의 문장을 새겨 놓았으므로 그 문자가 반짝반짝 빛나고 있었다. 예순
명의 뱃사람은 언제 어떠한 경우에도 출항할 수 있도록 항상 대기하고 있었
다. 승무원은 금단추를 단 푸른색과 붉은색의 제복을 입었으며, 곤돌라의 조
타수는 검은 벨벳 베레모를 쓰고 제노바 비단이나 짙은 붉은색의 비단 조끼
를 입고 있었다. 활짝 갠 여름 저녁, 왕은 종종 고관들을 이 배에 초청했는

데, 거기에는 바이올린이나 오보에로 음악을 연주하는 작은 배가 뒤따랐다.

그러나 대운하가 문자 그대로 꿈과 환상의 경지로 변하는 때는 해가 진 이후였다. 프랑슈콩테가 프랑스령이 된 것을 축하하며 왕이 1674년 8월 18일에 개최한 축제에 대해 페리비엥이 쓴 것을 읽어 보자.

"폐하가 성을 나가신 것은 한밤중인 새벽 한 시지만, 그때까지 밤은 오로지 어둠 속에 조용히 파묻혀 있었다. 그런데 돌연, 어둠에 잠겨 있던 파르테르 전체가 빛에 휩싸였다. 빛의 홍수 속에서 일천 개의 분수가 물을 위로 뿜어 올려 마치 은 불꽃이 분출한 것 같았고, 무수한 불꽃이 흩어지는 것 같은 광경을 드러냈다."

"두 분 폐하는 이 아름다운 '빛'을 보며 즐긴 뒤, 훌륭하게 장식된 곤돌라에 올랐고, 궁정에서 나온 다른 사람들도 따로 호화롭게 꾸민 배에 속속 승선해서 그 뒤를 따랐다. 그때였다. 여태까지 물결 하나 없이 고요 속에 잠겨 있던 운하의 물이 돌연 이 세상에서 가장 위대하고 가장 장엄한 분을 운반하게 된 것을 자랑이나 하듯 한껏 부풀어 올랐다. 높이가 274센티미터나 되는 육백쉰아홉 개 빛의 탑에 의해 운하의 연안이 조명되기 시작했던 것이다."

"깊은 밤의 고요함 속에 폐하의 배를 뒤따르는 바이올린 소리가 들려 왔다. 악기의 소리는 모든 조각상에 생명을 불어넣는 것 같았고, 온화한 빛은 이 어둠이 전혀 가져 보지 못했을 상쾌함을 이 교향악에 부여했다."

"배들이 천천히 앞으로 진행함에 따라 그 주위에 일고 있는 하얀 물결이 어렴풋하게 보였다. 상앗대는 규칙적으로 정연하게 물을 저으며 물 표면에 은색의 도랑을 만들고 진행했다." 그리고 배가 지나간 뒤에는 "벌써 어둠이 삼켜 버린 물"이 남아 있을 뿐이었다. 지라르데는 이렇게 결론을 맺었다.

연회의 장식으로 쓰이는 정원

"이렇게 해서 정원 전체가 항상 새로운 매력의 무대가 되었다. 키노와 륄리의 오페라는 여기에서 연주되기 위해 씌어졌다. 커다란 풀숲의 윤곽은 비가라니의 불꽃놀이의 배경이 되어 줄 뿐 아니라, 동시에 몰리에르의 작품 배경이 되기도 했다. 금빛으로 만들어진 청동상의 광채, 발랄한 분수, 식목 전문가들이 끊임없이 가위질한 소사나무 등, 베르사유의 정원은 항상 아름다운 경관을 제공했다. 그 창조의 한때, 정원을 활기차게 한 것은 각각의 생김새나 번쩍거리는 색채, 교묘한 트릭으로 채색된 몽환극 등에 등장하는 인물들이었다. 언제나 자신들을 드러내 보이고 싶어하는 사람들을 만족시키기라도 하듯, 그 풀숲은 훌륭한 질서를 갖춘 호화로운 발레의 배경이 되었다." 그리고 발레의 무용수들은 또한 동시에 열렬한 관객이기도 했다.

처음 몇 년간은 그곳에서 발레나 오페라가 쉴 새 없이 공연되었다. 그중에서도 〈베르사유의 즉흥극〉 〈엘리드 왕비〉, 륄리 작인 〈아르세스트〉 〈환상섬의 기쁨〉 등은 며칠씩 계속되었고, 왕과 그 친구들은 아리오스트 작품의 영웅 역에 출연하기도 했다. 로제에 출연한 왕이 백마에 올라탔는데, 그 마구는 불꽃색과 금색, 다이아몬드로 번쩍거렸고, 금속성의 은빛 실로 장식된 갑옷은 빽빽하게 수가 놓여 있었다. "차림과 행동 모두가 그의 혈통에 어울리는 위엄을 갖추고 있었다. 이토록 스스로가 전사의 품격을 갖춘 사람은 없었다."라고, 이것을 본 사람은 말하고 있다. 그의 긴 방패는 햇빛에 반사되어 보석이 반짝반짝 빛났다.

"이들 발레에는 몰리에르를 선두로 귀족과 코미디언들이 어깨를 나란히 하고 출연하여 사계절과 십이궁, 그리고 세계 속의 갖가지 장소를 나타내 보였다. 행렬에는 가축도 한데 섞여 있어 더 한층 흥청거렸다. 무용수와 배우, 궁정 사람들은 금빛으로 번쩍거리는 아폴론의 전차를 에워쌌다. 이날 이후, 태양신과 태양왕이 베르사유를 지배했으며, 그 모습이 풀숲이나 연못, 살롱의 장식에 이르기까지 모든 장소를 치장했다."고 앙드레 모루아는 말한다.*

이 모두는 비용이 매우 많이 들었기 때문에 항상 완고했던 콜베르는 이러한 오락 비용에 대해 계속 트집을 잡았다. 그러나 그는 착각하고 있었다. 이 시대에는 돈이 지금처럼 중요하지 않았다. 아무리 거액이라 해도 거기에서 얻은 결과를 생각한다면 어찌 그것을 헐뜯을 수 있단 말인가. "이런 종류의 오락이 가져다 주는 영광의 최대 절정이란 프랑스의 취미, 예의, 재능을 갈고 닦고, 풍속을 세련시키고, 예술을 발전시켜, 프랑스인을 세계에서 가장 예술적인 국민이 되게 한 것이다."라고 볼테르는 말한다.

세상의 중심

중국 정원은 이미 본 바와 같이 비대칭과 대비의 절묘함 그리고 경탄 위에

■■
*André Maurois, Louis ⅩⅣ à Versailles, p.19.

〈베르사유 궁〉의 공연 모습 1662-1700

구축되어 있다. 그것은 할 일 없는 방문객이 한 군데 또 한 군데, 이런 식으로 발견해 나가는 연결된 경지였지 결코 전체를 한꺼번에 바라보면서 이루어 낸 것은 아니었다.

아랍인은 더 이상 빽빽할 수 없다고 할 정도로 식물을 밀집시켰다. 그들은 그것을 꽃다발처럼 한아름 가득히 움켜쥐고, 가슴에 껴안았던 것이다.

그러나 베르사유는 전혀 다른 원칙을 토대로 만들어졌다. 그것은 중국, 아랍의 정원과는 완전히 정반대되는 원칙이라고 말할 수 있다.

르 노트르에게 정원은 폭도, 건물의 안 길이도 중심점으로부터 전후좌우로 균등하게 전개되지 않으면 안 되었고, 거기서부터는 '논리적으로 정연하게 구성된 논설처럼' 전체가 한눈에 바라다보이는 것이어야 했다.

그럼 중심점이란 도대체 어디란 말인가.

1678년 이전의 중심점은 대리석으로 된 안뜰 현관을 나오는 곳이었다. 그 후 망사르가 르 보의 테라스 대신 길이 73미터, 폭 10미터, 높이 12.5미터의 '거울의 방Galerie des Glaces'을 왕에게 제언했고, 그 이후로 중심점은 일층 정도 높아져, 거울의 방 사이에 있는 중앙의 창에 면한 곳이 되었다. 카펫을 깔고, 약간 높은 단 위에 옥좌를 설치했던 장소가 바로 그것이다.

루이 14세가 왕으로서 그 자리에 앉아 있었던 그때, 프랑스 왕국이라는 거대한 구성체의 '중심'이 통일되었던 것이다. 왕국의 중심은 뜻밖에도 왕 자신이 배치를 결정한 초목, 물, 돌의 거대한 구축에 합치된 곳이었다. 그러나 '모두를 하나의 중심점에 모으려는' 의지(이것은 관리상의 세세한 행위에 이르기까지 적용되었다)는 이것으로 끝나지 않았다. 루이 14세는 베르사유를 프랑스의 중심이 되게 했을 뿐 아니라, 프랑스 또한 유럽의 중심이 되게 했다. 더구나 당시 유럽은 아직도 세계의 중심이었고, 이러한 연계가 그의 긍지를 더욱더 높였던 것이다.

모든 곳에 태양이

이렇게 생각하면, 그가 이 세상에서 지니고 있는 지위는 모든 점에서 태양이 하늘에서 차지하는 지위에 해당되는 것이라 할 수 있다. 베르사유에서는 모두가 이런 생각을 했다. 다른 어떠한 왕궁, 어떠한 정원에도 우의와 상징이

베르사유 궁 1662-1700

이토록 강조된 곳은 없었기 때문이다.

　이 '태양의 상징'은 찬찬히 바라볼 만한 가치가 있다. 가는 곳마다 눈에 들어오는 것임에도, 오늘날의 산책자들이 이것에 거의 주의를 기울이지 않는 것은 섭섭한 일이다. 왜냐하면 이것이야말로 모두에게 참된 의미를 부여한 것이기 때문이다. 페리비앙은 왕궁에 관해서 이렇게 기록하고 있다. "태양은 왕을 가리키는 말이고, 시인은 태양과 아폴론을 관련시키고 있으니까, '더없이 훌륭한 이 건물에서 신성과 관련 없는 것은 없다'는 것에 주목해야 한다. 그러므로 거기에서 볼 수 있는 모든 조각이나 장식은 우연히 거기에

베르사유 궁 1662-1700

놓인 것이 결코 아니고, 태양과 관계가 있거나 아니면 그것이 놓인 특정 장소와 관계가 있다." 한편 지라르데는 이렇게 말한다. "태양이 건물의 내부를 지배하고 있는 것과 마찬가지로, 태양에 빗대어질 만한 큰 주제가 베르사유의 정원 장식 전체를 지배하고 있다." 거울의 방 중앙 창 위에 서 있는 아폴론과 다이아나(달의 여신)의 조각상, 그것과 마주 보고 있는 '왕의 길'의 저 멀리 끝에 서 있는 튜비의 아폴론, 테라스 밑에서 팔을 내밀고 탄원하는 아폴론의 어머니 레토는 정원 장식의 축을 나타내 보이고 있다. 실내도 마찬가지다. 옥외 장식을 지휘했던 르 브룅은 한때 이 대축선의 주위에, 즉 천지창조의 이 거대한 시편 안에 우주를 구성하는 것 모두를 구체적으로 묘사해 내고자 했다. 다만 조망과 연못의 조화를 해치지 않을까 하는 우려에서 이 계

야생트 리고 〈루이 14세〉 1701 캔버스에 유채 205x152cm 루브르 미술관

베르사유 궁 1662-1700

획 전부를 실현하지는 못한 채 끝이 났으나, 정원 안의 갖가지 조각은 지금
도 그것을 증명하고 있다.

르 브룅이 만든 천장

왕은 거울의 방 중앙에 있을 때 스스로가 정말 신화 속에 있는 것처럼 느꼈
다. 그의 머리 위에는 르 브룅의 손으로 만든 천장이 펼쳐져 있었다. 1678년
네이메겐 화약 직후에 시작되어 1684년에 완성된 이 거대한 프레스코는 서
른세 개의 그림으로 구성되어 있는데, 이는 모두 '유럽 전체에서 프랑스가

최고임을 자랑스럽게 주장하는 연속된 그림'이었다. 첫 번째 것은 '왕 스스로에 의한 통치'라는 제목의 그림으로, 이것은 재상 마자랭의 죽음과 푸케의 몰락을 암시하는 것이었다. 중앙에는 평화의 상징인 올리브 잎을 손에 들고 프랑스를 의미하고 있는 조각상 옆에, 루이 14세의 초상이 그려져 있다. 그 앞에는 네덜란드, 에스파냐, 독일을 상징하는 세 여인이 꼿꼿하게 서 있다. 그녀들은 불에 탄 들판, 파괴된 벽, 쇠사슬에 묶여 있는 배 등을 배경으로 그려져 있는데, 왕이 사람들에게 보이고자 바라던 모습, 즉 벌을 받고 잘못을 뉘우친 전사를 상징하고 있었다.

오른쪽으로 커다란 구획에 있는 그림들은 "왕은 벌써 네덜란드에 대하여 정의의 노여움을 억제하지 못하고 그 중심부를 향해 출병할 결의를 했다."는 내용을 포함하는 여러 사건을 말해 주고 있다.

왼쪽 구획은 "왕이 네덜란드의 가장 견고한 네 지점, 즉 베셀, 주리치, 올소와, 림뷔르흐를 동시에 공격할 것을 명했던" 일을 가리키고 있다. 마지막 구획에는 이 그림 중에서도 가장 드라마틱한 장면인 '라인 도하'의 뒷모습이 담겨 있다. 전차에 올라타고, 아폴론 같이 우쭐해진 왕은 주피터의 천둥 번개를 치켜들어 올리고 있다. 그의 뒤로는 무서운 형상의 헤라클레스가 라인강을 쇠몽둥이로 내리치고 있다. 한편 잡혀 온 사람들은 정복자에게 넘겨줄 네덜란드의 열쇠를 이미 준비하고 있다.

이 둥근 천장의 같은 구획에는 도하 직후에 일어난 사건도 담겨 있다. "왕은 마스트리히트를 한 달 만에 정복했고, 전 유럽은 이 눈부신 진격에 어찌 할 바를 모르고 망연자실해 있었다. 공포와 실망이 멀리 신세계의 사람들까지 사로잡은 듯 보이고, 머지않아 그들은 왕의 군대가, 멀리 떨어져 있는

샤를 르 브룅 〈베르사유 거울의 방 천장화〉 1681

네덜란드의 영지, 특히 마르티니크에 있는 네덜란드의 해군이나 육군을 이기고, 승리할 것임을 알게 될 것이었다."*

또 다른 구획에는 프랑슈콩테 병합, 강의 점령, 됭케르크 탈환 등이 보인다.

■■■
*W. Witshum, Charles Le Brun a Versailles, la Galerie des Glaces, Paris, 1969, pp.6-7.

찬미의 극치

이 둥근 천장에 기록되어 있는 푸른빛, 붉은빛, 금빛 등의 눈이 시릴 것 같은 색채의 팡파르는 왕의 치세 전반을 총괄한 것이지만, 이 시기까지의 역사에는 아직 이러한 승리밖에는 명확해진 것이 없었다.

이 구성이 우의적으로 보여 주는 강한 힘은 왕국의 벽 안에 틀어박혀 있기를 거부하는 것 같다. 그 힘은 외부로 확장하려는 것을 막고 있는 둥근 천장을 박차고 빠져나오려는 듯하다. 세월이 흘러 습기가 색깔을 칙칙하게 해버렸기 때문에 오늘날에는 그 화려함과 강렬함이 다소 사그라들었으나, 당시에는 그것이 눈부실 정도로 광채를 내는 마흔 개의 크리스털 샹들리에 빛이 그 번쩍임을 더해 주었다.

이어서 아폴론과 다이아나의 두 조각상과, 파사드 전면에 걸쳐 배치된 황도십이궁을 나타내는 상들이 있었다.

왕이 거울의 방 중앙 창(창은 전부 열일곱 개이고, 무기 장식으로 꾸며진 스물네 개의 벽 기둥 사이에 만들어져 있었다.) 쪽으로 나올 때 무엇을 보았을까. 그의 좌우, 즉 거울의 방 양 끝에는 전쟁의 방과 평화의 방이 있어, 마치 왕의 영광은 이 두 가지에서 발생한다는 것을 보여 주는 듯 균형을 취하고 있었다.

경치를 잘 보기 위해 조금 더 창 쪽으로 다가서면 시선은 왕의 길을 따라가도록 되어 있고, 그 축선은 동에서 서를 향해 있어 마치 태양의 궤도 같아 보였다. 그의 눈동자는 레토의 수반, 초록의 융단, 아폴론의 수반(거기에서는 빛의 신이 해마 네 마리가 이끄는 전차를 타고 넓은 바다로부터 출현하는 것이 보

〈베르사유 궁〉의 거울의 방 1662-1700

였다.) 그리고 하늘을 비추는 커다란 거울과도 같이 물을 가득히 채운 대운하로 차례차례 향해 갔다.

전경의 중심: 매우 단순한 보리밭

그러나 궁전의 파사드에서 멀어질수록 경치는 변해 갔다. 거기에서는 땅의 기복 하나하나가 건축 장식에서 자연 장식으로 옮아가는 단계를 나타내 보이는 것 같았다.

"화단의 금색 모래가 널찍하게 펼쳐져 있는, 위쪽에 자리잡은 테라스 정상에는 조각상의 무리와 성의 돌이 길게 늘어서 있을 뿐이었다."라고 지라르데는 적고 있다. "이어서 조각상은 점차 줄어들었다. 대리석이나 청동상은 드물어지고, 나무는 점점 많아져서 더욱 울창해지고 더 넓어진다. 정원의 가장자리에 가까워지자 그 경계는 전원 안으로 빨려 들어가, 숲과 나무와 구름 속으로 스며드는 것처럼 보였다."

그렇다면 르 노트르의 구상, 즉 널리 바라보고자 한 구상은 아무것도 없는 공간에서 끝나 버리는 것인가. 그렇지 않다. 정원의 경계선에서 왕의 정원은 전원과 하나가 되는데, 이것이야말로 르 노트르의 재능이 가장 잘 발휘되고 있는 것이라 하지 않을 수 없다. 늪지에서 만들어낸 위대한 나무와 대리석 건축물에 잘 어울리는 배경이 되게 하고자, 눈으로 보기에는 떨어져 있는 두 그루의 나무로만 보이도록 지평선에 일렬로 세워 놓은 포플러 가로수 사이에, 그는 아주 평범한 보리밭을 설치했던 것이다.

그렇다. 그것은 옛날 시골풍의 정원을 연상시킨다. 시골 풍경 같은, 결실을 맺는 풍요롭고 단순한 보리밭을….

왕의 눈동자가 왕궁 중앙의 창에서 정원으로 향하게 되었을 때, 눈길이 마지막 멈추는 곳이 바로 이 보리밭이었다. 과연 이보다 더 단순하고, 이보다 더 아름다운 것을 상상할 수 있을까.

산들바람에 물결치는 이 독특한 보리밭을 바라보는 것만으로 만족해서는 안 된다. 거기에서 올라오는 속삭임에 귀를 기울이자. 그 속삭임은 모든 프랑스 정원의 탄생을 재촉한 '대지의 풍요에 대한 찬가', 그 아득한, 그러나 들을 수 있는 메아리에 다름 아니다.

켕티니의 경작지

왕은 이것을 알고 있었던 것일까. 물론 그가 프랑스 정원의 발전에 대해 확실한 견해를 가지고 있었을리는 없다. 그러나 그에게는 옛날의 정원이 어떤 것이었던가에 대해 무언가 직관적인, 한편으로는 선천적인 일종의 호기심 같은 것이 있었다. 이 점에 관해서는 왕과 직접 관계가 있던 증인이 있다. 그는 이전에 보르비콩트의 정원사였고, 1687년 루이 14세가 '왕실의 전 과수원 및 채원의 관리자'로 임명한 장 밥티스트 드 라 켕티니다. 궁정의 채소나 과일의 뒷바라지 일을 위임받은 그는 1690년 『과수원과 채원 안내』라는 제목의 책을 출판했다. 그 책에서 그는 이렇게 쓰고 있다.

"폐하, 폐하가 정원에 각별히 흥미를 갖고 계신 데 대하여 저는 매우 감

베르사유 궁의
장 밥티스트 드 라 켕티니의 정원

격하고 있습니다. 폐하가 이따금 중요한 공무를 떠나서 우리의 조상들이 즐기던 이 기쁨을 맛보기 위해 오셨던 것에 대해, 지금에야말로 사람들이 알아야만 할 것입니다."

라 켕티니를 매우 높게 평가한 왕은 종종 그를 방문했다. 그 기회에 왕은 포도나무를 가지치기하거나 그와 이야기를 나누었다. 왕은 그에게 '스위스 병사의 연못' 주위에 있는 9만 제곱미터(약 2만 7,000평) 정도의 소택지를 주었다. 그런데 그 땅의 일부는 연못을 파낸 흙으로 덮은 땅이었고, 일부는 사토리 언덕의 흙으로 메운 땅이었다. "이 이상의 불모지는 없다 할 정도로 척박한 땅이었다."고 라 켕티니는 말했다. 그러나 다섯 해 동안 노력한 결과, 라 켕티니는 그곳을 경작할 수 있는 비옥한 땅으로 만드는 데 성공했다. 어느 날 왕은 "무슈 드 라 켕티니"라고 부르면서 격려의 말을 했다. "흙에서 양파나 아스파라거스를 싹트게 하는 것은 결코 사소한 일이 아니다. 그것은 왕국에 기여하는 일이며 동시에 신에게 감사할 일이다."

채원의 '그랑 카레'는 블루아나 빌랑드리의 경우와 마찬가지로, 테라스에 에워싸여 같은 크기의 사각형 열여섯 개로 나뉘어 있었고, 각각 한 종류의 채소를 심었다. 그러나 테두리용 나무는 이미 회양목 대신 나무 담으로 지탱시킨 과수로 바뀌었다. 그 주위는 스물여덟 개로 나뉘어 거의가 멜론이나 오이, 샐러드 밭으로 되어 있었다. 또 온실에는 무화과나무나 뽕나무가 있었다.

라 켕티니의 정원을 이야기할 때 언급한 점들을 머리에 떠올리며 바라보면 그것이 단순한 채원이 아니라는 것을 깨닫게 된다. 거기에서는 르네상스의 정원이 그 자손인 '위대한 세기의 정원' 곁에서 온순하게 옛날 그대로의 모습으로 살아가고 있었다.

프랑스 정원의 유럽

한국, 대만, 일본으로 퍼져 나간 중국의 정원에, 페르시아에서 다마스쿠스,

다마스쿠스에서 안달루시아로 퍼져 나간 아랍의 정원에 제국주의가 있었던 것과 같이, 전 유럽으로 일찌감치 퍼져 나간 프랑스식 정원에도 제국주의가 있었다. 베르사유는 지도자로서의 역할을 다했다. 베르사유를 본받는 작업이 계속 이어졌다. 브륄, 카셀, 님펜부르크, 드레스덴, 포츠담, 만하임, 뷔르츠부르크, 안스바흐, 쇤브룬, 가세르타, 펠리페 5세의 그란하, 아란후에스, 상트페테르부르크 등이 그것이다. 왕이나 대공 가운데 자신만의 정원을 가지지 않으려는 사람은 없었다. 그렇다면 '계몽의 유럽'이라고 해야 할 것을 '프랑스 정원의 유럽'이라고 불러도 크게 차질이 없을 것 아니겠는가.

마를리의 골짜기

그러나 마침내 루이 14세가 베르사유에 싫증을 내는 날이 왔다. 그 불만의 원인은 무엇이었을까. 조망이 지나치게 컸기 때문인가. 그러나 그것을 바란 것은 그 자신이다. 그럼 흰색과 초록색이 지배하는 장식의 단조로움 때문인가. 그것을 선택한 것도 그 자신이다. 그곳에서는 항상 허세를 부리지 않으면 안 되었기 때문인가. 의식에 치우친 습관을 정한 것도 그 자신이었다. 생시몽의 이야기를 들어 보자.

"아름다움과 군중에 싫증이 난 왕은 때로는 작은 것이나 고독이 필요하다는 것을 깨달았다. 그는 베르사유 부근에서 새로운 호기심을 충족시켜 줄 수 있는 것을 찾아 나섰다. 여러 장소에 가 보았고, 생제르맹을 내려다보는 언덕이나 아래쪽으로 널리 퍼져 있는 들판을 걷기도 했다. 사람들은 루브시

엔느에 머물도록 권유했다. 그러나 그는 그곳의 넓이가 그를 파산시킬 것이고, 또 '무엇인가를 해야겠다는 의욕을 불러일으키지 않는' 그런 장소가 필요하다고 대답했다. 그는 루브시엔느 저편에, 측면이 급한 비탈이어서 늪지로부터 근접하기가 어렵고, 조망도 없는데다가 사방이 언덕으로 둘러싸여 지독하게 좁기까지 한 비탈에 '마를리'라고 불리는 외진 마을이 있음을 알았고, 동시에 그곳이 비좁고 깊은 계곡임을 발견했다. 조망도 없고 그것을 얻을 방법도 없는 이 폐쇄된 장소는 그에게 있어서는 원한다 해도 얻을 수 없는 그런 곳이었다. 넓힐 수조차 없는 계곡의 협소함이 안성맞춤이었다. 왕은 대신이나 총신이나 장군들을 선임했을 때와 같은 그런 기분을 맛보았다."

생 시몽은 루이 14세가 임무에 충실한 군인을 선임한 것처럼 이곳을 선정했다고 생각했던 것일까, 아니면 왕의 새로운 계획은 전쟁과 비교할 만큼의 중요성이 부여된다는 것을 말하고 싶었던 것일까.

은자가 된 왕

어쨌든 그는 다시 "은자가 들어갈 암자는 완성되었으나, 그곳은 일 년에 두세 차례, 현직 중신들을 열두 명 정도 거느리고 가서 수요일에서 토요일까지 사흘 밤을 머물 뿐인 곳이었다."라고 언급하고 있다.

루이 14세를 두고 은자라고 하는 것은 그의 기질에 전혀 어울리지 않는 것이다. '유럽의 태양'이 좁고 어둡고 축축한, '조망도 없고 그것을 얻으려 해도 방법이 없는' 그런 골짜기에 즐겁게 은둔한다는 것은 상상할 수 없는

쥘 아르두앵 망사르 〈마를리〉 1679-86

일이다. 왕은 측근을 속이고 있었던 것일까, 그렇지 않으면 스스로를 속이고
있었던 것일까.

　　어쨌든 그는 자신 안에 살아 있는 커다란 두 악마, 즉 영화를 바라고, 칭
찬을 받고 싶어하는 두 가지 욕구에 언제까지나 저항할 수는 없었다. 그가
건축의 일인자인 쥘 아르두앵 망사르(베르사유의 최종적 형태를 만들어 낸 인물)
와, 화가인 샤를 르 브룅(거울의 방에 장식을 했던)에게 이 장소를 보이자, 그들

〈마를리〉 1679-86

은 지체없이 이 골짜기의 정비계획을 제출했다. 생 시몽이 "일찍이 없었을 정도의 왕에 대한 아첨"이라고 말한 이 계획에 왕은 열중하게 되었다. 왕은 그의 젊은 정열을 모두 긁어모으는 건축열의 포로가 되어 버렸고, 마를리가 공상과 기발함에 있어서 베르사유를 훨씬 능가하게 될 것이라는 생각으로 곧 그 일에 착수하라는 명령을 내렸다.

"은자의 암자는 점점 커 갔다."라고 생 시몽은 계속 말을 잇는다. 그것은 점점 커져 갔고, 건설을 위해 언덕의 앞쪽 끝을 절단해야 했으며, 불완전하나마 조망을 지니게 하기 위해 약간 깎아 내리기도 했다. 결국 건물, 정원, 연못, '마를리의 기계' *라는 이름으로 변한 수도 설비, 광장, 장식을 한 닫힌 숲, 조각상, 비싼 장식품, 컴피에뉴 혹은 더 멀리에서 끊임없이 운반해 온 커다란 나무들(그 중 4분의 3은 말라 죽어 버렸으나, 그렇게 되면 또 대체되었다.), 얼마 안 되어 곤돌라로 산책하는 큰 연못으로 변해 버린 어둑어둑한 가로수 길, 이것을 또 변경하여 나무를 심어 순식간에 무성하게 된 숲, 백 번도 넘게 개조한 수반과 여울, 하나하나가 모두 다른 모습으로 줄지어 서 있는 조각상, 아름다운 색깔의 잉어가 헤엄치는 연못. 그것들은 아직 완성되기도 전에 같은 제작자에 의해 바뀌고 또 바뀌는 등 몇 번이고 개조를 거듭했다. 그로 인해 소요된 비용과 종종 있었던 왕의 행차(왕의 생애가 끝날 무렵에는 베르사유에 나들이한 것과 거의 맞먹을 정도로, 말하자면 그곳을 방문하는 것이 극히 일상적인 습관이 되어 버렸다.) 비용을 합하면, 마를리에 몇십 억을 소비했다 해도 과언이 아니다. 더구나 그 무렵의 몇십 억이란 돈은 오늘날의 몇십 억과는 이야기가 다르다.

　베르사유가 마법의 지팡이를 한 번 흔들어 지상에 나타난 것이라면, 마를리는 오랫동안 더듬거린 손놀림, 변경, 개조 등을 통해 이루어진 결과였다. 대단한 비용이 든 것도 이 때문이다. 그러나 왕은 '이것에 전혀 만족하지 않았다.' 그는 끊임없이 계획을 뒤엎었고, 테라스의 위치를 변경했으며, 연못의 크기를 바꾸어 더욱더 크게 하려 했다. 그는 어떠한 아름다움에도 만족하지 않았다. 결국 그것은 베르사유만큼 크지는 않았으나, 대담함과 기발함에 있어 그곳을 능가하는 어처구니없는 창작품이 되었던 것이다. 언제나 비판 정신을 잃지 않던 생 시몽은 한때, 사람들이 베르사유의 아름다움에 감탄한 뒤 '베르사유를 판단한 기준'으로 루이 14세를 측정하고 평가하는 데 대

---

*마를리의 기계의 거대한 펌프는 센 강의 하면(河面)에서 162미터의 높이까지 물을 끌어올렸다.

해 근심할(오늘날 보면 이것도 좀 웃기는 일로 생각된다.) 정도였으나, 왕이 마를리를 완성했을 때에는 이에 대해서 단 한 마디도 비난 섞인 말을 하지 않았고, 오히려 그의 변호인이 되기조차 했다.

마를리의 정신

마를리를 정의하기란 어렵다. 그것과 견줄 만한 것이 아무것도 없기 때문이다. 그러나 베르사유와 무엇이 다른가는 지적할 수 있다. 베르사유는 상징적인 것으로 장식되어 있는 궁전이었으나, 마를리는 그 자체가 상징이다. 베르사유는 군주가 사는 곳이지만, 마를리는 신격화된 인격이 사는 집인 것이다.

마를리의 구성 자체가 이것을 높이 선언하고 있다. 거기에는 아무것도 우의적으로 표현되어 있지 않다. 모두가 분명한 직접적인 언어로 말하고 있다.

그 중앙 건물에는 좌우로 뻗어 있는 직선의 날개wing가 없고, 다만 사각의 건물이 있을 뿐이며, 그것은 금빛으로 번쩍이는 청동 돔을 이고 있다. 베르사유가 직선을 기본으로 하고 있다면, 마를리는 모두가 태양을 중심으로 하여 우주로 통하는 기하학적인 형태, 원과 곡선을 토대로 하고 있다. 왕은 이 건물을 특별히 구별하지 않고 '왕궁' 또는 '태양의 집'이라고 불렀다. 이 둘은 그의 마음 속에서 하나였다.

이 집의 중앙에는 큰 객실이 있고, 팔각형의 벽이 그곳을 에워싸고 있었다. 이 주위에는 작은 살롱 네 개가 있는데 사계절을 상징하는 것들로 장식

되었으며, 그 어느 곳을 통하더라도 중앙의 객실로 들어갈 수 있도록 설계되었다. 건물의 네 귀퉁이에는 각각 왕비, 왕자, 왕녀의 방이 있었다. 그러나 왕가 사람들의 작은 살롱은 일층의 높이밖에 안 되는데 큰 객실의 돔은 이층 높이여서 베르사유의 거울의 방보다도 훨씬 더 높은 돔을 머리에 이고 있는 것 같이 되었다. 이 큰 객실은 돔의 아랫자락에 달려 있는 여덟 개의 창에서 채광을 하게 되어 있다. 그 장식은 아르두앵 망사르의 손으로 꾸며진 아주 볼 만한 것이었다. 일층은 이오니아풍의 열여섯 개 기둥이 천장 높이까지 꽉 차게 솟아 있고, 이층에는 머리와 팔에 꽃줄 장식을 드리운, 여인을 상징하는 금색의 사람 모양 기둥 네 개가 무구 문양으로 된 부드러운 평방平枋을 받쳐 들고 있었다. 르 브룅이 그린 돔의 그림은 태양 숭배를 나타낸 것이며, 중앙에 해가 있는 돔은 '모든 설계의 기점'이었다. 이것을 기점으로 모든 질서가 세워졌고, 모두 빛이 났으며, 모두 의미를 갖게 되었다. 사람들은 일종의 '태양열'이 왕을 집어삼켰다고 말한다. 그러나 그것은 오히려 '다람쥐(푸케)에 대한 콤플렉스'가 아니었을까. 그렇다면 마를리의 돔은 그 콤플렉스에서 그를 벗어나게 했을 것이다. 그 원형의 중앙에는 이제 그 작은 동물은 없었고, 대신 두 개의 엘L자로 이루어진 것이 광선 다발을 받들고 있었다.

커다란 객실이 사각으로 된 건물 안에 있는 한편, 전체는 팔각형인 이층의 테라스 위에 얹혀 있으며, 정면의 두 입구에서 시작하여 측면을 두르고 있는 반원형의 난간이 원을 그린 듯 아름답다.

완전한 원은 좌우에 있는 두 개의 건물 즉 '반월半月'과 '대공大公의 집'에서도 볼 수 있다. '반월'에는 마를리의 관리자인 드 카보에와 위병들의 방이 있었다. 그들은 '옛날식'이라 할 수 있는 특별한 제복을 입고 있었다.

그것은 청색 벨벳 조끼와 그 위에 입은 은으로 된 갑옷으로, 중앙에는 광선 다발에 에워싸인 태양이 빛나고 있었다. 이 병사들은 단순히 성을 지키는 사람들이 아니고 '아폴론의 호위병'이라 불리는 근위병이었다.

왕궁의 오른쪽에는 '대공의 집'이 있는데, 거기에 저명한 손님들이 머물렀기 때문에 부르게 된 이름이었다. 이 건물은 중앙에 위치한 왕궁의 뒤쪽으로 크게 빙 돌고 있는 반원형의 벽에 의해 '반월'과 맞닿아 있었다. 화가 루소는 그 벽에 '고대 건축이 줄지어 서 있는 듯한 풍경의 눈속임 그림*'을 그리도록 의뢰받았는데, 이것은 생 시몽이 종종 그의 『회고록』에서 말한 바와 같이, 자연이 만들어 내는 것에는 미치지 못하지만 그래도 그것을 대신하는 유명한 '조망'이었다. 이후 프레스코가 비로 인해 손상되었는지, 아니면 과거 번영의 세계를 생각나게 하는 그림이 루이 14세의 마음에 들지 않아서였는지, 여하튼 그 벽은 철거되었고 그 자리는 터널 형태의 가로수 길로 바뀌었다. 그러나 성 뒤쪽 언덕 비탈에는 연이어서 만든 그 유명한 예순여섯 계단의 대리석이 있고, 그 대리석 계단을 타고 흘러내리는 여울물을 통과시키기 위해 길의 중앙부는 끊어져 있었다. 경사의 정도, 계단의 폭, 그리고 수량이 잘 계산되어 있어서 사람들은 물이 하나의 하천에 모여 하늘에서 떨어져 내리는 것 같다고 평가했다. 맨 아래까지 흘러내린 많은 물은 성 밑으로 사라졌다가, 성의 반대편에서 다시 나타나 정원의 연못으로 흘러 들어오게 되어 있었다.

*trompe-l'œil, 실제로 착각할 정도로 대상을 사실적으로 재현한 그림

열두 개의 태양의 집

그러나 '태양의 집' '반월' '대공의 집' 도 이 훌륭한 전체 속의 한 소재에 불과하다. 여기에는 또 중앙의 연못을 끼고 양쪽에 여섯 개씩 줄지어 서 있는 열두 개의 건물이 있고 각각 '열두 개의 태양의 집' 을 상징하고 있다. 지금 같으면 틀림없이 황도십이궁이라고 말하는 그것일 것이다.

이층쯤 되는 높이인 이 집들의 파사드에는, 가슴 위에 팔을 교차시키고 있는, 보통보다 큰 님프의 부조가 장식되어 있다. 그녀들은 치마가 부풀어 오른 드레스를 입고 있었고, 화살통과 화살, 악기를 들고 있었는데, 맨 끝에는 테르미누스가 있었다. 테르미누스의 머리 위에는 날개깃 장식이 꾸며져 있다. 물매가 거의 없는 이 집들의 지붕은 난간으로 둘러놓았는데, 네 귀퉁이에는 불꽃이 타오르는 꽃병이 배치되어 있었으며, 이들 꽃병과 꽃병 사이는 님프의 머리에 있는 것과 같은 대리석 날개깃으로 장식되어 있었다. 건물은 각각 보리수 가로수 길과, 초록의 터널을 이루고 있는 두 줄로 된 격자 울타리로 이웃과 연결되어 있다.

그러나 이 건물들의 배경이 되는 것, 즉 '지금까지 그 유례가 없을 정도로 풍요롭고 독창적' 이라고 일컬어지는 이곳의 '정원' 에 대해 이야기하지 않는다면 전체의 조망을 상상하기란 어려울 것이다.

여기에는 먼 조망도, 무한을 향한 통로도 없다. 나무들은 건물 가까이 심어져 있다. 주된 정원은 자신들의 집 안에 웅크리고 있다고 해도 좋다. 그러나 초록으로 둘러싸인 중앙의 빈터는, 그곳을 본 사람의 말을 인용하면, "너무나도 훌륭하여 숲의 중앙에서 '오로라' 가 솟아오르는 것 아닌가 하는

기욤 쿠스투 〈마를리의 말들〉
1739~45 1745년 마를리 성
에 놓여졌다가 1984년 루브
르 미술관에 소장되었다.

생각이 들" 정도였다고 한다.

　이것이 마를리다. 그곳에는 훌륭하게 장식된 거대한 잔디가 있다. 당시
의 모든 이들은 마를리의 호화로움과 아름다움이 베르사유를 능가한다고 이
야기했다.

　중앙에 있는 건물의 좌우에는, 차례로 이어지는 세 단의 테라스가 잔디
로 된 경사를 이루는데, 태양의 집에서 출발하여 곤돌라로 산책을 할 수 있
을 만큼 넓은 중앙의 대수반大水盤을 향해 완만하게 내려간다.

중앙의 건물 앞에서는, 두 개의 분수가 푸른빛을 띤 녹색 도기 수반 안으로 쏟아져 내린다. 두 분수 사이에는 금빛 잉어가 헤엄치는 연못이 있고, 다섯 개로 이루어진 커다란 수반은 서로 겹쳐 있으며, 물은 은 도금을 한 난간에 둘러싸인 비탈길을 따라 차례로 흘러가게 되어 있다. 훨씬 더 아래쪽에는 물을 마시는 곳이 있는데, 기욤 쿠스투가 만든 한 무리의 마상馬像이 이를 에워싸고 있다. 이 마상들은 오늘날 콩코르드 광장의 샹젤리제 입구에 있다. 고전적 질서에 엄격히 따르면서 이토록 고귀하고 이토록 균형 잡힌, 그리고 이토록 호화스런 장식을 도대체 어떻게 생각해 낼 수 있단 말인가. 백과 흑이 베르사유를 지배하고 있다면, 마를리에는 이것저것 할 것 없이 무엇이나 장미, 황금, 청, 보라, 감청 등의 색채이고, 또 테라스에는 각각 다른 색(적갈색, 담황색, 연초록색, 담청색)의 자갈이 덮여 있었다. 궁정 사람들은 그곳에 초청되고 싶어하는 이들이 왕에게 탄원하는 이유를 잘 안다. "폐하, 폐하, 마를리." 하며, 그들은 왕이 지나갈 때마다 탄원했다. 마를리에 초대되는 것은 단순한 호의를 받는 이상의 것, 곧 승진을 의미했기 때문이다. 베르사유에 들어가는 데는 궁정에 있기만 하면 되었고, 칼을 몸에 차고 있기만 하면 문을 통과할 수 있었다. 가지고 있지 않은 자는 방문할 때 문에서 빌릴 수도 있었다. 그러나 마를리에 들어갈 수 있는 허락을 받았다는 것은, 왕의 측근(태양의 측근이라고도 할 수 있는 것)으로서 극소수에 해당하는 선택받은 자의 그룹에 속한다는 것을 의미했다. 매일 아침 그곳에서 집행되는 의식을 보면 그 의미를 알게 된다.

왕의 순회행사

정확히 아침 9시, 북소리와 더불어 트럼펫과 피리, 오보에 소리가 울려 퍼진다. 그 순간 루이 14세는 드 카보에가 앞장서서 이끄는 스물네 명의 아폴론의 호위병을 데리고 태양의 집을 나선다. 왕국의 주인은 느릿느릿한 발걸음으로 정원을 순회하면서, 왕에게 경의를 표하기 위해 열두 개의 집 입구에 나와 있는 집의 주인들 앞에 멈추어 서서 그들과 두세 마디 이야기를 나눈다. 행렬은 다시 움직이고, 모든 방문을 마치면 왕과 관리관은 출발점으로 되돌아오게 된다. 생 에부르몽은 "이 이상의 추종은 없다."고 했다. 분명히 루이 14세의 과시욕을 만족시켜 주었을 것이 틀림없다. 그러나 왕이 정원을 거닐면서 황도십이궁의 집을 하나하나 방문하는 행사, 즉 태양의 공전과 비견되는 순회 행사에 참가한 초청객들은 왕 이상으로 득의양양했을 것이다. 그래서 저녁나절, 샤르팡디에의 칸타타라든가 륄리의 교향악을 듣기 위해, 수백 개의 촛불이 반짝이는 가운데 르 브룅의 돔 아래에서 재차 왕을 배알할 때, 그들 마음은 마치 천국에 있는 것 같지 않았겠는가.

황폐해져가는 마를리

탈망 데 레오에 따르면, 어느 날 왕이 없을 때에 베르사유를 방문한 한 부인에게 "훌륭한 하루였지요?"라고 물었더니 "네, 그렇긴 해도 마법사가 있지 않으면…."이라고 그녀가 답했다는 것이다.

이것이 베르사유의 진실이고, 마를리에서는 이것 이상이었다. 이들 정원에 생기를 주고 독특한 분위기를 빚어내게 하며, 그로 인해 현실과 신화가 하나가 되게 하려면, 왕의 존재가 필수적이었다. 그의 고동이 이 거대한 기계를 움직이는 심장이었다. 주인이 없으면 곧바로 모든 것이 멈추어 버릴 것만 같았다. 그래서 그의 심장이 고동치기를 멈춘 날, '오로라'도 사라졌던 것이다.

황혼이 마를리를 뒤덮었다. 바이올린과 분수의 가락은 들을 수 없게 되었다. 피리 소리나 오보에의 음률이 울려 퍼지던 초록의 돔은 이제 침묵이 지배했다. 금빛의 잉어도 죽었다. 가지각색의 자갈길을 밟는 사람도 이제는 없다. 물이끼나 물풀이 커다란 수반을 뒤덮었다. 북이 울려 퍼지고 그 소리가 들려오던 곳에서는 개구리 울음소리만이 들려올 뿐이었다.

루이 14세가 세상을 떠난 후, 마를리를 돌아보는 이는 없었다. 계속된 섭정시대에 누구 하나 그곳을 찾지 않았다. 1720년경, 너무나도 비참한 상태에 놀란 생 시몽은 섭정에게 필요한 조치를 취하게 하고자 '이토록 훌륭한 곳이 세월에 의해 침식당해 가는 것을 방치하지 않도록' 탄원했다. 그러나 오를레앙 공 필리프는 들으려고도 하지 않았다. 그래서 루이 15세가 이곳을 방문하려고 했을 때에는 이미 손상된 여러 부분을 완전히 바꾸어 버려야 했다. 저택이나 정원을 원래의 모습으로 되돌려 놓을 자신이 있는 자는 아무도 없었기 때문이다. 성의 중앙 건물 뒤를 흐르던 시내였던 대리석 예순여섯 계단을 손질하면서 값싼 초록 잔디로 갈아입힌 것도 이 시대였다. 그러나 하늘에서 떨어지는 것 같던 물의 흐름이 없어졌다는 것은 마를리의 가치가 반감된 것이라 할 수 있다.

테니스코트 서약 전에는 때때로 이곳을 방문했던 루이 16세도 그 뒤로는 거의 들르지 않았다. 그래서 마를리는 훨씬 더 지독하게 황폐해졌다. 왕가 사람들이 방문하지 않는 사이에 신분이 낮은 사람들이 이 정원을 찾았다. 생제르맹 총독 노아유는 어느 한 계절에 한해서 체류하는 친구(버림받은 낙원의 임시 거주인)들에게 작은 건물들의 열쇠를 맡기는 한심스러운 관행을 만들어 냈다. 방문하는 사람들은 집에 들어갈 때 세간 목록에 서명을 한다. 그들은 가구뿐만 아니라, 왕가의 문장이 부착되어 있는 도기까지 인수하게 된다. 만일 무언가를 깨뜨렸을 때에는 마를리의 상인들에게 가서 똑같은 문장이 붙은 것을 찾아내 대신 갖다 놓는다. 그것은 종복들이나 접시닦이들이 이미 가구나 규방 용품을 밀매하고 있었다는 증거다. 사람들은 리넨 류의 손수건이나 얇은 옷가지 정도만 가지고 가면 되었다. 만일 예기치 않은 방문자가 있을 경우, 집사에게 필요한 물건을 얻으러 가면 수령증을 쓰고 침대뿐 아니라 그 어떠한 물건이라도 넘겨받았다. 그들이 그것을 반환하지 않았으리라는 것은 말할 것도 없다.

종국을 향하는 프랑스 숲속 빈터의 대모험

마를리는 점점 황폐해 갔다. 단순히 무관심 때문만이 아니고, 그것을 만들어 내게 했던 세 가지 요소, 즉 농업의 발전과 왕을 중심으로 한 사교계, 그리고 프랑스 정원 양식의 발전이 분해되기 시작했기 때문이다. 이것들은 마를리에서 이제는 더 이상 발전할 수 없을 만큼 완벽에 도달해 있었다. 그러나 농

앙투안 쿠아즈보 〈명성과 메르쿠리우스〉 1698-1702 1702년 마를리 성에 놓여졌다가 1986년 루브르 미술관에 소장되었다.

업은 이제 위기에 빠져 버렸다. 식량은 늘 부족했고, 파멸적인 전쟁을 치르기 위해 징수되는 세금의 증가는 농민 계급을 벌벌 떨게 했다. 매혹의 정원은 자신의 테두리 안에 파묻혀, 국민들과 무관한 것이 되고 말았다. 그것은 '완전히 폐쇄당한' 낙원이 되고 말았다. 오늘날 베르사유의 정원은 벽으로 에워싸여 있다. 이제 지평선에 펼쳐진 보리밭은 없다. 그 옛 시절의 전원 풍경을 떠올릴 수 있는 것은 아무것도 없다.

사교계 또한 근본적인 변화를 겪었다. 이제 사람들이 왕 주위에 몰려드는 일도 없어졌으며, 대귀족들은 시골 사람들과 인연을 끊었다. 사람들은 공손보다는 기만을, 베르사유보다는 빵을, 한껏 거드름을 피우는 궁정의 호화보다는 마음에 드는 저녁식사와 자유로운 대화를 좋아하게 되었다.

"약 한 세기 동안 왕, 명예, 충성, 복종 등의 말에는 강제적이라고 할 만큼의 마력이 충분히 배어 있었다. 그러나 이십 년 간의 얼버무림과 빈정거림으로 인해 공직자들이 이 말을 멸시하고 모욕하여 그 원래의 의미들이 상실되었다."* 일체의 구속을 참지 못하고, 무위와 안이한 오락에 정신을 빼앗기고 있던 귀족들은 '위대한 세기'에 루이 14세가 유행시킨 '발레 열풍'을 간신히 유지하여 전해 주었을 뿐이다. 더군다나 그들은 발레 속의 신화적인 등장인물이 되기보다는 친구들끼리 춤추는 무도회에 가는 것을 좋아했다. 그들은 혁명을 예고하는 암운이 짙게 깔려 있을 때에도 이를 대수롭지 않게 여기고 무사태평하게 춤을 추었다. 그들은 오페라 하우스에서, 시청의 건물에서, 커다란 마구간 조련장에서 춤을 추었다. 그들은 여왕의 숲에서도 프티 트리아농에서도 춤추었고, '아모(마리 앙투아네트가 프티 트리아농에 이어, 같은 구획 안에 조성하여 운영했던 곳. 시골 가풍을 곁들여 만든 것들이 배치된 풍경식 정원)'에서도 춤추었다. 그곳은 어떻게든 자연스럽게 보이려고 했으나 사실 매우 부자연스럽게 만들어진 곳이었고, 마리 앙투아네트가 〈장미와 고라〉라든가 〈동네 점쟁이〉를 듣자마자 스스로 양치기 역을 연출한 곳이다. 그녀도 목이 잘려 나가는 그날까지 춤을 추었다.

■■

*Pierre Gaxotte, Le Siècle de Louis XV, II, p.152.

알프레드 시슬리 〈마를리〉 1875 캔버스에 유채 38x61cm E.G. 뷔를레 컬렉션

　　이렇게 1789년의 폭풍(프랑스 혁명)은 닥쳐왔다. 마를리도 민중의 분노에 의해 파괴당해 마땅한 곳이었으나, 아무 일도 일어나지 않았다. 그러나 그 운명은 매우 비참했다. 마를리는 경박과 무관심의 희생물이 되어 경매에 부쳐졌다. 이미 많은 조각상이 없어졌다. 의회는 남아 있는 것을 구하기 위해 쿠스투 작인 마상 〈마를리의 말들〉과 쿠아즈보 작인 〈날개가 있는 말에 올라탄 명망 높은 여신〉, 그리고 〈메르쿠리우스〉를 콩코르드 광장과 튈르리의 정원에 이전해 놓았는데, 그것들은 지금도 그곳에 있다. 그 후 성도 경매에 넘어가 사니에르라는 사람에게 팔렸다. 그는 큰 객실 지붕에 걸쳐 있던 망사르의 돔을 벗겨서 고철상에 팔았다. 그는 바닥을 벗겨 내고 그 밑에서 수원水源

카미유 피사로 〈마를리 전경〉 1870 캔버스에 유채 개인 소장

을 발견했는데, 그것은 그곳에 제사製絲 공장을 세우려고 할 때 도움이 되었다.

완전히 무너져 버리다

그는 그 후, 공장의 발전에 방해가 된다고 태양의 집도 모두 헐어 버렸다. 공업의 세계에서는 천국 같은 곳 따위는 아무렇게나 되어도 좋았다. 파사드를 장식하고 있던 대리석이나 테라스의 무기 장식, 은 도금한 난간은 뜯겨 고물처럼 팔렸다. 이렇게 해서 그곳에 모인 때로부터 일백 년 후, 세계적 찬사의 표적이던 걸작들은 산산조각이 되었고, 폐허조차도 완전히 뜯겨져 버렸다. 이렇게까지 파괴를 자행해야만 했던 분노는 도대체 무엇이었을까. 그 위대한 마를리에 지금은 무엇 하나 남아 있지 않다. 남은 것이라고는 다만 그 이름과, 그 주인이 물을 마시던 자리의 흔적인 몇 개의 돌 조각들뿐이다.

10
다시 그라나다로

마를리는 사라졌다. 야만족의 약탈로부터 그곳을 지켜 줄 사람은 아무도 없었다. 그러나 알람브라는 이런저런 피해를 입었음에도 불구하고 살아남아 있다. 그 고개를 오를 때, 스스로의 추억을 바탕으로 '정원의 신화학'을 엮을 생각을 했었기에, 여기에 알람브라의 정원에 대해 이야기를 보태는 것도 무방하리라 생각한다.

'칼의 그림자를 드리운' 낙원

알람브라도 지상 낙원의 하나다. 그것은 아랍의 낙원, 즉 칼로써 지켜지고 성장한 정원이다. 나는 이 말이 얼마나 진부한 것인지를 잘 알고 있지만, 그러나 지금, 아무래도 그렇게 생각하지 않을 수 없다.

불꽃 같은 색깔을 띠고 있는 성벽에 짙은 초록의 나무들이 드리워져 있고, 그 붉은 성벽이 은빛으로 반짝이는 시에라네바다의 산꼭대기를 배경으

알람브라 전경

로 선명하게 떠오르는 것을 볼 때, 사람들은 거기에서 다른 데로 눈을 돌리지 못한다. 그렇다, 알람브라는 아랍의 천국이요, 눈[雪]과 불[火]이 한 몸이 되어 태어난 시다. 그것이 발산하는 훌륭한 아름다움은 도대체 무엇에서 유래하는가. 그 아름다움은 다른 곳과는 비교할 수 없을 정도의 완벽성을 갖추었으며 어떤 독특한 유형의 정원이라는 데에 근거한다.

성벽의 트인 곳

오아시스면서 동시에 미로이기도 한 이 정원은, 질서와 대칭을 완전히 무시한 채 교차하는 많은 안뜰과 녹색 공간으로 되어 있다. 여기에는 숲을 갈라 만든 빈터도 없고, 축선이 아득히 멀리 뻗어 있는 것도 아니다. 무엇이든 폐쇄적이고, 각각이 완결되었다. 이곳은 입구라고 하기보다 성벽이 터진 곳이라고 말하는 것이 어울릴 것 같은, 측면에 나 있는 작은 문으로 들어간다. 그러나 이 정원에 외부에 대한 전망이 전혀 없다고 말하는 것은 아니다. 원경遠景은 충분하고, 더구나 그것이 상상치 못하는 곳에서 출현하기에 한층 더 감동적이다.

알람브라의 정원은 너무나 복잡하고 풍요롭고 혼합되어 있고 은밀하기조차 해서, 어떻게 대해야 할지 전혀 감이 잡히지 않는다. 어디에서부터 시작해야만 하는가. 내부인가, 아니면 외부인가. 먼저 외부에서 시작해 보자. 외부에서 그곳을 보기 때문이다.

에스파냐의 이 지방은 확실히 봄과 가을이 매우 아름답다. 그러나 이곳

에른스트 카를 오이겐 쾨르너 〈알람브라〉 1884 캔버스에 유채 개인 소장

을 방문하려면, 태양이 안달루시아 평원을 내리쬐어 생긴 열기와 정원 안쪽에 깊숙이 감추어진 서늘함과의 대비가 강조되는 8월이 제일 좋을 것 같다. 그렇다고 이 평원이 불모지라고 생각해서는 안 된다. 여기에는 아랍인이 뽕나무, 종려, 피스타치오, 바나나, 벼, 목화, 아스파라거스, 사탕수수, 다마스크 장미, 흑과 백의 참죽나무 등 그들이 오기 전에는 알려지지 않았던 진기한 식물들을 많이 심어 기분 좋은 경관이 펼쳐진다.

　　산꼭대기는 해발 3,000미터가 넘고, 시인 가르시아 로르카가 말한 대로 "눈[雪]에서 나와 보리[麥]에 이르는 두 강이 흘러오는" 산기슭에서는, 우마이야 왕조 시대에 이베리아인과 서고트인으로 구성된 종족이 살고 있었으

프랑수아 앙투안 보쉬에 〈심판의 문,
알람브라〉 1875 캔버스에 유채 55
x44cm 개인 소장

나, 나중에는 무어계의 일족이 우세해졌다. 이 무렵부터 집시가 들어와, 현
재는 아르바이상의 고지(아랍어로 라바드 엘 가잇징, 즉 '매의 부리'라는 뜻의 지
역)에 살고 있다. 훌륭한 예술적 재능을 타고난 안달루시아인(어디에서 왔는지
확실치 않으며 이렇게 불린다)은 왕후의 생활에 필요한 여러 가지 일을 했다.
누에를 치고, 털과 모슬린을 짜고, 가죽을 다루고, 포목에 물감을 들이고, 도
자기의 물레를 돌리고, 도자기를 굽고, 악기를 만들고, 보석을 세공하고, 『코
란』의 장식 문자를 쓰고, 또 과달키비르 강의 얼음처럼 차가운 물에 담가 놓
았기 때문에 몇 세기가 지나도 아직 빛을 잃지 않은 큰 칼과 단검에 금은의

상감을 입혔다. 이 장인들의 협력이 없었다면, 나스르 왕조와 같은 세력이 큰 왕조가 그라나다에 지속되지 못했을 것이 틀림없다.

　더위로 인해 숨이 막힐 것 같은 아랫마을의 작은 길을 나와 왕궁을 향해 돌들을 땅에 깔아 놓은 고갯길을 올라가기 시작하자, 우리들은 갑자기 햇빛을 벗어나 그늘 안으로 들어가게 되었다. 온도 차이가 너무 크고, 또 너무나 갑작스러워 마치 얼굴 위에 냉기 마스크가 씌워지는 것 같은 느낌이 든다. 나무줄기와 줄기 사이의 간격이 좁은 탓에 우리들에게는 푸르른 빛밖에 보이지 않았고, 마치 녹색 수초로 가득 찬 호수에 들어온 것 같다. 오랜 옛날에는 이런 수목이 없었고 성채의 비탈진 곳이 노출되어 있었다. 그렇게 되어 있지 않을 경우에는 무엇보다도 우선 방어가 되지 않았다. 나무들과 무성한 잎은 접근하는 공격자를 숨겨 줄 뿐 아니라, 매복이나 기습을 도모하기에도 쉽기 때문이다.

불의 성채

알람브라는 정원이 되기 이전에는 요새였다. 바위산 위에 성벽이 연달아 있었고, 그것은 평야를 향한 뱃머리처럼 돌출되어 있었다. 그 성벽에는 총안이 있고, 군기軍旗 탑, 위병 탑, 군대 탑, 장군 탑, 화약 탑 등 이름으로 보아 분명 군사적인 것임을 알 수 있는 튼튼하고 네모난 탑들로 둘러싸인 형태였다. 옛날에는 이 탑들이 아랍 왕의 궁전을 호위했으나, 오늘날에는 정원의 평화를 지켜 준다. 이를테면 그 임무는 예나 지금이나 늘 고귀하다는 것이다. 군

데이비드 로버츠 〈고마레스 탑,
알람브라〉 1838 캔버스에 유채
50.8x40.6cm 개인 소장

데군데 자주색으로 변색된 황갈색이 푸른 나무들과 아주 잘 어울린다. 알람
브라는 아랍어로 '붉은 색'을 의미한다. 어쩌면 성벽의 색이 처음에는 더 진
했던 게 아닐까. 그렇다면 그것은 핏빛이었음이 틀림없다. 또한 이 성벽은
깜짝 놀랄 정도로 자신감이 철철 넘쳐흐르는 다른 성벽을 생각나게 한다. 알
레포(시리아의 도시)와 마라케시(모로코의 도시)가 그것이다. 그렇지만 그것도
틀린 것 같다. 알람브라는 그의 경쟁자들보다도 더 자신 있어 보인다. 성벽
이 자신 있어 보이는 까닭은 그 안에 낙원이 잠자기 때문이다.

내가 올라가고 있을 때, 위에서 내려오는 미국인 두 사람이 스쳐 지나갔다. 여자가 남자에게 이렇게 말하는 것이 들려왔다. "여기에 나이트클럽 이름을 붙이다니 웃기는군요." 나는 그들에게 이렇게 말해 주고 싶었다. '이 나라에서 그런 일은 당연한 거예요. 톨레도에서는 대성당 다음으로 아름다운 건물인 알카사르 성이 있는데 뮤직홀의 이름으로도 부르는 걸요.' 그러나 나는 아무 말도 하지 않았다. 조금 전부터 마음에 변화가 일어나, 내 자신이 정원의 사태에 매몰되어 버린 것 같은 느낌이 들었기 때문이다.

고개를 올라간 바시르와 나는 작은 창구에서 입장권을 두 장 사서 안으로 들어갔다. 바시르는 서른 살 정도 된 모로코 청년이다. 그는 말라가에서 그다지 멀지 않은 산 페드로 데 알칸타라 마을에 빌라를 가지고 있는 장 뒤퓌의 운전기사로, 이 친구가 이곳에 오는 나에게 차를 빌려 주었다. 지금까지 그라나다에 와 본 적이 없는 바시르가 이 이슬람 예술의 걸작 앞에서 어떠한 반응을 보일지 흥미진진했다. 잠깐 동안, 그는 뽀로통한 얼굴을 하고 있었다. 그러나 나는 그것을 불만으로 보지 않았다. 이것은 젊은 모로코 인들에게서 흔히 볼 수 있는 표정이다. 그것은 '나를 놀라게 하려 해 봤자 소용없어요. 침착한 사람은 어떤 일이 일어나도 놀라지 않으니까요' 라는 뜻이었기 때문이다.

허술한 작업복을 입고, 은퇴한 승려 같은 가련한 얼굴을 한 늙은 관리인이 우리들의 입장권을 잘라낸 다음, 그 폭이 성벽 두께와 동일한 좁은 흙벽을 가리키며 그쪽으로 가라는 시늉을 한다. 나는 '이 정원이 천사들에 의해 관리되고 있다면 좋을 텐데.' 라는 부질없는 생각을 했다.

포병의 흉벽

지그재그로 된 길을 두세 번 돌아가니, 바위로 된 돌출부의 맨 앞쪽인 삼각 평대平臺의 위쪽이 나왔다. 그곳은 크게 각이 지고 튼튼하게 생긴 성벽이 테를 두르고 있었고, 곳곳에는 가시나무가 자라나 있었으며, 가파르게 기울어진 계곡이 내려다보였다. 이 벽은 '포병의 흉벽'이라고 불렸는데, 대포가 빈틈없이 줄지어 있었을 무렵의 알람브라는 자랑스러움으로 으스대고 있었을 것임에 틀림없다. 아래쪽으로는 작고 하얀 집들이 바라다보이는데, 격자창과 제라늄 화분이 주렁주렁 달린 발코니가 있는 그 집들은 층층이 단을 이루며 널리 뻗어 나가 시가지를 형성하고 있다. 알람브라의 초병은 그 집들 너머 갈색으로 변하기 시작한 옥수수밭을 응시하고 있었다. 마치 순양함의 앞쪽 갑판에 있는 것 같은 느낌이었다. 뱃전에서 아래쪽으로 몸을 내밀듯 아래를 굽어보자 아이들의 소리, 냄비가 맞닿는 소리, 구두 소리, 기타를 치는 소리 등 안달루시아 서민들의 활기차고 싱싱한 소음이 뒤범벅이 되어서 올라오고 있었다.

사자를 찾고 있다

그러나 내가 보고자 하는 것은 이것이 아니었다. 나는 사자獅子를 찾고 있었다. 그것은 그라나다 최초의 왕이 바그다드에서 가지고 온 사산 왕조의 사자다. 그것이 이 정원의 어딘가에 있을 것이다. 그런데 과연 어디에 있을까.

우리들은 걷기 시작했다. 왼쪽으로는 군대 탑으로 가는 나선형 계단이 있다. 오른쪽으로는 다른 탑으로 가는 좁은 계단이 있었으나, 그 탑의 이름은 잊어버렸다. 이 미로와 같은 흉벽을 급선회하는 동안 나는 내가 지금 어디에 있는지 모르게 되고 말았다. 다행히 젊고 붙임성이 약간 있어 보이는 관리인이 내 말이 들릴 정도의 거리에서 지나가고 있었다.

"이봐요, 우리들은 지금 어디에 있는 것이지요."

"알카사바의 부분입니다. 여기는 군대 광장입니다."

"그럼 알람브라는?"

"여깁니다."

"그게 아니라, '사자의 파티오*'는…."

"여기는 알카사바 군대의 광장입니다."

이래 가지고서는 마치 귀먹은 사람들의 대화와 다를 바 없다. 시간이 계속 흐르고 있었기 때문에 나는 초조해지기 시작했다. 한편 바시르는 잠에서 깨어나는 듯한 얼굴이었다.

"이 탑은 어때, 예쁘지?"

"예."라며 그는 겸손하게 미소 지으며 대답했다. '그래도 모로코를 알고 있다는 듯.'

그가 끝까지 이야기할 필요는 없었다. 나는 그가 말하고 싶어하는 것을 이미 알아차리고 있었다. 그는 이렇게 말하고 싶은 것이다. '모로코를 알고 있으면 무엇을 본다 해도 놀라지 않습니다.'

---

*patio, 위쪽이 트인, 건물의 안뜰

"이제 조금만 더 참아. 아직 아무것도 본 것은 없잖아."

그는 의심스럽다는 듯 입을 삐죽 내밀었다. 만일 우리들을 기다리고 있는 것이 무엇인지 내가 알지 못했다면 이 탑을 최고라고 생각했을 것임에 틀림없다.

길을 몹시 헤맨 끝에 우리들은 아까 들어왔던 입구 쪽으로 되돌아오고 말았다. 거기에서 관광객용 기념품이 가득 찬 상점을 발견했다. 나는 가까이 가서 사자의 파티오 그림엽서를 손가락으로 가리키면서 여점원에게 말을 걸었다.

"실례합니다. 사자의 파티오는 어디에…."

내 에스파냐어를 대충 알아차렸는지 그녀는 카를 5세의 왕궁 쪽을 막연히 손가락질했다. 나는 그 왕궁을 알고 있다. 나는 한순간, 그것을 보지 않겠다고 말하고 싶을 정도였다. 그 왕궁은 르네상스 시기의 이탈리아풍에 물들어 있는 답답한 건물이며, 그곳에는 에스파냐의 정취가 전혀 없었다. 교양 있는 카를 5세가 어떻게 이런 꺼림칙한 건물을 세우도록 허락했을까. 이것은 등기부에 찍힌 인장, 정복자가 피정복자의 어깨에 인두로 찍은 불명예스러운 낙인과 같은 존재이다. 그러나 카를 5세는, 어쩌면 그가 악마의 은신처라고 생각했을지도 모르는 무어 인의 왕궁을 철저히 파괴하지 않았으며, 적어도 그 장식물을 귀중하게 여길 만큼의 호의는 있었다.

갑자기 나는 그 정면 입구 기둥에 붙어 있는 종이쪽지에 눈이 갔다. 거기에는 '무어 왕궁 입구'라고 써 있었다. 그럼 그곳에 가려면 이 문을 빠져나가야 하는 건가. 이것은 합스부르크가家의 자존심이 방문객에게 강요하는 통행세인 셈인가. 하지만 그곳으로 가는 다른 방법이 없다면 서둘러 빠져나가고 싶지는 않다.

그 후 나는 이 궁전이 카를 5세를 화나게 했었고, 그가 이 궁전을 세우게 한 것을 후회했다는 것을 알게 되었다. 그는 이 도면을 그린, 미켈란젤로의 제자이며 건축가인 페드로 마주 카에게 "너는 어디에나 있는 흔해 빠진 건물을 세워 세계에 다시없는 걸작의 통일을 문란케 했다."며 화풀이를 했을 게 틀림없다.

음흉하고 비밀스러운 알람브라

모스크* 안에 끼어 있는 코르도바 대성당에 관해서도 똑같은 이야기를 할 수 있을 것이다. 만일 그렇게 힐책한 것이 사실이라면 나와 그와의 사이가 원만하게 회복된다 해도 좋을 것이다. 마음 속 깊은 곳에서 우러나온 것이라고 할 수는 없지만.

거기에서 우리들은 또, 두 사람이 나란히 통과하기 힘들 정도로 좁은, 미로와 같은 복도에 들어섰다. 어떤 모서리로 들어서자 돌연 안뜰로 나오게 되었는데, 초록색 타일이 깔리고 차양이 있는 산뜻한 아케이드가 그 뜰을 에워싸고 있었다. 그곳은 '알현할 동안의 파티오'였다. 그다지 크지는 않았으나 비례가 잘 잡혀 있어 훌륭했다. 나는 갑자기, 선경仙境에 들어온 것 같은 생각에 사로잡혔다. 나는 바시르를 향해 이렇게 말했다.

---

*mosque, 이슬람 사원

"이게 뭔지 알고 있어? 알현하는 곳이야, 왕국의 대신이나 고관들이 모이는 곳이지. 그대가 라바트에 살고 있다면 모를 턱이 없지. 종종 왕궁 앞을 지났을 것이니까."

장난스런 미소가 바시르의 얼굴에 떠올랐다.

"왕궁, 그거야 기억하고 있지요. 왕보다 잘."

"어째서?"

"그곳에서 일한 적이 있지요. 나는 한때, 폐하의 위병으로 근무했습니다. 폐하를 보호하는 것이 우리들의 임무였어요."

"하산 2세?"

"그래요."

어떻게 된 일인가. 회교도들의 인도자였던 왕의 위병과 함께 알람브라를 방문하다니, 꿈에도 생각 못했다. 이것은 우연이라고는 하지만 일시적인 '모험'이다. 그러나 이번에는 내가 놀라움을 억제하고, 그런 기색을 보이지 않아야 할 차례였다. 나는 과장된 몸짓으로 바시르에게 이렇게 말하는 것만으로 참았다.

"그럼 그대는 자신의 집에 와 있는 것과 마찬가지겠군. 말하자면 이런 것들 모두를 건립한 것은 그대의 조상들이니까 말이야."

바시르는 방긋도 하지 않았다. 그런 생각이 이미 그의 마음에 자리잡고 있기 때문이다. 그러나 몸을 곧바로 하고 있는 그의 눈에 아주 작지만 희미한 빛이 스쳐 갔다. 일순간이었지만 나는 확실히 그것을 보았다. 나는 이 모든 것들이 만들어진 때부터 지금까지 마치 그의 것이었던 양 이 장소에 푹 빠져 있는 그의 활달함에 감동하지 않을 수 없었다.

우리는 작은 통로에 인접해 있는 안뜰로 들어갔다. 그곳은 '은매화의 파티오'였다. 알현할 동안의 파티오보다 훨씬 컸고, 중앙의 대부분은 직사각형의 연못이 차지하고 있었다. 그곳은 낮게 깎아 잘 다듬어진 은매화가 두 줄의 생나무울타리를 이루고 있었고, 정상에는 묵직한 열 개의 총안 흉벽이 늘어선 거대한 네모 탑이 타일이 반질반질한 이중 차양을 굽어보고 있었다. 그

알람브라의
은매화 파티오

탑은 알람브라에서 제일 큰 탑인 고마레스다. 나는 걸어가면서, 왕궁 전체는 전혀 대칭이 아닌데, 안뜰 그 자체는 무엇이든지, 모두가 완전한 대칭을 이루고 있다는 것을 깨달았다.

그러나 은매화의 파티오는 단순한 안뜰이 아니었다. 그것은 요새로서 알람브라와 정원으로서 알람브라의 중간적 존재였다. 탑의 적갈색과 벽의 회색에 곁들여 있는 베이지색은 타일에서 번쩍거리는 초록과 돌바닥에서 직접 자라난 것 같은 광택 없는 은매화의 초록을 동시에 아름답게 보이게 한다. 만일 한 줄로 서 있는 호리호리한 기둥이 높은 아케이드를 지탱하고 있지 않거나, 그 기둥 사이의 아치를 마치 돌로 만든 레이스처럼 보이게 하면서도 저쪽이 꿰뚫어져 보이도록 섬세하게 조각하고 설치해서 품위를 지켜주지 않았다면, 모든 것이 매우 소박하게 느껴졌을 것이다.

바람을 통하게 한 감옥

그러나 아무리 이와 같이 부담 없는 홀가분한 경관에 있다고 해도, 감옥의 벽보다 높게 막아 놓은 벽 안에 있는 한 유폐당한 듯한 느낌이 들 것이다. 그런데 실제로는 전혀 그렇지 않다. 왜일까. 타 버릴 것만 같은 따가운 햇볕이 땅 위에 총안 흉벽의 그림자를 떨어뜨리고 있는데도(여기서는 그림자가 중요한 역할을 수행하고 있다. 그것은 건축의 일부인 것이다.) 통풍이 잘 되어 있어 기분 좋은 선선함을 가져다 주기 때문이다. 이곳에 있으면 마치 산에서 직접 불어오는 미풍을 쐬는 듯하다. 이 바람은 어떻게 해서 바깥 세계로부터 단단히

알람브라의 타일 장식과 실내 정경

호위되고 있는 이 안마당 깊은 곳까지 들어올 수 있단 말인가. 그렇다고 해서 내가 꿈을 꾸고 있을 리는 없는 것이다.

은매화의 파티오와 같은 높이의 축선 위에, 고마레스의 탑 내부 전체를 차지하고 있는 넓은 방이 나타난다. 외국 사절이 사용하던 '대사의 방'이다. 벽은 중간 정도의 높이까지 색색의 도자기 조각으로 감싸 놓았다. 그 위쪽은 회반죽으로 그려 놓은 종려 무늬나 꽃무늬, 아라베스크 등 기하학적 형태의

어마어마한 짜임새로 되어 있다. 그것은 천장까지 닿아 있으며, 그곳이 『코란』의 말씀을 나타내는 평평한 장식이 된다. 아무것도 눈에 뜨이지 않으면서 동시에 호사스럽다. 탑의 외벽을 구성하는 좌우측과, 안쪽의 세 군데 방향에 있는 벽에는, 다섯 개의 작은 창이 있다. 그것은 모두가 천장에 닿을 듯 말 듯 위치해 있어 방 안을 밝게 해주는 역할을 하며, 동시에 건물 높은 곳에 머물기 쉬운 열기를 밖으로 내보낸다. 또 훨씬 아래쪽에는, 깔아 놓은 돌과 거의 같은 높이에 활 모양의 창 네 개가 두 개씩 마주 보고 있고, 대리석의 가늘고 작은 기둥이 아주 작게 그 사이를 떼어 놓는다. 이 창들은 환기 때문에 만든 것은 아니었다. 그것은 마치 방 안으로 침입해 오는 외부 경치를 끌어당기는 것 같았다. 나무들과 집들의 지붕 저쪽 지평선에는 흰 눈에 덮인 산꼭대기가 솟아 있는데, 그 모두를 바라다볼 수 있는 조망은 생각보다 널찍널찍한 것이었다. 특히 눈 속에서는 그 조망과 서늘함을 동시에 얻을 수 있게 되어 있었다.

만일 다른 살롱이나 정원이 우리들을 기다리고 있다는 것을 알지 못했다면 이 대사의 방에 그대로 머물고 싶다는 생각에 빠져 버릴 정도로 이곳은 우아했다. 살롱의 대부분은(전부는 아니다. 이 건물을 세운 건축가들은 같은 수법을 너무 반복하면 효과가 둔화된다고 믿고 있었기 때문이다.) 상상을 초월하는 의외성으로 조망을 더욱더 훌륭하게 보이게끔 하는 창을 가지고 있다. 그 가운데 하나, '드라크사의 망루'라고 불리는 것은 왕궁 전체가 초록으로 에워싸여 있다는 느낌을 주는 무성하게 자란 나무들에 면해 있다. 또 하나, '린드하라의 발코니'에서는 막혀 있는 아래쪽 정원이 보였는데, 거기에는 원형으로 된 분수가 있고, 그 물은 마치 애원하는 것처럼 창 쪽을 향해 뿜어지고 있다. 이렇게 아래를 굽어보니 왕궁은 공중에 붕 떠 있는 정원 같았고, 또 그 정원 위에서 춤을 추는 또 하나의 정원 같기도 했다.

사자의 파티오

드디어 알람브라에서도 가장 영광되고 가장 훌륭한 '사자의 파티오'에 이르렀다. 여기에서는 꿈과 환상이 이성을 능가한다. 그 조화로운 색채, 완벽한 형태, 훌륭한 비례는 이렇게 말하고 있는 것 같았다. 이 아랍 왕궁의 진수야말로 아무리 까다로운 자들의 요구 사항이 있다 해도, 그것 모두를 충족시켜 주기 위해 펼쳐져 있다고. 이곳은 삶의 즐거움, 휴식, 참된 여가, 이러한 것을 잘 알고 있는 사람들에 의해 만들어진, 알라의 낙원을 닮은 지상 낙원이며, 또 모자이크나 종려, 상록의 교목, '인간 욕망의 묘한 도피처'라 할 수 있는 분수, 이런 것들을 조화롭게 다룬 뛰어난 예술가들이 완성시킨 조각과 아라베스크의 극치다. 그러나 분수의 끊임없는 속삭임과 마음을 사로잡을 것 같은 재스민의 향기에도 불구하고 이곳에서 쾌락이라고는 전혀 느낄 수 없다. 이곳은 그 무엇보다 얻기 어려운 행복을 내려 주려고 하는 것만 같다. 그렇기 때문에 관능에 호소하는 바 없이, 오히려 숭고하고 장엄한 느낌마저 주는 것이다.

이 집에 살고 있는 자, 그는 태양에 다름 아니기에, 그 그림자조차도 은혜로 주던

13세기 그라나다의 왕궁에 있던 아랍의 시인은 이렇게 쓰고 있다.

> 여기에서 제국의 수도를 바라보라

알람브라의 사자의 파티오와 사자

칼리프가 그곳에 하사한 영화를 보라

이 궁전에 가득 찬 기쁨의 크기로 인해

눈길은 사로잡히고 마음 또한 이 세상 것이 아니로다

이는 진귀하게 빛나는 수정水晶의 세계

아름다움이 새겨지지 아니한 곳, 물자의 풍요함이 넘쳐 나지 않은 곳

없고

색과 빛, 절묘하게 어우러져
그대는 그것을 마음 다해 즐기리
그 하나하나를
그렇지 않으면 모여 있는 그 전부를

이 안뜰에서 볼 만한 것으로는 사산, 알모하드, 나스르 등 각 왕조 덕분에 풍요할 수 있었던 우마이야 왕조의 영광을 훌륭히 반영한 것들로, 그것은 우선 중앙부를 차지하고 있는 분수에서 시작된다. 이 분수는 열두 마리의 화강암으로 된 사자가 각각 한 줄기 물을 토해 내며 둥근 수반을 떠받치고 있다. 그리고 사자 아래에는 다각형의 수반이 분수의 물을 받아, 돌로 테를 둘러 놓은 네 줄기 가느다란 도랑으로 다시 흘려 보낸다. 이 도랑들은 눈이 녹아 흐르는 물을 그대로 안뜰 구석구석까지 운반한다. 녹색 타일을 입힌 두 개의 사각 정자는 태양 빛으로 반짝거리고, 그 모습을 십자 모양의 물에 비추어 보려는 듯 얼굴을 내밀고 있으며, 그 주위에는 성에가 낀 것처럼 반짝이는 아치를 머리 위에 올려놓은 무수한 기둥이 하늘을 향해 우뚝우뚝 서 있다.

참으로 독특한 이 공간의 이미지는, 무얼 어떻게 한다 해서 묘사해 낼 수 있는 그런 것이 아니다. 종유동을 떠오르게 하는 천장 밑에서 알현을 행하고, 살짝 검은 얼굴에 흰 터번을 머리에 두르고, 타는 듯한 눈길이 이글이글하고, 신의 영광을 나타내는 황금빛 자수로 테를 두른 커다란 상의를 몸에 걸치고 풍부한 모습으로 단장된 이 안뜰을 느릿느릿하게 산책하는 왕후들, 그러니 여기에 살던 사람들을 묘사해 내기란 더욱 어렵다. 그들은 참으로 오만했지만-그것은 격에 벗어나는 것이었다- 그들 몸에 과할 정도의 이 혜택은(쾌락과 행운, 거기에 승리조차도) 결코 그들 자신의 노력에 의한 것이 아니라, 누구라 할 것 없이 신이 내리는 선물이라고 여기고 있었다.

중앙의 분수를 향해 돌출되어 있는 두 개의 정자가 처음의 형체를 간직하고 있는지의 여부는 그것을 주의 깊게 관찰하는 것만으로도 알 수 있다. 야자 숲 중앙에 분수가 뿜어져 나오는 곳, 그 주변에 놓여 있는 두 개의 가볍게 생긴 천막, 그것으로 보아 알람브라는 프랑스 정원과는 완전히 반대되는 존재였음을 알게 된다. 그 정원은 무성한 숲의 나뭇잎 속에서 얻어진 빈터가 아니라, 모래의 허무 속에서 획득할 수 있는 '오아시스'인 것이다. 그것은 타오르는 화덕이 아니라, 분수와 좋은 향기와 음악이 가득 찬, 그늘이 있는 서늘한 기운의 장이다. 다만, 그것을 이곳으로 옮긴 사람들의 기억 속에 있는 처음의 이미지가 시간과 더불어 변화되어 가고 있을 뿐인 것이다. 몇 세기가 지나면서 유목민의 천막을 대신해서 왕후의 궁전이 출현했고, 시리아의 사막은 안달루시아의 비옥한 평원으로 변했으며, 천막이 대리석의 정자, 오아시스, 야자 숲의 화석으로 되었던 것이다. 그러나 한 가지, 그들이 표명한 지복의 관념만은 언제고 변하는 법이 없었다.

아아, 눈[雪]의 한 조각, 금강석이 되고
금강석은 또 별로 변하네

해가 기울어 간다. 늦기 전에 헤네랄리페를 방문하려면 서둘러야 한다. 맨 처음, 아랍인이 '데제나 뗄 아리프'라고 불렀던 이 '위의 정원'은 50미터 아래쪽에 있는 '아래의 낙원'에 채소나 과일을 공급하는 단순한 채원菜園이었다. 알람브라를 잘 알고 있는 친구가 이곳을 그라나다에서도 가장 훌륭한 곳의 하나로, 꼭 가 볼 만한 곳이라고 권했기 때문에 나는 그의 말을 따랐다. 그러나 훌륭한 것을 이미 보아 버린 지금, 도대체 무엇이 또 나를 감격하게 만든단 말인가.

헤네랄리페를 향하여

삼나무가 양쪽에 나란히 늘어서 있는 완만한 고개를 올라간 우리들은 헤네랄리페에 발을 들여 놓았다. 삼나무 가로수가 너무나 빽빽하게 심어져 있어서 그것이 어둑어둑한 벨벳의 벽이 되어 경치를 차단하고 있었다. 올라가는 도중 관광객들과 스쳐 갔으나 그 수는 점점 많아졌다. 어떤 사람은 느릿한 발걸음으로 올라가는가 하면, 또 어떤 사람은 빠른 발걸음으로 내려온다. 나는 뒤쪽에서 라디오가 쿵쿵 울리는 소리를 들었다. 뒤를 돌아보니 스무 살 정도 되는 학생이 두 사람 있었다. 그들의 점퍼에 누벼져 있는 휘장으로 미루어 보아 플랑드르에서 온 듯하다.

한 사람은 카메라를 어깨에 걸치고 있고 또 한 사람은 별로 듣지도 않는 작은 라디오를 쿵쿵 울리게 해 놓고 있는 것이다. 왜 그토록 큰 소리로 울리게 해 놓지 않으면 안 되는 것일까. 정적을 뒤흔들어 버릴 셈인가. 그러나 이건 어떻게 해 볼 도리가 없다. 오전 중 이른 시간에 가는 것도 아니고, 혼자만의 알람브라를 기대하는 것은 무리다. 특히 관광객이 넘치는 8월이 그렇

헤네랄리페 정원

다. 방해하는 자들을 앞쪽으로 통과시켜 버리려고 나는 바시르에게 천천히 걷자는 신호를 했다. 우리들은 길가로 잠시 비켜 머물러 섰다. 학생의 모습과 라디오의 쿵쿵거리는 소리가 사라지기를 기다려서 우리는 또 검붉은 불길 속처럼 뜨거운 두 벽 사이를 오르기 시작했다.

　갑작스레 머리 위에 각양각색의 덩굴풀이 뒤엉켜 격자를 만들고, 그 아래로 곧게 나 있는 길로 나왔다. 그리고 인동초 덩굴과 나팔꽃으로 이루어진 프랑스 보르도식 천장 밑을 통과해 우리들은 헤네랄리페에 도착했던 것이다.

하늘과 땅이 만나는 장소

알람브라가 요새와 왕궁이 합쳐진 곳이라고 한다면, 헤네랄리페는 마침내 하늘과 땅이 합하는 곳이다. 그러나 거기에는 하나의 공통점이 있다. 바로 풍부한 물이다. 이곳저곳에 물이 흐르고, 수반의 물은 철철 넘치며, 연못에는 물이 가득 차 있어 하늘로 뿜어 올라가고 있다. 때로는 그 소리가 높아지기도 하고 끊임없는 속삭임이 되어 떨어져 내려오기도 한다. 그것은 마치 초봄에 갑자기 내렸다가 곧 멈추어 버리는 비와 같다. 왕들은 눈을 찡긋하기만 하면 자신들만의 소낙비를 영지 안에 내리게 할 수 있다고 생각했다.

사람들은 물이 '알람브라의 혼'이고, 이것 없이 그라나다는 존재하지 않는다고 말한다. 정말 그 말 그대로다. 알카사르가 칼의 그늘과 같은 낙원이면, 헤네랄리페는 오히려 그 반대의 이미지라고 할 수 있다. 말하자면 낙원의 그늘에 무수한 칼이 교차하고 있는 것이다. 마찬가지로 승리가 신의 은총이라고 한다면, 헤네랄리페는 겨울, 시에라네바다의 산꼭대기에 쌓인 눈의 은총이다. 옛날에는 아주 높은 산중에 제3의 정원이 있었다고 하는데, 수압이 줄었는지 수도 시설이 고장이 났는지 무슨 이유로 쓰지 못하게 되어 원래의 모습, 즉 사막이 되어 버렸다.

헤네랄리페는 아케이드로 테를 두른 정원과 이곳저곳에 흩어져 있는 망

헤네랄리페 정원

루, 휴식을 위한 정자의 집합체다. 그 벽의 내부에는 열 개 정도의 녹색 공간
이 있다. '입구의 정원' '아래의 정원' 두 개, '냇물의 파티오' '망루의 정원'
'삼나무와 술탄의 파티오' '위의 정원' 네 개, 훨씬 위쪽의 '여울의 계단' 등
이다. 산의 측면에서 끌어 모은 물은 '아래의 정원'으로 쏟아 넣기 전에 거대
한 저수지에 모아 놓는다.

나를 보라

앞서 본 아랍 시인은 이렇게 노래했다.

> 나를 보라, 내 마음의 사람
> 진정 나는 감싸고 싶은 사람에게
> 그 맑음을 밝히는 물의 세계
> 바닷가를 껴안고 있는 듯 대리석에 새겨져 나온 바다
> 이와 같이 위대한 것 어디에 있으리
> 물은 나 자신에서 흘러나오는 것
> 우리들은 마치 하나의 얼음 덩어리
> 그 한 조각은 녹아 물이 되고
> 다른 조각은 그대로의 모습을 바꾸지 아니하고
>
> 이윽고 밤이 오면
> 그대, 나 온 하늘의 별들보다 높게 있다고
> 생각하라

카스티야의 시인은 다시 노래를 잇는다.

> 알람브라, 물의 도시
> 신의 하사품으로서

천국의 주거지

알다시피 헤네랄리페에 대한 찬가는 밀어닥치는 파도와 같이 수세기에 걸쳐 되풀이되고 있다.

유례 없는 정원

모든 정원이 아름답지만, 그 가운데 가장 훌륭한 것은 '냇물의 파티오'다. 그 중심을 이루고 있는 연못을 어떤 말로 표현하는 것이 좋을까. 그것은 수반이 라거나 연못이라고 부르기엔 너무나 가늘고 길게 뻗어 있다. 길이 48미터, 폭 60센티미터의 두 줄로 된 테두리 돌이 좁게 에워싸고 있어 오히려 수로와 같은 느낌이 든다. 한편 이 테두리 돌도 두 줄의 은매화로 테가 둘러져 있다. 관목의 바깥쪽에는 두 줄의 화단이 뻗어 있고, 자연스러운 야생의 느낌이 들 수 있도록 풀꽃들이 멋대로 자라게 내맡겨져 있다. 거기에는 여러 가지 종류 의, 여러 색의 꽃이 있다. 장미, 카네이션, 달리아, 델피니움, 금어초, 코스모 스, 과꽃, 금잔화, 초롱꽃, 타바블랑, 그 밖에도 이름 모를 꽃들이 많이 있다. 이렇게 많은 종류의 꽃들이 모여 있는 것을 본 것은 처음이었다. 화단의 바 깥쪽은 잘 손질된 두 줄의 회양목이 에워싸고 있다. 회양목의 건너편 왼쪽에 는, 간소한 아케이드가 안쪽 정원을 향해 열려 있다. 모두가 바빌론의 정원 같았고, 냇물의 파티오는 영락없는 그것의 공중 정원이었다. 그러나 메소포 타미아의 평원에는 물을 높은 곳으로 뿜어 올릴 만큼 압력이 가해지는 기복

헤네랄리페 정원

이 없었는데, 여기에서는 곳곳에서 물이 뿜어져 올라가고 있다. 어떤 도금양
(상록관목의 일종) 사이에서도 물이 솟아오르고 있다. 다만 관목은 곧게 뻗어
있으나, 물의 선은 기울어져 있다. 물은 하늘을 향해 뿜어 올라가 곡선을 그
리며 떨어지면서 수로에 활처럼 굽은 은색의 가느다란 그물을 걸쳐 놓았다.
그리고 어떤 때에는 나란히 줄지어 있는 이 호弧와, 공중에 뿌려진 무수한 물
방울에 빛이 굴절해서 생겨난 작은 무지개가 서로 겹친다고 한다. 나는 건물
의 로지아*로 통하는 계단을 올라갔다. 그곳에서는 한눈에 정원을 내려다볼

수 있다. 황혼이 가까웠다. 도금양의 검은 이삭 끝과 꽃들로 이루어진 커다란 무리는 도랑 같은 모양의 그늘 속으로 가라앉아 버렸다. 그러나 호를 그려 내는 분수는 밤이 가까워질수록 마치 때를 만난 듯 기세가 한층 격렬해지고, 반짝거리는 빛을 더해 갔다.

내가 아직 젊었을 때, 마뉴엘 데 파야가 이 정원에 관해 이야기하면서 감동한 것을 지금에야 잘 알 것 같다. 정말 그가 떠드는 소리가 들려오는 것 같다. "헤네랄리페에서 숨을 쉬어 보지 않았다면 그것에 대해 뭔가를 알고 있다고 이야기할 수 없어요. 그것은 분수와 좋은 향기의 만남이라고 하는 따위의 그런 것이 아니에요. 산들바람이 살고 있는 집인 걸요."

알카사바 위에 달이 떴다. 헤카테(밤의 여신, 달의 여신으로도 불림)의 얼굴처럼 푸르고 희고 우울한 둥근 달이다.

그것은 고마레스 탑이나 군대의 탑의 깔쭉깔쭉한 실루엣을 칠흑으로 보이게 했다.

보아부딜의 절규

그런데 갑자기 정원 안쪽에서 무엇이라 말할 수 없는 슬픈 노랫소리가 들려왔다.

*한 면 이상의 면에 벽이 없는 복도 모양의 방

테오 반 리셀베르게 〈헤네랄리페 정원〉 1913 캔버스에 유채 65x45.7cm 개인 소장

아아! 사랑의 아픔 달래기란 괴로운 것
그대, 이 괴로움 알면
그대 또한 마음 아프리
그대 내 곁을 떠나는 날
나에게 주는 이 괴로움이여

나는 확실히 알아듣기 어려운 이 한탄의 소리가 어디에서 들려오는지를

확인할 요량으로 난간에서 몸을 내밀었다. 나는 저쪽 건물의 기둥에 등을 기대고 있는 젊은 두 사람의 실루엣을 확인했다. 앞서 우리와 스쳐 지나갔던 플랑드르의 학생들이었다. 그중 한 사람이 라디오의 스위치를 돌렸던 것이다. 그는 필시 저녁나절의 뉴스를 들을 생각이었을 것이다. 공간을 아득히 건너 우리들 귀에 닿은 노랫소리는 바로 그곳에서 들려오고 있었다. 아까 나는 이 장소의 매력을 손상시킬까 그 라디오 소리가 두렵고 저주스러웠으나, 그 생각은 잘못된 것이었다. 그것은 새로운 매력을 자아내고 있었다. 탄식 소리는 계속되었다. 그것은 서너 사람이 은밀하게 부르는 합창 소리였다. 그 속삭임 소리에 에워싸인 노스탤지어, 고민, 기타 뜯는 반주 소리는 분수의 소리 속으로 녹아 들어가는 것만 같았다.

밤을 가르는 고독한 음성

돌연 나는 스스로에게 찾아 드는 감동의 근원을 알았다. 이 무대 장치인가, 그보다는 밤인가, 또는 음악의 밑바닥에 흐르는 이상한 연상의 힘인가. 아아! 나는 갑자기, 이 노래가 보아브딜의 고민, 그라나다를 떠나지 않으면 안 될 것을 생각하며 그가 토해 내는 깊은 슬픔의 노래임을 깨달았다. 그는 사랑하는 여성이 라이벌의 팔에 매달려 멀리 사라져 가는 모습에 비유하며 이 슬픔을 탄식하고 있었던 것이다.

이제 그 소리는 한 사람의 소리로, 괴로움에 눌려 당장에라도 꺼질 듯한 고독한 노랫소리로 변했다.

헤네랄리페 정원

아 그대는 알지 못하리
기다림에 지쳐 버린 나의 괴로움을
나는 기다리겠노라
그대를 빼앗아 가는 자의 팔에 매달려
웃음 떠올리는 그대의 모습 기웃거려 보기 위해

밤하늘에 절절히 울려 퍼지는 그 소리에는 애끊는 아픔이 있었다. 깊은 상처를 입어 한 방울 한 방울 피가 말라 가고 있는데도 누구 하나 구해 주려고 오는 사람은 없다. 그런 남자의 목소리를 듣는 것만 같았다.

한탄의 소리는 가락을 높이며 격해져 갔다. 그런가 하면, 그 고독한 소리는 이제 낮아지고, 아까보다 약해져 갔다. 나는 몸을 일으켜 계단을 내려갔다.

그렇지만 그대는 있노라
나의 마음 안에, 나의 삶 안에
그래도 나에게는 방법이 없네

그야말로 망명의 땅에서 그라나다를 생각하고 그라나다를 사모하며 몸부림쳐야 했던 보아브딜의 절규다. 그날 밤 내게는 이 시가 나의 작품이라 해도 좋을 정도였다. 만감이 교차하는 그 밤, 알람브라의 정원은 내 마음에 파고들었고, 내 마음은 영원히 그곳에 붙들려 버렸다.

우리들은 차를 놓아두었던 제방을 향해 삼나무 가로수 길을 천천히 내려갔다. 산들바람이 나뭇가지를 간지르고 있다. 그늘과 서늘함이 이토록 마음을 싱그럽게 해준 적은 없었다. 그러나 또 이 순간만큼 사람의 세상살이가 허무하게 느껴진 적도 없었다.

우리들이 주차장에 도착했을 때에 바시르는 멍한 상태였다. 그는 무엇을 생각하고 있을까. 우리들이 지금껏 보아 온 것에 대해, 그렇지 않으면 들었던 음악에 대해. 그는 낮게 휘파람을 불면서 엔진 시동을 걸었고, 울퉁불

퉁하고 구불구불한 미로 같은 길을 지나 시가지를 향해 달렸다. 말라가로 가는 고속도로를 찾는 데 시간이 좀 걸렸으나, 겨우 나올 수가 있었다. 두 시간이면 되돌아갈 수 있으리라.

해안으로 향하는 넓은 아스팔트 길을 빠르게 달리고 있을 때, 나는 아벵세라주 왕궁의 네모진 탑을 마지막으로 한번 볼 양으로 뒤돌아보았다. 그러나 근래 그라나다 교외는 매우 발전하고 있어, 지금 우리들이 달리고 있는 부근에서는 아무것도 보이지 않았다.

신선하고 오만한 영혼

나는 이 책의 첫머리에서 알람브라를 '명성과 그늘과 선선함이 지배하며, 그 밀도가 어떤 장중미마저 느끼게 하는 아랍의 아크로폴리스'에 비유했다.

그늘과 선선함에 관해서는 내가 적절히 서술했다고 생각되나, 명성에 관해서는 그다지 자신이 없다. 그 때문에 그것을 보충하기 위해 사자의 파티오 수반 주위에 새겨져 있는 이븐 자무렉이 지은 〈무하마드 5세에 대한 찬양시〉 일부를 제시할 생각이다. 무엇보다 그것이 건물 중앙에 위치하기 때문이고, 그리고 이제껏 이토록 높은 긍지를 가지고 쓴 시를 아직 알지 못하기 때문이다.

여기 진귀한 것 가득 넘치는 정원이 있으니
신께서는 아무도 이와 겨루는 것 용서치 않으리

샘의 수반을 두르고 있는 이슬
투명하고 깨끗한 진주를 보라
은빛물어 그 보석 사이를 흐르리

흐르는 것과 단단한 것, 물과 돌
이 모두가 여기 하나의 모습으로
흘러가고 있음을 알지 못하리

사자들 위에 퍼져나가고 있는 것이
진실로, 구름이 아니면 무엇이랴.
생명수의 은총인가?

또한 칼리프의 손
새벽에 나타나
싸우는 사자들에게 은혜를 내리시네.

그대, 부동의 사자를 바라보는 자여
그들이 그대를 잡아끌지 않는 것은
다만 그 주인에 대한 존경과 숭배에서임을 알라

오오! 안사르,* 위대한 정신의 후계자여
그대들은 항상 허락되어 있구나

지극히 높은 것을 내려다보도록

그건 그대들이 낙원의 모습을
이 지상에 재현하고 있기 때문이라

신의 평안, 영원히 그대들과 더불어 있다는 것을

정원의 신화학

그라나다를 뒤로하고, 시에라네바다가 밤의 장막 속으로 사라졌을 때, 나는
몇 년을 두고 오래도록 머리에서 사라지지 않던 주제, '정원의 신화학'에서
갑자기 해방된 것 같은 느낌이 들었다. 처음에 나는 이 정원에 대한 고찰이
심한 상처를 입지 않고 완성되리라고 생각지 않았다. 아무튼 이것은 편안한
기분으로 발을 들여 놓을 그런 영역은 아니라고 생각했기 때문이다.

그러나 그런 것은 이제 아무래도 괜찮다. 그라나다가 나에게 교훈이 되
어 준 것은 결코 적지 않다. 한편 중국, 일본, 페르시아, 아랍, 피렌체, 프랑
스의 정원이 각각 나에게 가르쳐 준 것을 눈동자 속에 간직하면서 나는 나의
신념이 마음 속에서 점점 확고해져 오는 것을 느꼈다. 그것은 다음과 같다.
정원은 기나긴 세월을 통해 인류 문명이 행복의 개념을 자연 속에 새겨 넣으

---

*안사르(Ansars)는 마호메트의 최초 동료들의 호칭이다. 그라나다의 아랍인 왕들은 그 혈통을 이은 것을 자
랑스러워했다.

려 한 수단이며, 그것이 공간 또는 시간 속에서 계속 변화하는 이유는, 인류
가 잃어버린 낙원의 이미지를 상기하며 스스로 구축해 온 지상 낙원의 모습
을 끊임없이 내보이려 하기 때문인 것이다.

정원의 역사
지상 낙원의 삼천 년

지은이 자크 브누아 메샹
옮긴이 이봉재
펴낸이 최미화
펴낸곳 도서출판 르네상스

초판 1쇄 인쇄 2005년 10월 5일
초판 1쇄 펴냄 2005년 10월 15일

등록 2002년 4월 11일, 제13-760
주소 121-801 서울시 마포구 공덕1동 105-225
전화 02)3273-5943(편집), 02)3273-5945(영업)
팩스 02)3273-5919
이메일 re411@hanmail.net

ISBN 89-90828-25-2 03900

* 잘못 만들어진 책은 바꾸어 드립니다.

제 일 서 점

☎ 944-5412

서 적 부

정가	거래기호	입고일자	도서명	출판사
15900	능이		강원인	